Autori Vari

La vita italiana nel Rinascimento

Conferenze tenute a Firenze nel 1892
da
E. Masi, G. Giacosa, G. Biagi, I. Del Lungo, G. Mazzoni, E. Nencioni, P. Rajna, F. Tocco, D. Martelli, Vernon Lee, E. Panzacchi, P. Molmenti.

pe

Primiceri Editore

Finito di stampare nel mese di marzo 2020
presso Rotomail Italia Spa – Vignate (MI)
per conto di Primiceri Editore Srls
Via Savonarola 217, 35137 Padova
Prima Edizione
ISBN 978-88-3300-165-4
www.primicerieditore.it
Copertina: Anonimo, Città ideale (1480-1490 circa), Galleria
Nazionale delle Marche, Urbino.

LORENZO IL MAGNIFICO
DI
ERNESTO MASI

Vi ricordate della tragedia di Vittorio Alfieri intitolata: *La Congiura de' Pazzi*? Come opera d'arte non è gran che, lasciando stare anche l'alterazione quasi grottesca dei fatti storici, dei caratteri e persino dei nomi dei personaggi. Ma non si tratta ora di ciò. Voglio notare soltanto un fenomeno singolare, che parmi accaduto all'Alfieri nel trattar questo tema, ed è che mentre ha senza dubbio voluto travestire in Lorenzo e Giuliano de' Medici due de' suoi soliti *Egisti* e *Creonti*, due de' suoi soliti *tiranni*, messi là a ricevere in pieno petto le contumelie del *prim'uomo* e della *prima donna*, non solo il carattere di Lorenzo gli è, suo malgrado, riuscito il più simpatico della tragedia, ma all'ultimo non sa più egli stesso, l'Alfieri, da che lato pende il torto maggiore; i motivi della sanguinosa catastrofe, da prima apparsigli così chiari e lampanti, si direbbe che gli si oscurano tutto ad un tratto; e per conclusione finale mette in bocca a Lorenzo queste ambigue parole:

. . . . E avverar sol può il tempo
Me non tiranno e traditor costoro!

Sembra accorgersi tardi che il tentativo di raccogliere tutta la pietà tragica sui Pazzi, anzichè sui Medici, è un grosso errore, tanto sotto l'aspetto della storia, quanto sotto quello dell'arte, com'ebbe poi a scrivergli con gran franchezza Melchiore Cesarotti, e si ferma lì come in dubbio, e in questo dubbio lascia gli ascoltatori ed i lettori della sua tragedia. La quale ritengo, avrebb'egli concepita in modo tutto diverso, se, in cambio d'averla scritta fra il 1779 e l'80, l'avesse scritta un dieci o dodici anni più tardi, quando, scoppiata la Rivoluzione francese, la prospettiva della tirannide gli si era, per così dire, rovesciata e gli pareva molto più intollerabile quella che viene dal basso, anzichè quella che viene dall'alto, la tirannide dei molti, anzichè quella d'un solo.

Se non che il fenomeno accaduto all'Alfieri mi sembra essersi rinnovato in molti altri dei più sfidati avversari di Lorenzo il Magnifico, dai contemporanei fino ai giorni nostri. Molti altri accatastano fatti su fatti e poi s'accorgono con loro stupore che i più tornano a gloria di Lorenzo, e allora non possono tenersi dal mescolare le lodi ai biasimi, o per lo meno dallo scindere l'unità di questa grande e complessa figura storica del secolo XV in modo, da farne uscire due, tre, quattro anzi, come propone il Perrens, uomini diversi, contenuti in un solo, e così poterne lodare uno o due e biasimare i rimanenti; a molti altri è accaduto di fermarsi all'ultimo, al pari dell'Alfieri, dubbiosi, esitanti, come dinanzi ad un problema psicologico di troppo difficile soluzione.

A Lorenzo de' Medici è toccata del resto una singolare fortuna, ed è quella d'aver sempre appassionato pro o contro gli scrittori, che hanno trattato di lui, dai contemporanei fino agli odierni, come se in cambio d'aver vissuto dal 1449 al 1492 egli fosse nato, vissuto o morto pochi anni fa, come se in cambio d'un uomo del secolo XV si trattasse, ad esempio, d'un Napoleone I, gli effetti della cui gloria e dei cui disastri sono forse sensibili anche oggi nella vita europea. Eppure quei signori e principi della prima e seconda stirpe Medicea sono ben morti e sepolti! Nulla ci parla più di loro. Gli stessi edifici e monumenti d'arte, che hanno lasciato, ci ricordano ancora il nome e l'opera dell'artista, che gli ha ideati e compiuti, ma il nome del signore o del principe, che gli ha commessi, appena qualche erudito lo sa con precisione e al visitatore indigeno o forestiero poco importa oramai che si tratti dei primi o secondi Cosimi, Giuliani e Lorenzi, che si tratti dei Medici insidiatori della libertà fiorentina o dei Medici Granduchi, i quali alle loro vecchie dimore non hanno lasciato di proprio neppure il nome. A qualche scrutatore indiscreto alcuna traccia dei tempi Medicei parrà forse di scernere ancora nel temperamento e in certe disposizioni morali del popolo fiorentino (lo dico a lode, badiamo, non a biasimo di certo) ma nulla più. Chi ne dubitasse entri, qui prossimo, a San Lorenzo, in quelle sepolture Medicee. Che gelo, che tanfo di morte preistorica in quel buio della vecchia e nuova sagrestia, ma qui almeno danno lume e calore il genio di Andrea del Verrocchio e quello tra satirico e malinconico di Michelangelo! Peggio tra la sfarzosa e teatrale ricchezza del sepolcreto granducale! Qui nessun compenso possibile: la storia dice poco; l'arte non dice niente; il freddo dei marmi vi assidera, vi penetra crudelmente nell'ossa e nell'anima, e si sente il bisogno d'uscire più che di fretta, non già per odio a quei sepolti tiranni, che coi loro manti e le loro corone arieggiano innocui re da melodramma, ma per la prosaica paura d'un raffreddore.

Ora dunque perchè, tra questi morti e così ben morti, quelli della prima stirpe Medicea appassionano gli scrittori più di quelli della seconda, e perchè tra quelli della prima Lorenzo più degli altri ha il privilegio di eccitare anche oggi odii ed amori così tenaci?

Finchè in Italia i libri di storia furono per metà di politica, voi sapete quanto si sfruttarono l'assedio e la caduta di Firenze nel 1530 e quell'accordo del Papa coll'Imperatore, che fu la cagione immediata di tale catastrofe. Era la conclusione ultima di tutto il gran dramma, non della libertà fiorentina soltanto, ma della libertà italiana, e poichè quel Papa era un Medici ed un Medici il primo Duca di Firenze, non altro si volle vedere in tuttociò che la continuazione d'un antico disegno d'ambizione, che finalmente s'effettuava coll'aiuto dello straniero, ed i più rei parvero i primi autori di quella lunga e perseverante insidia, ed il peggiore di tutti, quegli in cui più splendidamente s'incarnarono la tradizione e il genio di tutta la stirpe. Divenne così una specie di obbligo pel liberalismo italiano non far grazia ai Medici e soprattutti a Lorenzo. Non parliamo dei contemporanei o dei quasi contemporanei. L'odio o l'amor loro troppo facilmente si spiega. Non parliamo neppure degli scrittori toscani dell'epoca granducale, medicea e lorenese. La lode o il silenzio in bocca loro sono troppo sospetti. Ma quando colla storia filosofica e Volteriana del secolo XVIII si cominciò ad opporre al Medio Evo credente e devoto il Rinascimento scettico e razionalista, eccoti, fra gli stranieri massimamente, fra gli indifferenti cioè alle nostre passioni politiche, eccoti il panegirico dei Medici e di Lorenzo in particolare, che tocca il colmo e, direi, passa il segno, nel famoso libro del Roscoe, ed eccoti di riscontro il Sismondi, scrittore di gran merito, ma uno dei santi padri, uno dei rappresentanti internazionali di quel dottrinarismo liberale e borghese, che ha nelle instituzioni repubblicane la panacea di tutti i mali, e quindi non perdona ai distruttori di repubbliche ed ai loro encomiatori. Non badò il Sismondi che nella vita di Lorenzo il Roscoe a dipinger l'uomo s'era attenuto al Valori, un coetaneo di Lorenzo, che a narrar la storia avea seguito il Machiavelli, che i documenti originali gliegli avea apprestati il Fabroni, che a penetrar nella storia letteraria lo aveano aiutato il Bandini, il Tiraboschi, autorità tutte di non poco valore; non si ricordò neppure ch'egli stesso avea tanto esaltato i Medici e Lorenzo nella sua storia letteraria dell'Europa meridionale, quanto li deprimeva nella sua storia delle Repubbliche Italiane; non badò a nulla, non volle curarsi di nulla; non altro gli stette a cuore che contrapporre al panegirico la diatriba e spinta al segno da non sdegnare esso, onest'uomo come era, di lodare quali azioni eroiche persino la dissimulazione dei Pazzi, che convitano Lorenzo e Giuliano de' Medici in casa loro a fine d'ammazzarli, persino il tasteggiare che fanno il giovane Giuliano, fingendo abbracciarlo amicamente, per assicurarsi se ha o no il giaco sotto la veste, quando lo inducono a entrar nel duomo e lo uccidono.

È sommamente istruttiva la polemica, che ne seguì fra il Roscoe e il Sismondi, la quale andò tant'oltre che il Sismondi stesso finì per dire: "smettiamola, signor Roscoe, altrimenti si riderà di noi che ci contendiamo un tiranno del secolo XV coll'accanimento medesimo, che due rivali si contenderebbero il cuore d'una bella donna. E poi di che ci scaldiamo tanto, noi, stranieri all'Italia tutti e due?"

Nè cadde a vuoto, sapete, quest'ultima parola, da cui s'arguirebbe esservi sui Medici e su Lorenzo in particolare la possibilità di due giudizi diversi, uno per gli Italiani, un altro per gli stranieri, perocchè questo è appunto lo scrupolo, che ha trattenuto il coscienzioso Burckhardt, nella sua classica opera sul Rinascimento in Italia, dal giudicare Lorenzo come uomo di Stato e dal decidere qual parte spetti agli uomini e quale sia superiore al loro stesso buono o mal volere (il vero problema di questa storia) nei destini di Firenze; scrupolo veramente eccessivo e che non trattenne per buona sorte il Reumont, il Buser, il Leo, il Thomas, il Perrens e tanti altri valentuomini stranieri dal fare della storia Medicea anche politica e di Lorenzo come uomo di Stato il soggetto delle loro ricerche, e dei loro studi.

Quanto agli Italiani, finchè durò il periodo della preparazione e degli esperimenti infelici della nostra rivoluzione e sino a poco dopo il 1859, si tennero più o meno a modello il Sismondi, pur evitandone le enormi esagerazioni, nel giudicare dei Medici e di Lorenzo, ma poi spesso l'argomento fece forza da sè al preconcetto politico, ed o si fermarono, ripeto, incerti e dubbiosi, a mezza spada, o il giudizio, da prima severissimo, si venne via via temperando, più si approfondivano le ricerche, come potete vedere in Gino Capponi, che nel 1842, quando si cospirava anche coll'*Archivio Storico* (una delle più nobili arme affilate nel gabinetto di Giampietro Vieusseux), ha parole di fuoco contro i Medici, e nel 1875, quando pubblicò la sua *Storia della Repubblica di Firenze*, ne parla con tanta maggiore serenità e obbiettività scientifica; come potete vedere in Pasquale Villari, che nel suo *Savonarola*, il libro caldo ancora di inspirazione giovanile e di passionata eloquenza, e assai prossimo al Sismondi, e nel suo *Machiavelli*, lo studio severo della sapiente virilità, se non ha dismessi tutti gli antichi corrucci, tuttavia tempera o per lo meno slarga il suo giudizio, che in questo caso val quanto di necessità temperarlo. Più notevole è il caso del Carducci, che in quei suoi primi saggi bellissimi sulle poesie di Lorenzo de' Medici e del Poliziano, ora la sua natura d'artista lo attrae irresistibilmente verso Lorenzo, natura d'artista esso pure, come dice il Capponi, anima di principe, ultima grandezza d'un'età splendida, che finiva, ora lo spirito rivoluzionario lo trattiene, lo tira indietro, gli strappa accenti di collera, troncati a mezzo però da una ripugnanza anche maggiore, la ripugnanza alla reazione del Savonarola, che tenta gettare la sua tonaca di frate su tutta quella radiosa giovinezza di Rinascimento artistico e letterario.

Intanto le ricerche e gli studi sull'età Medicea e su Lorenzo continuano indefessi; si ampliano e si integrano i documenti raccolti dal benemerito Fabroni; al togato Guicciardini della *Storia d'Italia* succede il Guicciardini della *Storia Fiorentina*, dei *Ricordi* e di quel capolavoro del pensiero politico italiano, che è il *Dialogo sul Reggimento di Firenze*; abbiamo cioè l'espressione viva e immediata di un quasi contemporaneo, che è insieme una gran mente d'uomo di Stato, e tuttociò ci frutta fra il 1874 e 75 l'opera capitale su Lorenzo dei Medici di Alfredo di Reumont ed il giudizio pieno e definitivo di Gino Capponi. Si direbbe che il processo è chiuso, che la sentenza ultima è pronunciata; che, com'è per lo più di tutte le sentenze della storia, Lorenzo ne esce nè del tutto assolto, nè condannato del tutto. Oibò! La buona fortuna del Sismondi non è finita. Esso rivive con tutte le sue collere e i suoi anatemi nel Perrens, che sotto gli occhi nostri, nel 1888, e valendosi anzi di tutto il lavoro critico avvenuto dal Sismondi in poi (giacchè, bisogna dirlo, il Perrens è anzi, per straniero e francese che parla d'Italia, mirabilmente informato), riapre il processo e non una parte di Lorenzo si salva; l'uomo, il padre, il marito, il cittadino, il signore, lo statista, il mecenate, il letterato, tutto, tutto è oscurato e ravvolto in una stessa condanna. È una demolizione compiuta. Del tempio e della statua non resta in piedi neppure una pietruzza, che dica al passeggiero: *qui fu Lorenzo de' Medici*; tantochè all'ultimo lo stesso Perrens si ferma col martello in mano e quasi spaventato dell'opera sua; si sente preso anch'esso da quel dubbio, da quell'incertezza, che, come dicevo, assale dall'Alfieri in giù tutti i più sfidati avversari di Lorenzo; ma è supremamente comica la forma che piglia questo tardivo rimorso nel Perrens, il quale si rivolta contro il suo maestro ed autore, contro il Sismondi, e quasi lo apostrofa dicendo: "via, è troppo! Un po' di discrezione, s'il vous plaît. Non è poi certissimo che quei vostri cari Albizzi fossero proprio campioni di libertà e di democrazia in confronto dei Medici e, quanto a Lorenzo, conveniamo che, se non fu veramente *l'ago della bilancia* nella politica italiana del suo tempo, come pretendono i suoi adulatori, qualche cosa ha pur fatto per mantenere la pace, almeno dalla guerra di Sarzana fino alla sua morte, dal 1487 al 1492. È pochino! Sono cinque annetti soli! Ma questo almeno si conceda per dimostrare, se non altro, la nostra imparzialità!"

Voi vedete, o signore, fra che odii e che amori, fra che assoluzioni e condanne, fra che spinaio di giudizi diversi sarebbe costretto a ravvolgersi chi avesse oggi da narrare a fondo la storia di Lorenzo il Magnifico, della sua vita e del suo tempo. E se ho dovuto indugiarmi tanto, solo per accennare le difficoltà del mio tema, mi conforta il pensiero che accennare tali difficoltà è già esso stesso un illustrarlo, e che, parlando ad un pubblico così culto e in massima parte fiorentino, m'è lecito presupporre l'argomento noto almeno nelle sue linee storiche principali e non tenermi obbligato a ridir tutto per filo e per segno, che già sarebbe chieder troppo all'industria del conferenziere e alla sofferenza del pubblico.

A giudicare dei Medici e di Lorenzo con quell'imparzialità almeno relativa, a cui gli uomini possono aspirare, mi pare del resto che la nostra generazione dovrebbe oramai essere meglio disposta delle precedenti, la nostra generazione, che in fatto di politica è passata a traverso tante bonacce e burrasche di promettenti primavere, di malinconici autunni e di inverni spietati. Essa dovrebbe sentirsi, dico, meglio disposta a non farsi guidare nel giudizio di un passato remoto, che si tratta di conoscer bene, ma non muta più, da idoleggiamenti rettorici di forme di governo, qualunque esse siano, o da preoccupazioni politiche, che mutano ogni giorno.

La storia indifferente al bene od al male perde non solo ogni efficacia morale, ma ancora ogni calore e vivezza di rappresentazione. Ma altro è una gelida indifferenza al bene od al male, altro è gettarsi a capo chino fra le lotte d'un'età tanto lontana da noi e sposarne gli odii, gli amori, come se fossero i nostri, e aggregarsi a una fazione contro dell'altra. Si moltiplicano per tal guisa deliberatamente le occasioni e le cause d'errori infiniti, giacchè, per quanto ci sia dato penetrare a dentro nella storia con le ricerche, gli studi e attingendo, finchè si può, dalle fonti originali delle memorie e dei documenti contemporanei, resta pur sempre un qualche cosa, che nessuna ricerca può far rivivere, che nessuno studio può rimetterci dianzi agli occhi, che nessun documento può dirci, ed è forse appunto in quell'inafferrabile *qualche cosa*, che giace riposta la spiegazione vera di un fatto o d'un uomo, la ragione ultima d'assolvere o di condannare. Di ciò si ha un segno evidente in quella specie di sforzo che occorre, in quella specie di disagio morale e qualche volta, direi quasi, anche fisico, che si prova a volersi addietrare col pensiero nella vita di generazioni già lontane da noi. Ce ne vuole per assuefare non soltanto l'animo a sentimenti e passioni, che non si provano più, ma la fantasia e gli occhi ad abitudini, a costumi, a fogge, ad arredi, a vestiari, che non sono più i nostri, a compiacersi di divertimenti, che oggi ci parrebbero torture, a persuadersi del buon gusto di un pranzo, che oggi ci rovescierebbe lo stomaco, a ridire d'una burla o d'un motto, che oggi ci suona come una freddura senza sugo, e via dicendo. Quello sforzo e quella specie di disagio scemano in noi più ci si affina il gusto della storia, e si convertono anzi in una misteriosa delizia, che può divenire persino passione e mania. Ma dimostrano insieme (e ciò dico in particolare a proposito dei Medici e di Lorenzo) la necessità che lo studio della storia rimanga, più che possibile, obbiettivo, la necessità di non spostare nè uomini, nè fatti, di sceverare il generale dal particolare, di non dar troppo all'ambiente, come oggi s'usa dire, per togliere all'uomo, nè attribuire a questo, per quanta azione abbia avuto sul tempo suo, ciò che è dell'ambiente, in cui quell'uomo ha vissuto, di sentenziare di preferenza dagli effetti palesi dell'opera sua, che sono ben noti, anzichè dai movimenti individuali e interiori, dei quali nessuno può più dirci intiero il segreto, di non prolungare finalmente al di là di certi limiti quegli effetti medesimi per incolparlo anche di ciò che risulta da tutti altri uomini e da tutt'altre condizioni di tempi, scordandoci a suo danno quello che l'esperienza ci dimostra ogni giorno, cioè che l'uomo è appena padrone del minuto che passa.

Ora se v'ha personaggi storici pei quali queste cautele siano state più trascurate, direi che sono i Medici per l'appunto. E si capisce facilmente il perchè. Non parliamo dei Medici, dal 1531 Duchi e Granduchi. Ma per quelli della prima linea, a non dir che di loro, per Cosimo il Vecchio, Piero il Gottoso, Lorenzo il Magnifico, furono tanto più facilmente trascurate quelle cautele, perchè essi appassionano, come già dissi, più di tant'altri personaggi storici, gli scrittori, e gli appassionano tanto più, perchè non sono semplici capi ereditari d'una dinastia, d'una città, d'un regno, ma, oltre alla singolarissima forma del potere che esercitano, sono, se non gli autori, gli attori più in vista, pel loro grado, per le loro tradizioni, per le loro aderenze, pel loro genio e le loro inclinazioni personali, di tutto un nuovo e gran moto di civiltà, comprendente non solo le forme di governo, le arti, le scienze, le lettere, ma i pensieri, i sentimenti, la religione, la morale, i costumi, le usanze, tutta nel suo complesso la vita pubblica e privata; ond'è che in essi si studia non il signore soltanto, ma l'uomo nelle sue relazioni cogli uguali e cogli inferiori, l'uomo nella vita quotidiana, in casa, in villa, per le vie, tra gli spettacoli carnevaleschi, fra le dispute dell'accademia, nel banco commerciale, nel museo, nella biblioteca, fra gli amici che predilige, fra le donne che ama, fra le pareti del suo palazzo, alle corti estere, dove, benchè semplice cittadino nella sua città, comparisce da principe; e lo si studia appunto fra tanta gente e in tanti luoghi diversi, perchè questa moltiplicità e varietà di gusti, di attitudini, di attività è carattere generale del tempo, ma principalmente carattere dei grandi uomini italiani, e fra gli Italiani dei Fiorentini, e fra i Fiorentini dei Medici, e fra i Medici di Lorenzo il Magnifico.

Se le signorie dei secoli XIV e XV (che bisogna ben badare a non confondere in Firenze ed altrove coi Principati) fossero un fatto verificatosi in Firenze soltanto e per opera soltanto dei Medici, i quali con arti subdole, con lunga e tenace insidia avessero a poco a poco soffocata la vita del più torbido sì, ma del più glorioso Comune italiano del Medio Evo, mentre all'intorno avessero prosperato ancora gli altri Comuni, assodando la loro libertà e slargando la loro giurisdizione territoriale, non vi sarebbe, a dir vero, vituperio bastante a castigare un simile parricidio. Ma non è così! Nel secolo XV la declinazione della cosidetta libertà comunale, che è la prevalenza feudalesca di una città sul territorio che la circonda, e la sua mutazione in signoria, che è la prevalenza d'un capo partito, o di un capo militare, o di un vicario imperiale o di una potente famiglia sui partiti, che si contendono il primato nella città dominante, è un fatto universale in tutta Italia. In Firenze anzi, come fu più tardivo a sorgere il libero Comune, così è più tarda a sorgere la signoria. Nell'Italia superiore invece, dove il feudo s'insediò più vigoroso, questa trasformazione non aspetta il secolo XV. Nei due secoli antecedenti si compie e trascende già a principato vero coi Torriani e Visconti a Milano, coi Da Romano nella Marca Trevisana, cogli Scaligeri a Verona, coi Pelavicino a Piacenza e, più prossime a Firenze, di qua e di là dell'Appennino, le signorie pullulano e si frazionano all'infinito, più grandi, più piccole, or vigorose, ora deboli, ora divorate dalle maggiori, ora dilaniantisi in sè stesse fra odii sanguinosi di famiglie rivali. In Toscana stessa, ove le resistenze sono più forti, avete le signorie militari e transitorie, i tentativi sfortunati di Uguccione della Fagiuola e di Castruccio degli Antelminelli. In Firenze stessa, tralasciando le signorie Angioine, le quali si potrebbero dire delegazioni di poteri pubblici ad un fine determinato, tralasciando pure l'episodio di Gualtieri di Brienne, Duca d'Atene, la cui tirannia mette a repentaglio estremo le libertà popolari, avete tentativi interni, i quali dimostrano che ai Medici, anche nel maggior fervore della vita repubblicana, predecessori non mancano: Corso Donati, ad esempio, che fin dal principio del secolo XIV tenta farsi capo di una oligarchia di magnati; Rosso della Tosa, che non gli vuol sottostare e mira diritto al principato. Più facile forse il programma, come oggi si direbbe, di Corso Donati, perchè Rosso della Tosa ha troppa fretta d'anticipare i Medici. Avete ad ogni modo, e di non poco precedente la signoria Medicea, la tendenza ad afforzare in una forma aristocratica i vecchi ordini comunali già decadenti, il che si tenta fin dal secolo XIV col magistrato di parte Guelfa, instituito già da molti anni, ma divenuto allora così chiuso e potente, che non so davvero che cosa gli manchi per essere una vera tirannide; poi colla prevalenza della parte aristocratica dei Ricci e degli Albizzi, prima lottanti fra loro, poi degli Albizzi rivali dei Medici, i quali Medici primeggiano nella parte popolare, donde sono usciti, sicchè all'ultimo tutto si riduce a decidere quale delle due famiglie sopraffarà l'altra, quale delle due, se gli Albizzi o i Medici, dominerà la repubblica. Ma insomma questa inclinazione del Comune a signoria è fatale, è superiore a tutte le combinazioni umane o di procaccianti ambizioni o di tardive resistenze, perchè dipende da una legge più generale e più alta, quella per cui un'età storica succede ad un'altra, quando i principii, sui quali quella si reggeva sono logori, esausti, finiti, e le sottentrano altri principii, altre tendenze, altre voglie, altri indirizzi di civiltà, quasi un'altra società, un'altra gente.

Così è di questo tempo. Le grandi illusioni ghibelline sono finite fin dal 1313 con Arrigo VII. Se gli Imperatori scendono ancora in Italia da Lodovico il Bavaro a Carlo IV, a Venceslao, a Sigismondo, a Federico III, vengono per esiger taglie, trafficar titoli e diplomi, e se ne vanno. Settant'anni d'esilio in Avignone, quarant'anni di scisma, hanno sminuito e trasformato il Papa in un principotto italiano, che bada agli interessi suoi e de' suoi nipoti e lascia il partito Guelfo senza capo. Le due universali unità politiche, le due grandi forze ordinatrici, i due grandi ideali del Medio Evo sono dunque finiti e scomparsi nella storia italiana. Nè basta. Napoli s'è sottratta alla diretta soggezione imperiale. Venezia, che non fu mai nè guelfa nè ghibellina, che quasi non pareva appartenere all'Italia, cerca ora pigliarvi stato, e il difendersi da Napoli e da Venezia, nel linguaggio e nelle idee d'allora, val quanto difendere la libertà degli Stati italiani contro lo straniero. Nè basta ancora. Le potenti energie messe in moto dalla turbolenta libertà dei Comuni hanno dato vita ad una risurrezione d'arte e di sapere, ad una ristaurazione di classicismo, che sarà fondamento a tutta la cultura moderna, e che ora assorbe ogni attività spirituale e par fatta apposta per nascondere sotto i suoi fulgori la decadenza dei vecchi ordini repubblicani e la loro trasformazione in signorie. I Comuni colle loro lotte continue in casa, in piazza, in palazzo, stancavano tutte le forze del cittadino, fomentandone tutte le passioni, imponendogli attività e doveri continui. Ma ormai è venuta su una gente disposta a cercar riposo all'ombra d'un potere stabile e fermo, che tenga freno plebe e oligarchi; una gente, che vuol godere in pace, fra gli agi e i piaceri, il frutto della parsimonia e dell'operosità dei padri e degli avi, tanta ricchezza ammassata, tanto splendore e amenità di arti e di lettere e che per goderlo anche meglio si lascia cader le armi di mano, abbandonando l'arte della guerra al mestiere dei venturieri col fastidio superbo, colla noncuranza poltrona di opulenti, di mercanti, di artisti e di letterati. Aggiungete che l'umanesimo ha bisogno d'aiuto e di protezione signorile. Se la libera bottega bastò ai prodigi spontanei dell'arte, l'umanesimo tende a costituire una nuova aristocrazia piuttosto cortigiana, di quello che politicamente e virtuosamente operosa. Questo all'interno. E al di fuori? Al di fuori niun pericolo minaccia per ora: non dall'Impero troppo debole, non dalle altre nazioni ancora intente alla loro costituzione. Se un pericolo v'è, sta nella gelosia reciproca dei varii Stati italiani, nella necessità quindi di una politica di equilibrio tra i più forti, tanto più difficile a praticarsi, quanto più sono misteriosi e tutti egoistici e personali i motivi, pei quali le violenze e le rappresaglie si determinano. Firenze è al centro di tutto questo nuovo movimento di civiltà, di tutta questa trasformazione morale, sociale e politica, che si va compiendo, e in mezzo ad essa la signoria Medicea (di origine certamente meno illegittima di tante altre, in quanto sorge e si svolge dall'imo fondo dei rivolgimenti politici fiorentini) in mezzo ad essa la signoria Medicea si afferma e si assoda da Cosimo il Vecchio a Lorenzo il Magnifico, il quale ne segna l'apogèo, e dopo del quale non avrà che a decadere (per poi vigoreggiare di nuovo con forme e in tempi affatto diversi), tanto in questo strano congegno del governo signorile, che il Burckhardt ha con ragione chiamato un'opera d'arte, al pari d'un poema o d'un quadro, tutto è affidato alle qualità personali dell'uomo. Ma di tutto quel nuovo ambiente, in cui il poter loro prevale, i Medici sono essi la causa o l'effetto? L'effetto, io credo. Sono la produzione spontanea delle condizioni generali del tempo e delle particolari, che escono dalla storia di Firenze. Quindi è necessario non dimenticar mai di considerare i Medici della prima stirpe per quel che sono, uomini del loro tempo, Lorenzo sopra tutti, che colle sue pecche non lievi e le sue straordinarie qualità è anzi il tipo ideale del Signore italiano del Rinascimento.

Lasciando ai genealogisti cortigiani di avvolgere le origini della famiglia Medici nelle nuvole della leggenda, dirò che essi appariscono relativamente tardi nella storia di Firenze, non prima, che si sappia, del 1301. Si dice che appariscono come sopraffattori di popolo nei sanguinosi tumulti, che finiscono alla proscrizione dei Guelfi bianchi e di Dante Alighieri. Si dice che con Salvestro de' Medici, il quale da Gonfaloniere di Giustizia, nel 1378, dà le mosse al tumulto de' Ciompi, essi cominciano a far l'arte loro di lusingar la plebe per aiutarsi a salire. Si dice che Giovanni di Bicci nel 1426, opponendosi a Rinaldo degli Albizzi, si atteggia a capo del partito popolare. Tuttociò è vero, come fatto. Ma è altrettanto conforme a verità trovarvi gli auspicii e il cominciamento del destino Mediceo? Se nel 1301 sono sopraffattori di popolo, vuol dire che erano violenti come tutti gli altri, come quel popolo stesso, il quale s'era armato dei cosidetti Ordinamenti di Giustizia. Se nel 1378 Salvestro ha parte nel tumulto de' Ciompi, non ve l'ha certo maggiore di Benedetto degli Alberti, di Giorgio Scali, di Tommaso Strozzi, i quali tutti sommuovono i Ciompi, cioè l'infima plebe, contro Piero degli Albizzi e la setta Guelfa. L'intervento dei Ciompi dà un carattere di rivoluzione sociale alla lotta, che non era nelle intenzioni dei sommovitori. Essi sono trascinati loro malgrado nella vittoria dei Ciompi, che si risolve poi in una prevalenza delle sette Arti Minori, e di questa l'Alberti, lo Scali, lo Strozzi sono le prime vittime, appunto perchè la parte ch'essi ebbero in tutto questo moto fu molto maggiore di quella di Salvestro de' Medici. La pretesa precocità dell'insidia Medicea, che si vuol dedurre dal tumulto dei Ciompi, è dunque una delle tante *frasi fatte*, che si ripete a carico dei Medici, ma che non ha fondamento nella storia. Quanto a Giovanni di Bicci, certo egli ha gran parte nella legge tutta popolare del Catasto del 1427, ma politicamente è un personaggio quasi insignificante: accresce bensì il credito e la ricchezza di Casa Medici, ma non può dirsi il fondatore politico di essa. Il suo fondatore vero è Cosimo il Vecchio. Quand'egli apparisce, le lotte si sono venute sempre più restringendo, e la rivalità dei Medici e degli Albizzi diventa quasi una lotta personale fra Cosimo e Rinaldo degli Albizzi, che, al dire di Jacopo Pitti, "come principe maneggiava lo Stato." Costui pensa essere ormai tempo di troncare di colpo la sempre crescente potenza Medicea e fa chiamar Cosimo in Palazzo per ucciderlo, ma deve contentarsi dell'esilio; transazione, di cui il Sismondi, il Perrens sono inconsolabili, perchè Cosimo è richiamato dall'esilio un anno dopo e torna in patria in trionfo. Nei giorni più splendidi di Casa Medici, sulle pareti del gran salone nella villa di Poggio a Caiano questo ritorno sarà magnificato, figurandolo per quello di Cicerone, ricondotto in patria sugli omeri di tutta Italia. Il vero è che Cosimo, tornando dall'esilio il 6 ottobre 1434, si fermò e pranzò a Careggi, non permettendogli la Signoria di rientrare in Firenze prima di sera, e poichè Via Larga era piena di popolo aspettante, dovette sgattaiolare nel Palazzo della Signoria e passarvi la notte, rientrando solo al mattino seguente nella sua dimora di Via Larga, lo stupendo edificio, forse allora ancora in costruzione, in cui, fra quel misto di solidità e di eleganza, di cittadino e di principesco, sembra ch'egli abbia veramente improntato sulle muraglie il proprio genio.

Se Lorenzo il Magnifico fosse succeduto a Cosimo il Vecchio, i primi tempi della sua signoria sarebbero stati meno difficili e meno travagliata la sua giovinezza. Ma succedette invece a Piero il Gottoso, che in mille modi avea compromesso il potere della sua casa, più di tutto deviando da quella esteriore semplicità e modestia di Cosimo, che, unite alla grandezza degli intenti civili, alla protezione delle lettere, al buon uso della ricchezza, alla passione magnifica dell'edificare, per cui Benozzo Gozzoli, con allegoria, che sa di satira, lo figurò nel Camposanto di Pisa assistente colla famiglia all'edificazione della torre di Babele, mentre fecero dare alla potenza Medicea il passo decisivo, valsero a lui il titolo glorioso di padre della patria.

Ma morto Piero nel 1469, succedevano due giovani, Lorenzo di 21 e Giuliano di 16 anni, sicchè rinverdirono le speranze dei nemici di Casa Medici, contando sull'inesperienza e sull'impeto giovanile, qualità poco adatte a conservare una potestà così vaga e indeterminata, così raccomandata tutta al valor personale, come quella dei Medici. Furono più forti l'amore del popolo, il terror dell'ignoto, le memorie di Cosimo, tanto più ch'esso in persona parea rivivere nel giovine Lorenzo, già messo in vista di tutti per la precocità dell'ingegno, la giovialità, il fare largo e liberalissimo, l'educazione ricevuta da grandi maestri, i viaggi alle corti estere, pei quali così giovane era messo a parte di gravi faccende politiche e ammonito dal padre a diportarsi già da uomo e da principe. Precoce era in tutto Lorenzo e già da giovanissimo i contemporanei gli mutavano in predicato d'onore il titolo di *Magnifico* spettante al suo grado e con cui è rimasto nella storia, mentre il fratello Giuliano, indole più rimessa e più spensierata tuffata nei piaceri, negli amori, negli spassi giovanili era dai suoi coetanei chiamato, dice il Giovio, *principe della gioventù*. All'arme non fu educato Lorenzo, non sì però ch'egli non fosse forte, aitante della persona, benchè assai brutto di volto, come si vede, meglio che dalla figura un po' idealizzata di Lorenzo giovine nel gran quadro dell'*Epifania* di Sandro Botticelli e dal ritrattino del Bronzino agli Uffizi, nella medaglia del Pollaiuolo e nella trista figura dipinta dal Vasari (pure agli Uffizi), in cui appariscono evidenti i segni del male, che lo trasse a morte prematura. Appassionatissimo pei cavalli, era cavalcatore valente, ma della corona riportata alla giostra del 1468, combattuta per le sue nozze con Clarice Orsini, e cantata da Luca Pulci, è il primo a ridere con la solita superiorità sua. Appena mortogli il padre, furono dunque a lui i principali cittadini, pregandolo a pigliarsi cura dello Stato. Esitò, forse ad arte, raccomandandosi ai consigli di tutti, ma certo ben risoluto in cuor suo a far da sè.

Quali sono da questo momento i punti prominenti della vita di Lorenzo? Dal 1472 al 1484 la sollevazione di Volterra, la congiura de' Pazzi, la guerra che ne consegue col papa Sisto IV e col re di Napoli, l'ardito viaggio di Lorenzo a Napoli, che stacca il re dal papa e assicura la pace, il ritorno di Lorenzo in patria e la riforma interna coll'instituzione dell'Ordine dei Settanta (che è il vero *18 Brumaio* di Lorenzo), la guerra di Ferrara, la pace coi Veneziani, e la morte di Sisto IV, l'implacabile nemico di Lorenzo. Dal 1484 al 1492 l'intimità di Lorenzo con Innocenzo VIII, successore di Sisto, l'equilibrio politico a sommo studio mantenuto da Lorenzo, il maggior splendore della sua signoria ed i primordi d'un'opposizione morale nel Savonarola fino alla morte di Lorenzo, a cui seguitano così da presso la preponderanza straniera e la servitù dell'Italia, che Cesare Balbo, nella sua divisione della nostra storia, proponeva di finir qui (merito o fortuna, che sia, di Lorenzo) l'età dei Comuni

Repubblicani, che altri protrae sino alla caduta di Firenze nel 1530. Ora questi fatti, che io ho accennati così in breve c'è chi gli ha narrati tutti a gloria, altri tutti a biasimo di Lorenzo. La Repubblica doma la ribellione di Volterra? È lui che vuol rubare i profitti delle cave d'allume. Volterra è posta a sacco? È lui, che ordina quell'inutile crudeltà. I Pazzi congiurano? È lui che li ha provocati. Il popolo fa scempio dei congiurati? È lui, che non è mai sazio di vendette. Sisto IV e il Re di Napoli muovon guerra? È Lorenzo, che strascina la patria in contese non sue. Lorenzo va a Napoli e si dà in mano al suo nemico? È una commedia. Torna e si impossessa coll'ordine dei Settanta dell'elezione dei Magistrati? È lui, che ha inventata questa trappola alla libertà la quale non ha riscontro nella storia di Firenze. Si stringe in amicizia e parentela con Innocenzo VIII? È lui, che è quasi reo del nepotismo dei Papi. Cerca la pace nell'equilibrio degli Stati? È una politica d'espedienti, che non val nulla. Firenze è prospera e gioconda? È lui che la educa alla servitù, corrompendola coi trionfi e i canti carnascialeschi. Che più? Neppur l'uomo privato si salva da questo pessimismo demolitore. Si ricusano tutte le testimonianze in suo favore, che concordemente lo dicono buono, gioviale e tollerante, nonostante le sue sofferenze fisiche, fedele agli amici, socievole, semplice nella grandezza, idolatra dei figli, non dimentico mai del tutto degli insegnamenti e degli esempi della pia madre, Lucrezia Tornabuoni, rispettoso della moglie, indole pur così diversa dalla sua e con poca grazia e senza avvenenza; e, per dimostrare com'era tuffato nei vizi, il Buser reca una lettera d'un Francesco Nacci da Napoli, che annuncia a Lorenzo la spedizione di cinquanta belle schiave turche, *le più belle che si trovarono*! Ah, la grazia! Cinquanta? Se non che, come fu provato, il buon tedesco ha letto nel documento *belle* invece di *pelli*, *turche* invece di *tutte*, e così, invece di 50 *pelli di Schiavonia*, ha letto 50 belle schiave turche, un harem da sultano, e senza accorgersi neppure che in tutto il contesto della lettera si parla della spedizione in modo, come se oggi si spedissero a qualche gran Don Giovanni 50 belle ragazze, turche o non turche, per pacco postale. Nè basta. Quello che il Machiavelli dice a lode di Lorenzo s'interpreta a biasimo, e nel dialogo sul *Reggimento di Firenze* del Guicciardini si vuol vedere non una discussione, ma una diatriba, e fra gli interlocutori del dialogo si menan buone tutte le accuse di Paolo Antonio Soderini e di Pier Capponi e non si tien conto alcuno di tutte le difese di Bernardo Del Nero.

Quanto erano stati belli e lieti gli anni della prima giovinezza di Lorenzo, altrettanto furono agitati e poi tristi e funesti i primi anni della sua signoria. Nel 1470 insorge Prato. Due anni dopo Volterra, a cagione delle miniere d'allume. Si vuole ch'egli vi fosse cointeressato e che nella repressione la città fosse posta a sacco per ordine suo. Ora è stato dimostrato che della prima accusa non c'è che una sola testimonianza contemporanea ed è di un nemico dei Medici; e quanto alla seconda, non solo che non furono gli assalitori, che la misero a sacco, bensì le masnade stesse, che essa avea assoldate per difendersi. Ma che monta? È un'altra delle frasi fatte a proposito dei Medici e di Lorenzo, e non è un anno, che se l'è ribevuta il Bourget, romanziere positivista, nelle sue *Sensations d'Italie* e l'ha ridivulgata colla magia del suo stile. Lorenzo volle non transigere, ma reprimere. Quella frequenza di ribellioni gli dava ombra; ecco la maggiore responsabilità sua. Ottenne di fatto qualche anno di tregua e ripigliò più che mai gli spassi, gli studi, le magnificenze d'arti e spettacoli, perocchè Lorenzo non era di quelle povere nature, come sarebbero le nostre, che una sola faccenda assorbe intiere e non ci lascia più nè tempo nè testa ad altro.

Natura grandiosa, fantasia ardente, ingegno universale, Lorenzo mandava di pari passo lettere, filosofia, galanterie, mascherate, vita di campagna, vita di città, laudi sacre, canti carnascialeschi, canzoni a ballo, sacre rappresentazioni, intimità cogli amici, i letterati e gli artisti, ospitalità sontuose a principi che capitavano, eriger chiese e ville, passione dei musei e dei cavalli, della musica e delle belle donne, banchetti e processioni, politica e giostre.

La più celebre è appunto di questi anni, nel 1478, e prende nome da Giuliano ed è la più celebre, perchè fornì argomento alle *Stanze* del Poliziano. Precede alla giostra e alla composizione delle *Stanze* un avvenimento intimo dei due fratelli Medici, la morte della bella Simonetta Vespucci, amante di Giuliano, nel 1476, ed interrompono la composizione delle Stanze la congiura de' Pazzi e l'uccisione di Giuliano nel 1478. Il terribile epilogo, e non voluto, del poema è dunque la narrazione in latino sallustiano, scritta dallo stesso Poliziano. L'epilogo, forse ideato e non potuto scrivere, il cavalleresco epilogo cioè della più bella data in premio al più cortese, al più prode, sarebbe mai quello rappresentato con inspirazione polizianesca dal Botticelli nello stupendo quadro dell'Accademia di Belle Arti, detto comunemente: *la Primavera*? È una ingegnosa e nuova interpretazione del quadro, proposta ora dal prof. Jacopo Cavallucci e che a me pare fondatissima. La Ninfa del poema è certo quella del quadro. Basta rileggere le *Stanze*:

Candida è ella e candida la vesta
Ma pur di rose e fior dipinta e d'erba;
Lo inanellato crin dell'aurea testa
Scende in la fronte umilmente superba.
Ridele intorno tutta la foresta
E quante può sue cure disacerba.
Nell'atto regalmente e mansueta
E pur col ciglio le tempeste acqueta.
. . . .
Ella era assisa sopra la verdura
Allegra e ghirlandetta avea contesta
Di quanti fior creasse mai natura,
De' quali era dipinta la sua vesta.
E come prima al giovin pose cura
Alquanto paurosa alzò la testa,
Poi con la bianca man ripreso il lembo,
Levossi in piè con di fior pieno un grembo.
. . . .
Mosse sovra l'erbetta i passi lenti
Con atto d'amorosa grazia adorno
. . . .
Ma l'erba verde sotto i dolci passi
Bianca, gialla, vermiglia azzurra fassi.

Non meno certo è che la figura del giovine, situato a sinistra, è il ritratto idealizzato di Giuliano, somigliantissimo, parmi, all'altra figura di Giuliano, che è nel quadro dell'*Epifania* del medesimo Botticelli; e quasi lo stesso motivo poetico delle Stanze e del quadro la *Primavera*, e la poesia attribuita a Giuliano de' Medici, ma che il Carducci giudica del Poliziano, ed è diretta alla Simonetta. Se la ninfa del quadro sia il ritratto della Simonetta, fra tanta incertezza dei ritratti di questa vaga e celebre beltà, non si può forse determinare assolutamente, ma altri emblemi, il *lauro* allusivo a Lorenzo, i tre fiori *d'ireos* fiorentina, tutto concorre a dare a quel quadro un significato Mediceo spiccatissimo, e si sa che i Medici l'ebbero caro come un ricordo di famiglia.

Comunque, il dolce nome della Simonetta mi riconduce a Lorenzo, perchè dalla vista di lei morta e portata, scoperto il volto, al sepolcro, come narra il famoso epigramma latino del Poliziano, Lorenzo pretende, nel *Commento* ai propri sonetti amorosi, essersi sentito sollevare alla perfetta cognizione platonica dell'amore, da una morta trapassato poi in una viva, dalla Simonetta in Lucrezia Donati, da lui incontrata in una festa, alla quale "concorsono, dic'egli, tutte le giovani nobili e belle". È una gentilissima invenzione, ma invenzione di certo, perchè l'amore della Donati è precedente di dieci anni almeno alla morte della Simonetta, e solo dimostra che continuò anche dopo il matrimonio di Lorenzo con Clarice Orsini, sempre però puro, ideale, platonico, petrarchesco, come assicura Ugolino Verini, un poeta intrinseco di Lorenzo, e dietro a lui molti altri confermano, sicchè noi non possiamo far di meglio che credere ad occhi chiusi a sì concordi testimonianze.

Tutta questa lieta visione di giovinezza e di amori si dilegua nella congiura de' Pazzi. Non rinarrerò quella scena, una delle più straordinarie della storia di Firenze, perchè tutte già l'avete a memoria; quella messa in duomo col Cardinal Riario, che assiste; Giuliano e Lorenzo de' Medici con parecchi loro amici, vicini al coro e circondati, senza saperlo, dai congiurati; il popolo devoto, che li attornia, e mentre il sacerdote celebrante solleva l'ostia consacrata e le campane suonano a gloria, Giuliano, ferito a morte dal Bandini, cadere immerso nel proprio sangue, Lorenzo assalito e ferito anch'esso, ma avvoltasi la cappa a un braccio e tratta coll'altro la spada aprirsi il passo alla sagristia, dove riesce a scampare. La chiesa è tutta un tumulto; le vôlte quasi crollano alle grida; il Cardinal Riario, accovacciato presso l'altare, ne rimarrà pallido di terrore tutta la vita. Intanto a quel suono di campane, altri congiurati, con l'Arcivescovo Salviati alla testa, assalgono il Palazzo della Signoria, ma sono presi, i principali impiccati alle finestre, altri respinti, mentre il popolo, infuriato per la morte di Giuliano, vuol riveder salvo il suo Lorenzo dalle finestre del Palazzo di Via Larga, poi trucida per le vie quanti congiurati o sospetti gli vengono alle mani, chi dice settanta, chi cento, chi più; giustizia orrenda, ma che dimostra avere il popolo giudicata la congiura per quel che era, una trama ordita, non per amore di libertà, ma per odii e cupidigie private dei Pazzi, del Papa e dei Riario, suoi nipoti, e quindi aver senz'altro voluto vendetta dei congiurati. Dissimulando la complicità sua, il Papa ruppe guerra a Firenze e vi trascinò il Re di Napoli, suo alleato, pretendendo che la guerra era fatta non a Firenze, ma a Lorenzo. Questi vide bene il pericolo di tale perfidia; intuì rapidamente la necessità d'un gran colpo, scindere cioè l'alleanza del Papa col Re, e deliberò a qualunque rischio di consegnarsi da sè nelle mani del Re. Partì accompagnato dai voti e dall'ammirazione di tutti. Tornò colla pace, tornò glorioso, tornò onnipotente, e di questo momento si valse subito per riassodare l'autorità sua e della sua Casa. Questo si chiama veder chiaro in politica! Di più, poteva in quel momento esser principe e non volle; preferì una repubblica signorile a una signoria repubblicana. Questo si chiama moderarsi nella vittoria, la più difficile di tutte le virtù politiche. Poteva cioè uscire dalle tradizioni della storia fiorentina e non volle!

Quante volte il fatto dei Medici e di Lorenzo non s'è ripetuto anche nella storia d'altri paesi? Al ritorno di Cosimo dall'esilio il popolo vide in lui un liberatore, non un tiranno. Al ritorno di Lorenzo da Napoli accadde lo stesso e anche più. Perciò non credo ch'egli avesse bisogno di corrompere il popolo, distillandogli i sottili veleni della voluttà per meglio dominarlo. Anche questa è una delle tante frasi fatte, ma, ha ragione il Gaspary, "un individuo non corrompe una nazione, quando essa non sia già corrotta". Quanto a morale e gusto di piaceri, il popolo valeva il signore e il signore il suo popolo. Per questo s'intesero così bene! Nè si nieghi l'azione di Lorenzo sulla civiltà della Firenze d'allora, sofisticando su qualche data di nascita o di morte di grandi artisti, perchè tutta la grande fioritura artistica e letteraria del 400 fiorentino è Medicea, nè tali quistioni si trattano coll'orologio alla mano. Il vero è che nè una protezione principesca basta da sola a creare una civiltà, nè una tirannia, anche più deprimente di quella dei Medici, a farla sparire. V'ha bensì sull'ultimo della vita di Lorenzo, come già dissi, un principio di reazione morale e religiosa, che s'incarna nel Savonarola, ma la impiccolirebbe di troppo chi la considerasse provocata da un uomo solo, anzichè dall'indole generale della nuova cultura, dei nuovi costumi e dei nuovi tempi. Le lettere, che Lorenzo scrive alla morte di sua madre, la pia e ingegnosa donna, la quale negli argomenti de' suoi inni sacri precorre il Manzoni, mostrano la tenerezza filiale di Lorenzo. Le lettere di Clarice Orsini e del Poliziano, del Pulci e di tanti altri mostrano l'amor suo pei figli, la sua bonaria e fedele affezione agli amici, dai quali fu idolatrato, e, quanto alla moglie, lasciando stare se il *mi fu data* dei *Ricordi* di Lorenzo sia la frase indifferente, che significa il fidanzamento o che la sposa non fu di sua scelta, certo è che i fatti e i documenti dimostrano rapporti non mai interrotti di affetto e di stima. Intercedendo per chi l'ha offeso: "non fareste, essa gli scrive, secondo la natura vostra a non gli perdonare"; parole, che fanno il maggior onore ad essa ed a lui e scritte l'anno stesso della congiura de' Pazzi, quando l'animo di Lorenzo dovea esser meno che mai disposto ad indulgenza. E quando si leggono nella lettera di Matteo Franco, che descrive il ritorno di Clarice dal Bagno a Morba, le parole, ch'essa risponde ai poveri terrazzani di Colle, i quali la supplicano di raccomandarli a Lorenzo, si vede chiaro quant'essa era addentro nel segreto della sua politica e con che arte gentile sapea all'occasione farsene strumento.

Se non avessi già troppo abusato della vostra cortese attenzione, mi sarebbe dunque facile dimostrarvi coi documenti alla mano che Lorenzo fu buon figlio, buon padre, marito convenientissimo, nella stessa guisa che potrei e dovrei mostrarvi, che come critico, precorre studi moderni, che come poeta, sorpassa forse il Poliziano ed il Pulci per osservazione della realtà e per sentimento vivo e immediato della natura esteriore, che, come umanista, tempera gli eccessi della scuola col culto della lingua volgare, di cui è restitutore e mantenitore, che, come filosofo finalmente, modera l'irreligione del tempo col teismo neoplatonico, il maggior tentativo di accordo fra il cristianesimo e la filosofia, quantunque non potesse di certo parer sufficiente al Savonarola.

Se come uomo Lorenzo de' Medici deve dirsi buono, se come letterato e filosofo superiore al suo tempo (il quale tuttavia non ha nel suo complesso chi lo rappresenti meglio e più intieramente di lui), forsechè come politico è inferiore agli altri signori e principi del tempo suo? Il sistema d'equilibrio dei quattro maggiori Stati d'Italia, quale lo praticò Lorenzo al disopra della scellerata politica degli altri principi, compresi i Papi, al disopra dei pregiudizi Guelfi Fiorentini, al disopra d'ogni interesse di famiglia, perchè nella politica estera egli non ha, nè può avere, notate bene, appunto perchè non principe, altro pensiero che della potenza di Firenze, lo rende indubitabilmente superiore a tutti gli statisti, non speculativi, ma operanti del suo tempo. Ed ebbe pure il presentimento del donde potea venire il pericolo futuro, poichè quando Luigi XI gli profferse aiuto contro il Papa ed il Re di Napoli: "io non posso, disse, anteporre il mio particolare vantaggio al pericolo di tutta Italia; volesse Iddio che ai Re di Francia non venisse mai in mente di sperimentare le proprie forze in questo paese. Quando ciò accada, l'Italia sarà perduta!" E lo fu in realtà, due anni dopo appena ch'egli era morto. Non possiamo dire, ch'egli avrebbe impedita la catastrofe, ma ben possiamo esser certi che la sua condotta non sarebbe stata così pazza ed improvvida, come fu quella di Piero, suo figlio.

Moriva Lorenzo l'8 aprile 1492 nella sua villa di Careggi fra il dolore disperato dei congiunti e degli amici; moriva fra il lutto e le lagrime di tutto un popolo; moriva nel colmo della potenza e della gloria. Ciò non potè tollerare l'intolleranza Piagnona e creò la leggenda del Savonarola che all'ultim'ora gli nega l'assoluzione e lo lascia morire fra i rimorsi. Nè basta. Ci voleva un po' di delitto per colorir meglio il quadro e si raccontò, e si cantò anche in versi elegiaci, che il medico Pier Leoni di Spoleto fu gettato in un pozzo per ordine del primogenito di Lorenzo. Quanto alla prima parte della leggenda, essa, come questione storica, s'è ingrossata, e allorchè un Villari le presta fede, un Ranke non osava più negarla addirittura, un Reumont la giudicava per lo meno incerta, non oserei io di mescolarmi in tal disputa. Debbo però al mio gentile uditorio la mia opinione, ed è che la lettera del Poliziano a Jacopo Antiquario, in cui il Savonarola (ciò che s'accorda anche col tempo) si mostra solo uomo di chiesa e ammonisce e benedice (non confessa ed assolve) *in articulo mortis* il peccatore pentito, mi pare a tutt'oggi il solo documento attendibile e che tutte le altre parole messe dalla leggenda in bocca al Savonarola e a Lorenzo mi sembrano un anacronismo e un assurdo. Quanto al medico, la lettera, ora pubblicata, di Bartolommeo Dei toglie ogni dubbio. Impazzò e si suicidò! Meno male, perchè il terribile Perrens aveva già scartata l'ipotesi del suicidio, dicendo: *"Les medécins tuent, ne se tuent pas!"*

Ed ora concludiamo. Chi dalle mie parole argomentasse che ho voluto fare non la storia, ma l'apologia di Lorenzo il Magnifico, avrebbe gran torto. Nè l'una, nè l'altra, se mai; non la storia, perchè in sì piccolo quadro non si fa star dentro una così grande figura; non l'apologia, perchè non credo che Lorenzo n'abbia bisogno. Volli esporre il concetto, che mi sono formato della storia di Lorenzo in relazione a quella di Firenze e d'Italia, e tale concetto posso riassumerlo così.

Nella storia di Firenze a me pare di scorgere una continuità nelle parti, che si contendono il predominio cittadino ed un perpetuo ricorso delle stesse forme, che, spogliate di quanto hanno d'accidentale e d'occasionale, accennano fin dai più antichi tempi al dove vanno in ultimo a terminare tutte le lotte fiorentine, al predominio cioè d'una consorteria, d'una famiglia, d'un uomo. Furono i Medici! Potevano essere gli Albizzi, gli Alberti, gli Strozzi, ma a questi non sarebbe probabilmente riescito di dare alla loro signoria quel carattere, che poterono darle i Medici, di pura preminenza d'un cittadino in una repubblica. Le lotte delle fazioni si presentano subito in Firenze come contrasto di due famiglie. Queste aggruppano intorno a sè gli elementi, che sono proprii della lotta comunale in tutta Italia, elementi politici, guelfismo e ghibellinismo, elementi sociali, aristocrazia e democrazia. Il Comune è da prima fuori del contrasto, poi naturalmente, e presto, diviene l'oggetto del contrasto medesimo e gli dà la forma esteriore, mentre l'impulso segreto, l'impulso, che è l'anima vera del contrasto, è sempre d'una famiglia e della clientela, che le sta d'attorno. Se così non fosse, quando il fine, per cui una fazione si muove, è ottenuto, si vedrebbe cessare questo moto, per poi ricominciarne un altro. Invece, siano guelfi e ghibellini, che lottano, grandi e popolo, arti maggiori e arti minori, appena una fazione vince, si divide in sè stessa e la lotta continua sempre. È per questo, io credo, che il Villani, il Compagni, tutti i cronisti, non parlano mai dei principii o dei fini politici, pei quali una fazione s'è mossa, bensì dei pregi o difetti della famiglia o dell'uomo, che alla fazione dà nome, perchè questo è per essi importante; il resto accessorio. Talvolta pare che si mira a slargare in senso democratico l'ordinamento del Comune. Ma appena s'è vinto, la famiglia, la setta (come la chiamano i Fiorentini nella seconda metà del Trecento), cerca sfruttare la vittoria a suo pro. Questo tentativo costante non riesce ad altri; riesce ai Medici, perchè Cosimo sa far apparire la vittoria, vittoria sua, non della parte, e non ha quindi da sconvolgere l'ordinamento comunale per soddisfarla; frena insomma subito egli stesso la fazione, con cui ha vinto gli Albizzi, e ciò tanto più facilmente, in quanto non è fazion vera la sua, non una classe, non un'arte contro l'altra, bensì un'accozzaglia d'amici e di malcontenti, che non spera che in lui, ond'egli detta legge, non la riceve, e la vittoria contro la minacciante tirannide degli Albizzi gli fa anzi quasi un obbligo, una necessità di rispettare gli ordinamenti comunali, pur piegandoli alla volontà sua, che è la tradizione di tutte le famiglie, le quali hanno capitanate le fazioni fiorentine e con esse sono pervenute più o meno lungamente al governo del Comune. Sempre le stesse arti, sempre gli stessi mezzi, all'ombra sempre delle stesse institUzioni! Finchè l'elemento di famiglia è costretto a tenersi celato dietro l'elemento politico e sociale, la signoria non può fondarsi. Quando per l'inclinazione generale dei Comuni italiani a signoria, può mostrarsi a viso aperto, allora la signoria si fonda, ma col carattere speciale delle passeggere signorie fiorentine, cioè tirando a sè, non distruggendo, le institUzioni del Comune. Lorenzo restituisce e conserva il tipo di Cosimo, ma da Cosimo a Lorenzo la signoria Medicea fa un passo innanzi. Con Lorenzo è ancora più personale. Diciamo, se volete, che Lorenzo è addirittura un tiranno, ma, in questo caso, soggiungiamo subito col Guicciardini, che Firenze non poteva avere "un tiranno migliore e più piacevole" di lui.

LA VITA PRIVATA NE' CASTELLI
DI
GIUSEPPE GIACOSA

Al tempo delle castella, la parola castellano ebbe tre significati diversi, o per dir meglio fu adoperata ad indicare tre diverse classi di persone. Era castellano il signore di uno o più castelli; era castellano colui che, nel nome del signore, teneva il governo di un castello; e castellano si chiamava pure chi dimorava nelle castella, cioè nelle piccole terre cinte di mura e dominate da una rocca.

Nelle regioni d'Italia dove fiorì la vita comunale e repubblicana, la parola era per lo più usata nel secondo significato, come quello che corrispondeva al maggior numero dei casi. Il vocabolario del Manuzzi, alla voce: Castellano, lo registra infatti innanzi di ogni altro, e prima scrive: Capitano di castello, che Signore di esso. E quando la parola racchiudeva il concetto della signoria, non implicava quello della dimora; occorre infatti ad ogni momento la locuzione: di molte o di poche terre castellano.

Invece nei paesi dove il sistema feudale ebbe il suo naturale compimento nella monarchia unitaria, grazie la intricata rete di privilegi, di prerogative e di interessi che fissava il signore alla terra e lo costringeva a risiedervi, per Castellano in ogni tempo si intese comunemente: il signore dimorante nel castello, il quale castello, dalla secolare e non interrotta consuetudine, venne prendendo una certa aria di famiglia, si adattò ai successivi crescenti bisogni, si piegò quasi ai minuti capricci dei padroni, così che ne rispecchiò poi fedelmente l'indole e le abitudini.

Fra questo castellano campagnuolo ed il signore dimorante nella città e più il Principe dei nuovi principati italiani all'epoca del Rinascimento, corrono differenze così profonde che la distanza di un secolo non ne darebbe di maggiori. Differenze nel campo dell'azione e delle attribuzioni politiche, differenze nell'ordinamento domestico e nelle abitudini della vita quotidiana. Le Corti, più ricche, più sfarzose, più colte, più popolose, ebbero istoriografi e descrittori in abbondanza, mentre ne difettarono i castelli. Ed ognuno di quegli istoriografi e descrittori fu in questi ultimi tempi argomento di nuovi e minutissimi commenti e raffronti, sicchè non si può oramai trovare in essi notizia che già non sia stata a sazietà detta e ripetuta. Ed anche riguardo i castelli, le notizie raccolte nei libri riflettono bensì molti momenti della vita privata, ma di preferenza quelli che si connettono colla pubblica, quali sarebbero le feste ed i ricevimenti o che hanno, in alcun modo, attinenza colle arti e colla cultura generale. Ora, noi gente positiva, abbiamo oggi delle curiosità più minute e meno discrete. Non ci basta sapere come quei fastosi signori accogliessero i frequenti ospiti, come ordinassero i banchetti, come uscissero a cavalcate, come vestissero nelle solenni occasioni, come si raccogliessero la sera in illustre compagnia a novellare od a ragionare di ornate cose, ma ci prende un indiscreto desiderio di entrare nelle più intime camere loro, di assistere la mattina al loro primo levare, di accompagnarli passo passo per tutta la giornata, di sorprendere le loro più gelose debolezze, di sedere alla loro tavola quando pranzano in famiglia, di gustare le loro vivande, di ascoltare i loro discorsi coi servitori e colle donne, e, quando la sera prendono commiato dai famigliari, di seguirli lungo i corritoi oscuri o su per le scale tortuose, e riaccompagnarli in camera, a meno che, fatti da qualche dolce ragione sospettosi e gelosi, non ce ne chiudano l'uscio sul muso, e non tirino il chiavistello. Queste nozioni, i libri che ci si mettono di proposito non ce le danno. Si possono bensì racimolare qua e là nei novellieri, e così mi sono industriato di fare, ma è bene dove le cose parlano, lasciar parlare le cose, le quali la sanno lunga e sono al solito più sincere che gli uomini.

Innanzi di conoscere il Castellano, vediamo dunque di visitare il Castello. Il Castello del secolo XV ha già alquanto dimesso della originaria spavalderia bellicosa. Ancora gli durano le torri e a taluno i fossati, ma le varie cinte che nei secoli precedenti lo fasciavano tutto intorno e gli toglievano l'aria e la vista, sono in parte cadute, ed in parte dimezzate per l'altezza, reggono gli stecconi delle pergole o danno appoggio alle spalliere. Noi dobbiamo però, se ci è caro averne una giusta mozione, imbrigliare alquanto la fantasia amplificatrice, la quale suole rappresentarci il castello feudale d'assai più vasto che in realtà non fosse. A mano a mano che la facoltà di muovere ed i mezzi di sostenere la guerra, vennero restringendosi dai signori di terre ai signori di Stati, il castello feudale, ove dimoravano i padroni, prese meno spazio ed apparve meno imponente. Coll'assodarsi delle monarchie, cessò ai signori il diritto di levar genti e la necessità di allogarle in chiusi recinti a guardia della Rocca. Gli apparecchi belligeri che sul principio del secolo XV alcuni signori amano ancora disporre intorno al maniero, ci stanno più a testimonianza di prerogative nobiliari che a pratica difesa. E perchè sono incomodi e costosi, ci durano poco, o perdurando sono causa che il padrone sloggi dalla antica e si fabbrichi nelle vicinanze una nuova dimora. I castelli dei privati signori che ancora ci rimangono di quel tempo, sono ben lontani dal fastoso apparecchio che un secolo e mezzo o due secoli più tardi fa delle ville signoresche altrettanti luoghi incantati, dove gli spaziosi giardini, le gradinate a terrazzi e gli alberi secolari diventano elementi architettonici e combinano insieme col palazzo ad una magnifica ed armoniosa veduta. Il giardino del secolo XV più si assomiglia ad un orto che ai lambiccati giardini del Seicento e del settecento; esso è quasi sempre chiuso fra muraglie alte onde prende un'apparenza claustrale che non disdice all'ordinamento interno della casa. - Al di fuori, il castello ha un aspetto severo e spesso arcigno. Da una larga porta e per un atrio spazioso, si riesce nel cortile, lastricato a lastroni massicci, intorno al quale corrono le quattro pareti della casa aperte in portici e loggie e fregiati i muri con fascie a rabeschi e colori, con stemmi in pietra o dipinti, o con istorie figurate. Nel mezzo del cortile sta il pozzo o la cisterna, col parapetto fatto di pietre o marmi scolpiti, col tettuccio a colonnini, o colle staffe di ferro battuto a delicati fiorami, che reggono la carrucola. A volte, fra i monti dove si può condurre al castello qualche acqua sorgiva, in luogo del pozzo si trova una vasca che riceve zampilli dalla colonna che le sorge nel mezzo o pioggia abbondante di stille da un albero fronzuto di naturale grandezza, tutto ferro operato dalle radici alle foglie ed ai frutti. Sotto il portico, rasente il pieno muro, corre una lunga fila di panche fisse colla spalliera vagamente intagliata. E tra il sommo della spalliera e la vôlta, alcune pitture a fresco narrano a episodi la vita del castello e del borgo. Una ci mostra il corpo di guardia: nel fondo sta la rastrelliera cui pendono le armi, nel mezzo i soldati seduti al desco bevono, uno briaco fradicio dorme, altri giocano, due si accapigliano, e ad un capo della tavola una donna mostra all'amante la scena disgustosa per svogliarlo dalla intemperanza. Poi viene la bottega del beccaio, poi il mercato delle frutta e degli erbaggi, poi il sarto, poi lo speziale. Scene popolari e borghesi, tutte movimento, ispirate certo alla vista delle cose reali, testimonio preziosissimo delle costumanze locali, perchè la ingenuità della fattura, e una certa rozzezza artistica, attestano che il pittore ancora non conobbe l'arte nuova, che non attinse a maestri, ma s'industriò alla meglio di rappresentare le cose che gli stavano intorno.

Nel corpo della casa opposto all'entrata, od in quello che apre esternamente sui luoghi meno belli, meno soleggiati e meno in vista, stanno le cucine, le dispense, il tinello e gli altri locali dati al servizio, al bucato, e via dicendo. A seconda della maggiore o minor mole del castello e della sua giacitura, si trovano pure a pian terreno una o più camere fornite, ad uso di ospizio per i viandanti. Certe volte, queste camere, stanno in qualche fabbrica staccata e vicina, colle scuderie, i canili, le stalle ed il fienile.

La cucina ha nella vita signoresca di quel tempo una importanza grandissima quale noi a stento possiamo concepire, anche quando confrontiamo alle modiche nostre le formidabili mangiate di quei nostri maggiori. La Castellana pur sapendo di greco e di latino (caso, più raro assai, a mio giudizio, di quanto sia stato detto e di quanto si creda), scende ogni giorno alla cucina, bada direttamente alla spesa, e ne registra i conti in apposito libretto, combina col cuoco, o più comunemente colla cuoca, la lista del desinare, misura il vino alla servitù, vigila alla nettezza dei rami e delle stoviglie. Tutti i rami portano impressa l'arme della famiglia, come pure le brocche, le mezzine, i gotti, ed i piatti di stagno, e belle armi scolpite mostrano i monumentali mortai. - La cucina ha due immensi camini: uno raccoglie sotto le ali della cappa i fornelli, l'altro, il maggiore che ospiterebbe al coperto tutto quanto il servitorame, ha in un fianco, sotto la cappa, il forno, e dal lato opposto, aperto nel muro del fondo, il passa vivande, che guarda nella sala da pranzo. Questa la conosciamo: gli scrittori di storia, i novellieri, i diplomatici ed i poeti, ce ne hanno lasciato diligenti e riconoscenti descrizioni. D'altra parte il suo arredamento non ha quella stabilità che si incontra in ogni altro membro della casa, e a norma delle circostanze e degli ospiti, variano le tappezzerie, variano i mobili e variano sopratutto le argenterie ed il vasellame di cui, nelle occasioni solenni, il sire del Castello fa grande e non sincera mostra, togliendone a prestito da qualche vicino o parente.

Qui sopratutto da Principe a Castellano ci corre. Il Principe del Rinascimento, venuto in subitanea ed impensata grandezza, ama lo sfarzo degli apparati per naturale inclinazione artistica e per accorgimento politico. Egli sa che tanto più può quanto più è creduto potere, e del potere è visibile indizio la magnificenza. Inoltre, salito all'altissimo grado per virtù d'ingegno, egli pregia tutte le manifestazioni dell'ingegno umano, e gli ingegni stessi, onde si circonda di poeti e di artisti, ne stimola con danari ed onori l'attività, traendo dalla loro dimestichezza e dalle opere loro, come osserva il Burckardt, una nuova legittimità alla sua illegittima potenza.

Il Castellano, nobile di antica data, ha bensì ambizioni grandi, ma deve fare i conti colle rendite che il potere sovrano gli va continuamente assottigliando. Nè in tempi di così instabili signorie, e nella rapida decadenza degli ordinamenti feudali, egli osa fare vistosa mostra di ricchezze; onde, dei nuovi agi e delle nuove eleganze, ama piuttosto fruire in famiglia che procacciare agli ospiti il godimento. Perciò troveremo più ornate e ricche le camere di sopra, destinate al dormire e all'abitare, che la sala da pranzo e quella antica sala baronale che ancora occupa al piano terreno il maggiore spazio, ma che sia ostentazione di austerità, sia religione degli avi o sia piuttosto il trovarcisi a disagio, il padrone lascia, per lo più, nuda, fredda e solenne quale l'ebbe dai padri.

Due scale mettono ai piani superiori della casa. Una, stretta, oscura e rotta da frequenti ripiani, è destinata al disbrigo delle faccende domestiche, l'altra spaziosa e chiara è riservata ai signori. Questa, o sale visibilmente dal cortile coperta di un tettuccio posato su pilastrini o colonnini, o si svolge in branche regolari con scalini larghissimi e di poco rilievo. Nell'Alta Italia non erano infrequenti le scale a chiocciola. Il Castello d'Issogne in Valle d'Aosta ce ne mostra una veramente bella e degna di studio. Ogni gradino s'impernia dall'uno dei capi in una colonna di granito sottilissima, e di là allarga a ventaglio il suo piano finchè infigge nel muro l'altro capo, più largo di un braccio. Rigirata sopra sè stessa, descrivendo un circolo che misura oltre quattro metri di diametro, quella scala, che pare empire colla sua elica enorme il cavo di una torre, ascende misteriosa, nascondendo, a chi sale, la persona che lo preceda di pochi gradini, ed ingrossando il suono di ogni passo e diffondendolo in quel vento continuo che rendono le spire di una conchiglia. La sera essa vi dà quella sottile inquietudine imaginosa, così piacevole agli adulti. Ogni passo ed ogni voce svegliano mille echi di passi e di voci che sembrano turbinare nel vano e salire e smarrirsi poi via per i solai tenebrosi. Vi scattano rumori secchi come il battere di un acciarino, spenti nell'attimo come la scintilla che ne lampeggia, vi corrono fruscii morbidi come di vesti che sfiorino la terra e rapidi come di persona snella che si rimpiatti. Se altri vi preceda colla lucerna, le muraglie, più che una luce, riflettono una bianchezza incerta simile a quella che irradiata dalle lampade degli altari fa più nera l'oscurità delle navate.

Le camere del primo piano sono chiare e spaziose; i mobili pochi, ma ognuno di essi ha singolari pregi artistici. Gli intagli assottigliano il legno e gli danno la vaghezza e la leggerezza di un ricamo, senza scemarne punto la solidità. All'opposto di quanto segue oggidì, i meglio ornati non sono i mobili di pretto lusso, ma gli usuali, come i grandi stipi addossati al muro, le credenze, il seggiolone o cattedra che fiancheggia il letto, la cui spalliera, imperniata al telaio, può all'occorrenza scendere, e posando sui bracciuoli formare una tavola. Ai piedi del letto sta il cassone, o la cassapanca, ornata di intagli a fiori o figure, e con delicati fregi di ferro, alle maniglie ed alla serratura, quella cassapanca che fu argomento di tante argute ed inverosimili storie ai novellieri, nella quale le donne riponevano le vesti più sfarzose, poichè ancora non usava, o poco, di appenderle negli armadi. Il letto a colonnini è coperto e fasciato di ricchissime cortine. Quando il signore conduceva la sposa al castello, la camera nuziale era tutta apparata a nuovo. Le altre camere della casa erano depredate per raccoglierne in quella tutti gli agi e le ricchezze. Si ponevano sul letto fin quattro materassi di bambagia, le lenzuola erano di tela, sottilissime, tutte trapunte di seta e d'oro, che doveva far ribrezzo a toccarle. Le coperte, di raso rosso, azzurro, cremisino, mostravano ricami di fili d'oro con le frangie d'ognintorno. Le cortine erano a liste alternate di velluto e damasco e tocca. Quattro origlieri lavorati maravigliosamente a ricami e trine aspettavano le nobili teste. Alle pareti, arazzi istoriati o vaghe stoffe sottili, a ghirlande di fiori. Nel mezzo sulla tavola un tappeto alessandrino, ed un tappeto, alessandrino pure, sul palco che reggeva il letto. E intorno i forzieri recati in dote dalla sposa, pieni di gemme, di monili, di stoffe preziose e di merletti.

Ma tale fasto durava quanto la intima convivenza dei coniugi, i quali, a breve andare, si riducevano entrambi in meno ricchi appartamenti, e spartivano fra di essi ed in seguito colla figliolanza le quattro materasse, che erano spesso le sole della casa, e delle quali più d'una volta i figlioli maschi ignoravano, finchè non menassero moglie, le tepide mollezze. Perchè, il lusso era grande, ma non pari al lusso le comodità, o, quanto meno, non le minute comodità, che tanto pregiamo ai giorni nostri.

Avevano, onde è a credere che pregiassero sopratutto le comodità di spazio, e grande e nuovissima a quei tempi, ricchezza di luce e di aria. Nei secoli precedenti, il castello era più ordinato a fortezza che a dimora, onde apriva non sulla campagna, ma sugli spazi compresi fra le varie cinte, strette e basse finestre. Ora ogni camera guardava intorno, oltre i recenti ruderi delle cinte, i campi ed il cielo e lasciava entrare per le ampie e frequenti finestre, i raggi, i profumi, i suoni che manda la natura. E quelle finestre, dalla profonda strombatura, dovevano essere la dimora consueta delle donne a giudicarne dai sedili a muro che le fiancheggiano e che solevano ricoprire di morbidi cuscini. Di là le castellane aspettavano il marito od i figliuoli reduci dalle caccie, non dalle caccie festose e squillanti, raro e costoso sollazzo dato ai rari ospiti e delle quali esse pure erano parte, ma dalle caccie quotidiane, rude esercizio di forza e di astuzia, consueta e quasi unica educazione che i padri davano ai figli. Di là anche, le giovani donne ammonivano il damo che s'aggirava cauteloso nei pressi del castello, e con segnali convenuti gli davano la posta. Se non che, a scapito della poesia romantica, ed a gioia grande del demonio, esse solevano pur troppo concedere e richiedere amore, a gente dimorante, per uffici che vi tenessero, nel castello, e la distribuzione degli appartamenti aiutava i raggiri infernali perchè le camere delle donne stavano tutte dall'un lato del castello e quelle degli uomini dall'altro.

La famiglia del signore teneva il primo piano della casa. Il secondo era destinato agli ospiti. Ciò dico, dei castelli, non delle abitazioni signorili della città, nelle quali erano di solito serbate pei forestieri molte camere al piano terreno.

La mattina, all'alba, il cortile è pieno del vario popolo dei servi e dei valletti. Gli uni portano le provvigioni alle cucine, e gli altri forbiscono le armi od i fornimenti per le cavalcature, gli scozzoni strigliano i cavalli, il maggiordomo, sotto il portico, misura, pesa e registra il latte, le farine, le ova ed il pollame che i villani arrecano dalle prossime cascine. Nel secolo XIV ancora squillava, al levare del sole, il corno della torre maggiore. Ora quell'uso guerresco è dimesso. Il signore s'alza per tempo, poichè andò la sera innanzi per tempo, al riposo. Quando gli tocca levarsi ad ore insolite, egli ricorre allo svegliarino, che chiamavano allora oriolo col destatoio, del quale, verso la fine del secolo XV, già l'uso era quasi comune. V'erano anzi orioli di così sottile congegno, che all'ora voluta, non solamente risonavano stridendo, ma battevano l'acciarino ed accendevano la candela. Appena desto, il Castellano scendeva alle stufe, pel bagno, bella usanza dovuta alle Crociate e che si andò perdendo di poi, e fu ripresa che non è molto; indi attendeva a vestirsi coll'aiuto del domestico che si era tutta la notte giaciuto sul tettuccio accanto al letto padronale. Di dormir solo in camera non si attentava nessuno. All'ospite era squisita cortesia, offrire il Castellano un posto nel suo proprio letto. E sempre o una dama, o una vecchia fante, dormiva o nel lettuccio accanto o nel letto istesso della Castellana. Di questa singolare, e a giudizio dei nostri tempi, fastidiosissima usanza, sono piene le novelle. E poichè, bisogna pur dire ogni cosa, la domestica non si rimoveva di camera, nemmeno quando il rimanervi la riduceva a terzo incomodo; se non che i signori, quasi non avendola in conto di creatura umana, nulla curavano di lei.

Com'era vestito, messer Castellano faceva le prime devozioni prostrato all'inginocchiatoio, e la Castellana nel piccolo oratorio adiacente alla sua camera. Bello e raccolto luogo di preghiera, colla vôlta azzurra a crociere dorate e tutto stellato il cielo e colle pareti dipinte a figure preganti inginocchiate fra l'erbe ed i fiori di un prato. Spesso quelle devote imagini raffiguravano la Castellana ed il signore, riconoscibili all'arme di famiglia che portano sulle vesti, e in fondo al prato sorgeva l'imagine del castello, dalle cui torri ascendeva fra nimbi al cielo un volo di angeli e di santi.

Poi tutta la famiglia si raccoglieva ad ascoltare la messa ed a comunicare nella ricca e fastosa cappella, servita da un cappellano che risiedeva in castello, dopo di che Madonna dava una prima capata alle cucine, Messere alle scuderie o alla sala dell'armi dove attendeva ad armeggiare coi figlioli o cogli ospiti o cogli scudieri, e le figliole girellavano nel giardino cogliendo fiori e dedicandoli intenzionalmente a lontani od a prossimi sospiranti. Quando la casa non aveva ospiti, i giorni del bucato, la signora e le figliuole non disdegnavano scendere nell'orto a sciorinarvi i panni, e nemmeno sdegnavano portarveli stillanti nelle ceste a ciò destinate, o se non era l'orto era qualche alta terrazza vicina al tetto. Altro ufficio della Castellana e delle figliuole, è la cura delle tappezzerie e degli arazzi, che si tengono piegati su appositi scaffali nella stanza chiamata per l'appunto: la guardaroba delle tappezzerie, è collocata di solito all'ultimo piano il più asciutto della casa ed il meno polveroso. Le fanti vi passano intere giornate a spiegare, battere, rimendare e ripiegare i preziosi paramenti, ma tale è il loro valore ed in tale pregio sono tenuti, che per lo più vi attende direttamente la padrona. Ben inteso, che a queste piccole cure le Castellane non andavano vestite di broccato, di raso o di tocca, quali ce le soliamo raffigurare. Simili vesti passavano per eredità dalla madre alla figliuola, onde è a credere che non le portassero se non nelle grandi occasioni. In casa, anzi, il vestire era dimesso, forti panni paesani a colori oscuri, biancheria grossa ed ahimè mutata di rado, ed ai piedi certe grosse pantofole di panno.

Del signore poi non parliamo che tra le armi, la caccia, le scuderie e le visite ai poderi, Dio sa come si trovasse conciato la sera. Alle dieci della mattina uno squillo di corno annunzia il desinare. Anche nei giorni ordinari, sono molti e grossi piatti: carni di bue, di cinghiale, di capriolo, di montone, galline, fagiani, e via dicendo, condite e fatte piccanti da salse formidabili, tutte aromi e pizzicori mordenti, pepe, gorofano, cannella, ginepro, ambra, belzoino, noce moscata, anice ed altre nostrane ed orientali delizie, sulle quali primeggiavano pur troppo l'aglio e la cipolla. Tale copia, scelta, e condimento di vivande, sono fatte apposta per stimolare la sete cui provvedono le ben fornite cantine che non più contente del prodotto paesano, già accolgono una ricca varietà di vini italiani e forestieri cotti e crudi. Cocevano per conservarlo più a lungo, il vin greco di malvasia, venuto di Candia, che solevano condire con aromi. Fra gli italiani era famoso un certo vino di Piacenza che nessuno più conosce, se pure non proveniva dai colli di Voghera e di Stradella, e del quale facevano grande incetta anche le cantine francesi. Erano gustati assai i vini di Toscana e di Sicilia, e fra i piemontesi il Nebiolo ed il Caluso. Ma a leggere i novellieri, non pare che presso di noi le copiose e robuste bevute degenerassero o era caso raro, in quelle brutali cotte di che menavano vanto i signori di Francia e di Allemagna. I novellieri italiani parlano raramente di gente briaca, nè si sarebbero astenuti dal farlo, quando ne avessero trovato frequente argomento nella vita del tempo loro.

La tovaglia della tavola usava larghissima e pendente quasi fino a terra perchè i lembi cadenti facevano l'ufficio del tovagliolo che ancora non costumava, ed a quelli si forbivano i commensali. Sempre al cominciare e al finire del pranzo era data l'acqua alle mani. Acque profumate, di solito alla rosa; e di profumi facevano poi grande abuso in ogni momento della giornata. Innanzi di portare in tavola un piatto, la sospettosa vigilanza dei Castellani voleva che se ne facessero palesi assaggi, paurosi come essi erano di veleno, e usavano pure tenere sulla tavola specifici ed amuleti contro l'azione dei veleni. Il Cibrario scrive, che nell'inventario delle gioie di Carlo I duca di Savoia (l'anno 1480) è registrata: "u*ne espreuve plaine de langues de serpans pour tenir sur la table pour eviter le venyn*" ed aggiunge che forse era destinata allo stesso ufficio, o ad ogni modo, era tenuta in conto di amuleto, una "*pierre, noire crapaudine, garnie a une chainette d'or*", compresa nello stesso inventario.

Dopo il pranzo che era protratto quanto più lungamente si poteva, il signore faceva quella siesta, che fu bazza per i novellieri. I fanciulli, dopo alcun tempo dato ad esercizi fisici, riparavano poi col pedagogo nella libreria (dove erano, caso raro, librerie), o nella stanza data agli studii. Si trovano ancora in parecchi castelli certe stanzette, all'ultimo piano, recanti sui muri, segnate in rosso, le figure elementari della geometria con scritture che datano certamente dal secolo XV. La Castellana e le figliuole riparavano nelle camere loro, ed attendevano, nella speranza di qualche visita, ad adornarsi. O forse in quell'ora le giovinette aggirandosi in ozio per la casa confidavano alle nude muraglie della scala e dei corritoi, i segreti movimenti del loro cuore, incidendovi motti, date, pensieri e sentenze amorose. O andavano rintracciando e rileggendo le sentenze scrittevi da altri che erano come lettere al loro recapito.

Il Castello d'Issogne serba molte di tali scritte che ci danno a conoscere il nome, ed in certa misura l'animo degli ospiti che vi dimorarono. Vi fu ospite un tale Escobar che segnò sulle pareti il proprio motto: Selon le pouvoir, colla firma e la data. Vi passarono pure un tedesco, Wolf. Sckonfletter, ed un francese, De Vateuil, il quale fa precedere al proprio nome queste parole sibilline: *Non sans cause*. Un messere P. Gran scrive: *In Omnes et ad omnia fidus*, e lo stesso Escobar di pocanzi tornatoci una seconda volta: *No piedo mas fortuna*, più non cerco fortuna, onde è a credere che l'avesse trovata, o che si fosse rassegnato a disperarne per sempre. E ancora l'Escobar sentenzia: *Palabras de piuma lo viento le lieva*. Poi vengono gli anonimi: *Qualis homo talia opera. A mala fama caveas. Sic vive ut postea vivas*. Ed i consigli igienici:

Carolus ægrotus faciunt ieunia morbum,
Ut recte valeas, Carole sume cibum.

Un altro tedesco apre l'animo con due versi così ingenui e sinceri che muovono a pietà.

Per non mostrar el mio dolore
Talvolta rido che crepe el cuore.
THOMA DRUENWALD. von Nuremberg.

Durante un periodo di tre anni, a giudicarne dalle date, si direbbe che sia passato nella valle e sul castello un vento caldo, tutto impregnato di olezzi stimolanti; un vento snervatore e tentatore, soffiato dal demonio per scombuiare l'animo delle castellane. Sui muri, abbondano sentenze d'amore ripetute a sazietà, scritte sempre dalla stessa mano, mano femminile, mano padronale e signoresca, poichè ebbe agio di confidare a tutte le stanze del castello la piena dell'animo. Quella che s'incontra più spesso dice: *Omnia vincit amor*, l'amore vince ogni cosa, sentenza che colma le distanze gerarchiche, ed afferma la assoluta sovranità del piccolo Dio. Un'altra dice: *Non est amor imo dolor, mulieris amor*. Non è amore, ma dolore, l'amore della donna. Dolore, è a credere, di virtù resistente; se non che la resistenza poco dura e l'amore finisce veramente per vincere ogni cosa, poichè l'anno appresso, la stessa mano scrive: Vivamus et amemus, grido di gioia spensierata, allegro ritornello di una canzone forse malinconica. Infatti, in poco d'ora, l'idillio si chiude in elegia e l'angoscia esce in lamenti in ogni parte della casa, colle scritte: *In me turbatum est cor meum*, in me turbato è il mio cuore, e: *Meror et dolor venerunt super me*: il pianto ed il dolore vennero sopra di me, le quali si incontrano in ogni dove, sulla scala, negli anditi, nelle camere delle donne.

Riprendiamo la nostra giornata.

Quando capitavano visite, o v'erano ospiti in casa, verso le due, tutti convenivano o nel giardino o nel parlatoio, e là si trattenevano confettando e bevendo. A questa specie di *lunch* erano rosoli, marmellate, bocche di dama, pasticci, uccelletti arrosto, e le migliori frutta della stagione. La Castellana apprestava canzonieri scelti ed ogni sorta di lodevoli istrumenti, ed erano musiche e canti di madrigali fino all'ora della cena, che batteva tra le quattro e le cinque pomeridiane, ed era il maggior pasto della giornata.

Delle caccie, delle cavalcate, e di altri fastosi e festosi sollazzi non parlo, perchè, come ho detto in principio, essi meno appartengono alla vita privata che alla pubblica, e perchè troppo già furono e maestrevolmente descritti, e d'altra parte richiederebbero troppo lungo discorso. Basti dire, che verso la fine del secolo troviamo le prime carrozze o carrette come le chiama il Bandello, ma erano poche, e non usavano che nelle città. Non avevano molle, ma portavano fregi ricchissimi e dorature, ed erano ricoperte di stoffe maravigliose. Le tiravano, a seconda dei casi, due, quattro, sei, otto cavalli, dei quali i più pregiati erano i Frisoni ed i Corsieri del Regno di Napoli.

Molti e vari erano i giuochi da tavola, il trictrac, gli scacchi, i dadi, le carte, che servivano al Picchetto ed all'Homo, un giuoco portato di Spagna, ed i tarocchi, che non furono già come si volle inventati a svago dal re Carlo VI di Francia, ma vennero d'Oriente, a segno che un moderno dottissimo ma fantasioso negromante, l'Eliphas Levi, ravvisa nelle figure del pazzo, del carro, della giustizia, della morte, del mondo, delle stelle, e via dicendo, i segni cabalistici del libro di Salomone.

Ma di tali giuochi, eredità del fosco Medio Evo, e delizia poi della grossa nobiltà dei secoli XVII e XVIII poco si diletta il nostro castellano. Egli preferisce il pallone, o la più domestica partita alle boccie in cortile o sul prato, cogli scudieri, col cappellano o col pedagogo. Già non è a credere che quelle menti non provassero quel continuo bisogno di attività e di applicazione, che agita le nostre. A furia di voler noi ammazzare il tempo, il tempo si vendica e ci ammazza: quelli lo lasciavano vivere, e si ristoravano delle cercate fatiche fisiche, abbandonandosi ad una specie di assopimento intellettuale. Agitate e pronte erano le menti nelle città e quelle dei fortissimi avventurieri che in quel secolo e nel seguente disfecero e crearono stati; ma se da essi procede e di essi parla la storia, non se ne deve indurre che gli animi in generale e gli ingegni dei signori somigliassero ai loro. Essi diedero la scalata alle signorie, poichè ne ebbero abbassato il prestigio, e la dappocaggine dei molti fu appunto argomento e giustificazione al prevalere dei pochi. Io per me credo, che in tale dappocaggine sia da cercare la ragione dei corrottissimi costumi femminili di quel tempo. Dalla decadenza romana a noi non s'incontra altro periodo di così largo rilassamento morale. Nè la religione poteva oramai fare argine allo sfrenarsi delle passioni. Al tempo del carnevale, era lecito ai religiosi di rallegrarsi, onde i frati tra loro recitavano commedie, e di qual fatta!, e suonavano e cantavano ballando, e alle monache non si disdiceva, quei giorni, vestirsi da uomini, colle berrette di velluto in testa, colle calze chiuse in gamba e colla spada al fianco.

È davvero inconcepibile come in mezzo a tanto rinnovamento di studi e gentilezza di coltura le donne parlassero lo sboccato linguaggio che loro attribuiscono gli autori di commedie e i novellieri. Il Boccaccio è di gran lunga più riguardoso. Nelle Cene del Lasca, troviamo narrata da una donna, Amaranta, e con minutissimi particolari, la sconcia beffa fatta da un giovine ricco e nobile al suo pedagogo, ed essa è tale che nessuno artifizio di stile potrebbe farmi lecito di raccontare. E quella del Lasca a sentirlo era compagnia che sapeva di greco e di latino. Dicono: erano più sinceri di noi. Ma, astrazion fatta della morale, la verecondia è più una grazia che una virtù, ed è grazia sopratutto di gente colta. Nè Virgilio, nè Orazio, nè Catullo, nè Ovidio, nè lo stesso Giovenale, potevano apprendere a quelle dame ed a quei cavalieri somiglianti modi, onde è lecito sospettare che la vantata coltura fosse meno diffusa di quanto si crede, sicchè la gentilezza dei pochi nulla potesse contro la rozzezza dell'universale. Ed è certo poi che fra i meno colti, era il mio signor Castellano. Il quale, venuta la sera, si riduceva accanto al fuoco, in sonnacchioso silenzio, e le donne fatte alcune lente danze al dubbio chiarore delle fumose lucerne, prima novellavano alquanto fra di loro, indi infilavano in cerchio *pater noster* ed *ave Marie*, ed il cappellano dava loro lo spunto. Poi i valletti mescevano al signore il vino del sonno, e Madonna e Messere ognuno dalla sua ed in diversa e servile compagnia andavano a letto.

E a me non rimane che augurare tranquille notti a quei morti, e gioconde giornate a questi vivi.

LA VITA PRIVATA DEI FIORENTINI
DI
GUIDO BIAGI

Signore e Signori,
Quale fosse la Firenze del Tre e del Quattrocento non è facile immaginare. A riguardarla dall'alto, da uno di quei colli che le fanno ridente corona e oggi son per lei mutati in altrettanti giardini, mentre forse allora nereggiavano d'alberi folti, di macchie e di scopeti, appariva come una bruna massa di torri merlate, cinta di mura e di baluardi. I pubblici edifizi che noi ammiriamo, le aeree cupole delle chiese, i campanili, nella cui voce è il palpito della vita d'un popolo, non ancora drizzavansi tutti nel fondo azzurro del cielo, come le antenne poderose d'una nave a più alberi. La terza cerchia, quella istessa che noi vedemmo abbattere, non era interamente compiuta, e l'Arno faceva il suo *gorgo* dove è ora la Piazza di Santa Croce, sboccando tra il Ponte a Rubaconte e il Castel d'Altafronte.

Questo a' primi del Trecento, quando la piccola chiesa di Santa Reparata durava tuttavia e di Santa Maria del Fiore era ignoto il nome; e nel luogo dove sorse la Loggia d'Orsammichele tenevasi il mercato delle granaglie, e il campanile cominciato da Giotto e che da lui prese il nome, non era ancor stato condotto fino alle ultime finestre da Francesco Talenti: soltanto di sulla torre del Palazzo dei Priori, già la grande campana del Popolo, "la Vacca", mugliava, facendo in alto echeggiare il dolce suono della libertà.[1]

Le miniature del Biadajuolo, raffresco del Bigallo, appena ci danno un'idea della Firenze di quegli anni. Sono rappresentazioni fantastiche, dove la prospettiva è ancora ignota, e i tetti di color rosso vivo staccan di tono dalla selva delle torri che s'intrecciano e si accavallano. La tavola di Domenico di Michelino, che si vede in Duomo, vorrebbe mostrarvi la Firenze di Dante, la cui figura spicca nel mezzo del quadro; ma anche cotesta è una Firenze immaginaria,

---

[1] Del Lungo, *Dino Compagni*, II, 464.

quanto il Purgatorio e l'Inferno che l'artefice le ha dipinti da presso. Una veduta della città, ma assai più recente, troviamo nella tavola che il Botticelli compose per Matteo Palmieri; una tavola, il cui soggetto tolto dal poema di lui la *Città di vita*, parve quasi ereticale; perchè il pittore, dipingendo la Vergine Assunta nella gloria del cielo, circondata dalle più sublimi visioni dell'idealità femminile, creò schiere di *angelesse* così formose, da far giustamente temere per i futuri amori degli angeli. Ma il paesaggio che serve di sfondo alla meravigliosa composizione, sfuma nella lontananza e nell'ombra d'un crepuscolo dorato, e al desiderio nostro non giova. Il quale potrà soltanto appagarsi più tardi, quando nelle *Cronache di Norimberga* scorgeremo una pianta della città quale era alla fine del Quattrocento.

Ma a rappresentarci Firenze dal Trecento a' più gloriosi giorni del Rinascimento, quando i tesori raccolti in tutto il mondo da' suoi mercatanti versò nella creazione di monumenti immortali, proseguendo le tradizioni delle arti inaugurate per mano di Arnolfo, di Giotto e dell'Orgagna[2]; a rappresentarci lo scenario e la scena ch'io vorrei popolarvi con le figure d'artieri, di mercanti, di donne, di chierici, di trecche, di poeti, di novellatori, d'uomini d'arme, di forosette, di villani, di donzelli, di cavalieri, che mi s'affollano nella lanterna magica del cervello e che vorrei potervi dipingere in questo quadro della vita privata; a darvi un'idea viva se non compiuta, a darvi come una visione della storia del nostro popolo, che dalla rozzezza antica si condusse ai raffinamenti della Rinascenza, non basterebbe tutta l'opera d'un artista che fosse insieme storico, archeologo e poeta; non basterebbe - Dio ci liberi! - un corso intero di conferenze ideali, fatte con la parola e illustrate con il pennello. Ma finchè la donna, che ne è maestra, non abbia reso obbligatorio l'insegnamento *per gli occhi* dovremo contentarci di saggiare appena un così gustoso argomento, scegliendo nei vecchi libri di ricordanze, nelle cronache domestiche, nei carteggi, nei novellieri e nei poeti qualche particolare men noto, qualche aneddoto, qualche notizia che ci sembri meglio opportuna, per cogliervi alcun aspetto della vita in quegli anni, così remoti anche dalle nostre immaginazioni.

---

[2] DEL LUNGO, I, 6.

Accanto ai massicci palagi di pietra, sicuri come fortezze, su cui si levavan fiere le torri merlate; nelle vie strette e tortuose dove la grand'ombra di quelle moli incombeva triste e paurosa, sorgevano le casette piccole e basse, con il tetto coperto di paglia, con le impannate alle finestre, con le grosse imposte di legno, sempre esposte ai pericoli del fuoco; onde Paolo di Ser Pace da Certaldo consigliava tener sempre pronte "dodici saccha grandi buone per sgombrare quando fuoco fosse ne la vicinanza tua o presso a te o a casa tua" e uno "canape che sia lungo dal tetto in terra per poterti calare da ogni finestra"[3]. Le vie, piene di polvere, eran spazzate dall'acqua che correva come un fiumicello[4] dentro e fuori il rigagnolo, dove s'ingrufolavano, scrive il Sacchetti, quegli animali che sant'Antonio avea in i protezione, ed entravan poi nelle case altrui a portarvi il disordine e lo scompiglio[5]. Nè quelle case erano un modello di pulizia: si spazzavano una sola volta la settimana, il sabato, e negli altri giorni le immondezze si cacciavano sotto il letto, dove era d'ogni cosa un poco: bucce di frutta, torsoli, ossa, pelli scorticate, polli vivi, oche gracchianti e abbondanza di ragnateli. Erano modeste dimore di gente che si contentava del poco e più che ai conforti e godimenti della vita badava ai guadagni: gente antica, se di buona stirpe, che passava la vita uccellando e cacciando piuttosto in contado, nelle proprie tenute, che in città; gente nuova che nelle arti e nella mercatanzia cercava far la roba. L'avolo di Messer Lapo da Castiglionchio, che avea sua abitazione in sulla porta di Messer Riccardo da Quona, là dalle Colonnine, usava far serrare la porta della città a una vecchia serva, buona e lealissima, che glie ne riponeva le chiavi nella sua camera[6].

Firenze intanto cresceva man mano che aumentava la proprietà de' cittadini. Le vecchie case di legno o coi tetti di paglia eran spesso distrutte dal fuoco. Tutta la città si commoveva e tutta la gente, ad ogni incendio che divampasse, era sotto l'arme e in gran guardia[7]. Anche la Signoria, per abbattere con minor spesa le case dei

---

[3] PAOLO DI SER PACE DA CERTALDO. - Ms. Riccard. 1383, § 18.

[4] SACCHETTI, n. 17.

[5] SACCHETTI, n. 110

[6] LAPO DA CASTIGLIONCHIO.

[7] VILLANI, X, 208.

condannati, usava darle alle fiamme e poi pagare i danni degl'incendi che si propagavano[8].

E come incendi avvampavano le passioni: le vendette, le risse, le turbolenze tingevan di sangue le vie; e le paci tra gli avversi consorti si celebravano con feste e conviti. Il Comune "fiero e in caldo e signoria" raddoppiava le forze; e debellati i nemici esterni, "i mercanti della città vincitrice guidavano, nuova maniera di trionfo, i loro muli, carichi de' panni di Calimala e delle seterie di Por Santa Maria, attraverso a' monti e a' piani poc'anzi battuti dalle cavalcate e da' soldati de' loro eserciti; portavano l'oro e l'ingegno fiorentino nelle città, sotto alle cui mura avevano ondeggiato, fra le armi, le libere insegne di questo popolo grande"[9].

II.

Mercato vecchio era il cuor di Firenze; e pareva allora la più bella piazza del mondo[10]. Chi ne legga le lodi nel capitolo di Antonio Pucci, chi ne cerchi i fatti di cronaca quotidiana nelle novelle di Franco Sacchetti, può avere un'imagine di quella vita cittadina che si contentava di così piccola scena. Quello, il vero emporio d'ogni commercio, il ritrovo de' bottegai, de' commercianti, degli oziosi, de' giuocatori, de' villani, de' medici, degli speziali, de' malandrini, delle fantesche, de' gentiluomini, de' poveri, delle trecche, dei rivenduglioli, delle brigate allegre e spendereccie. Quivi robe d'ogni genere e sorte: le carni fresche, le frutta, i formaggi, i camangiari, l'uccellame, i pannilini, la cacciagione, i fiori, le stoviglie, le botti, la mobilia usata. I monelli, anche allora terribili, vi stanno come in casa loro: i grossi topi vi fan carnevale; la gente vi trae da ogni parte. Ogni giorno si leva qualche romore: un cavallaccio s'imbizzarrisce per una ronzina, e tutti gridando *accorr'uomo*, la Piazza de' Signori s'empie di fuggiaschi, serrasi il Palagio, armasi la famiglia, anche quella del Capitano e dell'Esecutore, e questi per la paura nascondesi sotto il letto, e, quetato il tumulto, n'esce fuori coperto di ragnateli; due muli beccati da un corvo cominciano a tempestare; saltan sui deschi, si serrano le botteghe e nasce grande contesa fra i lanaiuoli e

---

[8] PERRENS, *Histoire de Florence*, III, 408.
[9] DEL LUNGO, I, 96.
[10] PUCCI, *Le proprietà di Mercato Vecchio*.

i beccai per i danni fatti da quelle bestie furiose.
Ma talvolta accadono anche serie questioni: i barattieri, tenitori di giuoco, vengono alle mani:

E vedesi chi perde con gran soffi
Bestemmiar, con la mano alla mascella
E ricevere e dar di molti ingoffi.

Ed allor vi si fa con le coltella,
Ed uccide l'un l'altro, e tutta quanta
Si turba allora quella piazza bella.

Si rinnova la scena raffigurata in un affresco del monastero di Lecceto, vicino a Siena. I tre dadi caddero sulla tavola in modo che un de' giuocatori è perdente. Egli sorge in piedi, esacerbato da quel colpo dell'avversa fortuna, e afferra il vincitore per la gola, stendendo il braccio. E l'altro, fattosi pallido per l'ira e lo spavento, si cerca indosso l'arme vendicatrice. La bestemmia prorompe sui labbri de' contendenti; le grida degli astanti, delle donne, de' fanciulli echeggian paurose: "Accorr'uomo, accorr'uomo!" - La folla indietreggia sbigottita, e quando l'Esecutore arriva - sempre tardo - co' suoi famigli, la vittima è a terra, distesa in un lago di sangue.

III.

Questi i drammi, i "fatti diversi" d'allora, che turbavano la pace della semplice vita di quei nostri bisavoli. Perchè, la novella borghese, che tenea l'ufficio delle odierne gazzette, rare volte ci narra queste scene crudeli. Piuttosto si piace di raccontarci le beffe, le burle, onde allegravasi il popolo motteggevole; perenne argomento di queti ragionari, al canto del fuoco, presso gli alari dei grandi camini, sotto la cui cappa annerita raccoglievansi le famiglie, prima che sonasse l'ora di spegnere i lumi, quando chi andava a letto "il sezzaio[11] erasi accertato fossero ben turate le botti" e "l'uscio e le finestre serrate".
Non parea vero di ridere, di scordare le paure dell'oltremondano, onde gli spiriti erano stati depressi: e già l'incredulità de' nuovi tempi cominciava a metter fuori le corna, burlandosi de' cherici, e un

---

[11] PAOLO DI SER PACE DA CERTALDO, § 23.

tantino de' miracoli e di molte altre imposture. I motteggiatori, i burlevoli, che d'altrui si prendevan sollazzo e cercavano gabbare il prossimo e il mondo, si dicevano "nuovi uomini" e *"nuove cose"* le loro malizie. I deschi e le botteghe di Mercato Vecchio, i fondachi di Calimala, le *loggie* che sorgevano allora presso i palagi, dove la gente stava sui banchi a conversare, echeggiavano di fresche risate argentine; cui rispondevano i crocchi femminili, bisbiglianti sulle porte di casa. Gli artisti, o come li chiamavan gli *artefici*, erano i più sottili architettori di coteste burle ingegnose, immaginate fra una pennellata e un colpo di stecca. E ne durò la memoria molti anni, tanto che il Vasari parecchie ne raccolse nelle sue *Vite*, di quelle che i novellieri non avevan consegnate alle lor cronache cittadine.

"Sempre fu che tra' dipintori si son trovati di nuovi uomeni"[12] scrive il Sacchetti; e Bonamico Buffalmacco immortalato nel *Decameron*, e Bartolo Gioggi, e Bruno di Giovanni, e Filippo di Ser Brunellesco e Paolo Uccello e Donatello, ci fan tornare a mente le burle fatte a Calandrino, al Grasso legnaiuolo, e a tanti altri che furon vittime di così spietati begliumori[13]. Ma la voglia matta di ridere e sollazzarsi, s'appiccicava anche alla gente più grave; e dalle botteghe degli artefici entrava in quelle degli speziali, e attaccavasi a' medici, a' giudici, a' procuratori, e saliva in Palagio a rallegrare i Priori della malinconia di star chiusi, lontani dalla moglie e dalla famiglia. - Semplici uomini e semplici costumi, che ancor sapevano della rozzezza antica: la Signoria dormiva in una camera sola, e ciò era incentivo e occasione agli scherzi[14]; e il proposto dei Priori poteva andare in persona alla cucina a cuocersi sulla brace una fetta di carne[15]. La burla, lo scherzo rasentava talora la truffa; ma una buona risata dava torto a chi aveva avuto colle beffe anche il danno, e tutti pari. Perchè a quegli anni, quand'ognuno pensava a sè, a' casi proprii, al proprio interesse, la gente non aveva pietà o compassione pei gonzi. Le più sottili malizie erano anche permesse ai mercanti, e quei di Firenze eran famosi per la gran furberia.

Racconta il Sacchetti quel che intervenne ad un Friulano, che aveva

---

[12] SACCHETTI, n. 161.
[13] *Capricci e anneddoti di artisti*, descritti da GIORGIO VASARI. Firenze, Barbèra, 1878, in-64.
[14] SACCHETTI, nov. 83, fine.
[15] Ivi, 108.

nome Soccebonel, e che andò a comprare panno da un di costoro. Ne misuran quattro canne, e il fiorentino glie ne mangia una mezza. Poi, per ricoprire l'inganno, gli dice: "Vuo' tu far bene? attuffalo in una bigoncia d'acqua, e lascialo stare tutta la notte, sì che bea bene, e vedrai poi panno ch'el fia." - Soccebonel così fa, e poi manda il panno al cimatore. "Soccebonel va per esso e dice: Che dei tu avere? Dice il cimatore: E' mi par nove braccia: da' nove soldi. Dice costui: Come nove braccia? oimè! che di' tu?" Lo rimisurano; ma il panno non cresce. Soccebonel va dal ritagliatore, va di qua, va di là. E uno gli dice: "Questi panni fiorentini non tornan nulla all'acqua." "Uno *comprò* un braccio di panno fiorentino, e la sera l'attuffò, come tu facesti questo, in un bigonciuolo d'acqua, e lasciovvelo stare tutta notte; la mattina, lo trovò tanto rientrato, che non c'era più nulla"[16].

IV.

Ma i codici de' mercanti, chi li cerchi e li legga tra la polvere degli archivi e delle librerie, paiono disdegnare simili imbrogli. In quelle carte che cominciano tutte "al nome di Dio amen," piene di "buoni asempri e buoni chostumi e buoni proverbi e buoni amaestramenti", troviamo precetti teorici ispirati alla più rigida e severa moralità. Scrive un di cotesti savi: "Tieni a mente quando ài a dare alchuna sentenzia di darla diritta, e leale, e giusta, e di questo non ti rivolgere mai nè per prezzo, nè per amore, nè per paura, nè per parentado, nè per amistà, nè per compagnia....", perchè la persona "contro cui la darai fia tuo nemico e quei cui tu servirai non t'avrà nè per leale, nè per diritto, anzi si guarderà sempre di te e vitupereratti sempre." Ma subito, più sotto, leggiamo: "S'hai bisogno in piato o in altro tuo fatto dell'amistà d'alcuno signore o di rettore di terra, - ti dico che co' presenti s'acquista molto agevolmente. Guata chi è di sua famiglia, più suo segretario e con quel cotale prima ti domestica, e dona a lui alcuna cosa, e poi a lui chiedi aiuto e consiglio ed e' t'insegnerà a venire in amore del suo signore e presentargli quella cosa di che e' sentirà che sia più vago"[17].
E non basta; la morale pratica porge ancora più opportuni consigli: "Quando comperi biada, guarda che non ti sia empiuta la misura a un

---

[16] SACCHETTI, n. 92.
[17] PAOLO DI SER PACE DA CERTALDO, § 56.

tratto, che sempre ti calerà 2 o 3 per cento; e quando vendi il fa', e cresceratti la tua biada"[18]. - "Di' sempre bene di quelli che reggono il Comune. Sta' sempre bene co' tuoi vicini, però che de' tuoi fatti e' sono sempre domandati prima di te, e negli onori e ne' disonori e' póssonti molto nuocere e giovare." E così consigliavano e ammaestravano i figliuoli, che crescevano destri ed esperti e consumati nell'arte del saper vivere, fra mezzo a gente che della vita conosceva le malizie e gl'inganni. Nè è meraviglia che un predicatore, per far gente e non parlare al deserto, annunziasse voler proclamare dal pergamo che l'usura non è peccato[19], anzi "è sovvenimento", e così avesse tutta la quaresima "infino a Domenica dell'olivo", attento e affollato uditorio.

La famiglia che allargavasi e alleavasi nella *consorteria*, aveva unico fondamento la proprietà, guarentita da una selva di leggi e privilegi. Il padre era padrone dispotico de' beni personali: poteva lasciarli a chi meglio volesse, anche a' nipoti o ad alcun *luogo pio*[20], anche ai figli dell'amore cresciutigli in casa. Così per testamento: e si comprende di colpo l'importanza che aveano allora i notari ed i chierici. Le donne, succedendo *ab intestato*, avean soltanto diritto al quarto de' beni dei loro figliuoli: in ogni caso, ai semplici alimenti. Tutto cospirava a preservare l'integrità del patrimonio, ad impedire che uscisse fuori della famiglia, della consorteria, del comune.

Giova ripeterlo: l'interesse, in quella società di mercanti, avidi di far la roba, era d'ogni azione legge suprema. Sarebbe ingiustizia cercarvi le sentimentalità della famiglia moderna, in cui alla donna è riserbato così larga e così nobile parte, così degni e teneri uffici.

Quelle povere madri fiorentine dovevano starsi contente alle modeste ingerenze consentite loro dalla tirannia de' mariti, e vivere, o menar la vita, nell'uggia delle sordide case, allevando i figliuoli, "vicitando" la chiesa, e confessando a' frati i molti peccati di desiderio.

Le fanciulle, le ragazze che oggi ci dan tanta pena, nemmeno dovevano imparare a leggere: "S'ella è fanciulla femmina, ponla a cuscire e none a leggere, che non ista troppo bene a una femmina

---

[18] Ivi, § 76.
[19] SACCHETTI, nov. 32.
[20] PERRENS, III. 330, 331, 335 e segg.

saper leggere, se già non la volessi far monaca"[21]. I monasteri erano, come furono molti secoli, il rifugio di coteste meschine, com'eran la provvidenza delle troppo numerose famiglie. Aver venti e più figliuoli, parea la cosa più naturale del mondo; se campavano: "Iddio n'abbi lode e grazie"; se morivano: "Di tutto sia lodato Iddio, amen"[22]. I libri di ricordanze, le cronache domestiche, al tempo delle grandi morie, registrano così le morti come le nascite con una serenità che oggi, alle trepide madri, sembrerebbe cinismo. E anche ci porgono testimonianze preziose di fatti più singolari, dell'intrusione nelle famiglie d'un nuovo elemento, che ne offusca la vantata purezza. I critici più benevoli ne trovano la ragione nel "gran vuoto fatto dalla mortalità nelle plebi cittadine e nei campagnuoli", onde non bastando "la lusinga del poco salario" a cavare dal popolo i domestici e le fantesche, "fu d'uopo cercare nel commercio esterno la maniera di supplire alla loro rarità"[23]. Ma piuttosto i commerci con l'oriente, e la vita randagia de' mercatanti e la cresciuta ricchezza, furono eccitamento a quel traffico degli schiavi e delle schiave, che durò in Firenze per ben due secoli dopo il XIV[24]. È un tasto doloroso che pur dobbiamo toccare, a rischio di cavarne alcuna nota stridente; ma anche in un quadro son necessarie le ombre per concedere maggior risalto alle figure cui si vuol dare evidenza e rilievo. - Ma non temete! anche un artefice inesperto non dimentica il "fren dell'arte"; nè vorrei io, dinanzi a voi, empir la breve mia tela con una mostra impudica di nudità.

Le schiave orientali, comprate, come carne da traffico, quasi sempre a mezzo di sensali genovesi, veneziani, pisani e napoletani, e per lo più tartare, greche, turche, schiavone e circasse, non erano - rassicuratevi - archetipi di bellezza. I registri dove i nostri segnavano, insieme coi nomi, con l'età e con il prezzo, i connotati del volto e della persona[25], ce ne fan fede. Quasi tutte avean pelle olivastra, sebbene si trovassero anche schiave di carnagione rossa, sanguigna, rubiconda e qualche volta fin bianca. E sul viso non mancava mai alcun segno particolare: chi era butterata, chi l'avea

---

[21] PAOLO DI SER PACE, § 79.
[22] G. DATI, *Il libro segreto*, pag. 100-101.
[23] BONGI, in ZANELLI: *Le schiave orientali a Firenze*. Firenze, 1885.
[24] Ivi, VII. Firenze. 1885.
[25] ZANELLI, pag. 40.

sparso di moltissimi nèi, chi sfregiato da qualche cicatrice. I nasi eran generalmente schiacciati, i labbri grossi e sporgenti, gli occhi scerpellini, le fronti basse e lentigginose[26]. E a questi tocchi in penna de' notai pedanti e minuziosi, corrispondono alcuni ritratti che ne rimangono. Un curioso libro, il Memoriale del Baldovinetti, dove codesto antenato del famoso pittore usava illustrar con figure le sue ricordanze, ci ha conservato i profili delle tre schiave da lui comprate negli anni 1377, 1380 e 1388; la "Tiratea overo Doratea tartara da Rossia, giovane di 18 anni o più", la "Domenica, è de pelle bianca ed è de proxima de Tartaria", e la "Veronica giovane di 16 anni", "comperála quasi ignuda da Bonarota di Simone di Bonarota," un antenato di Michelangiolo; ma la Dorotea, la Domenica e la Veronica avrebber potuto benissimo - un po' invecchiate - servir di modello al futuro Buonarroti per le *Tre Parche*.
Coteste donne, o brutte o belle che fossero, entravano nelle famiglie de' Fiorentini ricchi per attendere ai più umili uffici, e badare ai bambini: e davano un gran pensiero, per ogni conto, alle povere massaie. Il sonetto del Pucci "le schiave ànno vantaggio in ciascun atto. E sopra tutte l'altre buon partito," ce ne spiega maliziosamente alcuna ragione, e ci dice che spesso sapean dare alle padrone "scacco matto". Le quali, come confessava parecchi anni appresso l'Alessandra Macinghi, si vendicavano col metter loro "le mani addosso". Pure anche allora non potean farne a meno: erano le bambinaie e le *bonnes* di quei tempi; e la Strozzi scriveva al suo Filippo in Napoli: "E pertanto ti ricordo el bisogno; che avendo attitudine averne una, se ti pare, tu dia ordine d'averla: qualche tartera di nazione, che sono, per durar fatica, vantaggiate e rustiche. Le rôsse, cioè quelle di Rossia, sono più gentili di compressione e più belle; ma a mio parere sarebbon meglio tartere". Nè per questa scelta potea Madonna Lessandra trovar chi più di Filippo avesse la mano felice: il quale presso di sè tenea da vario tempo una schiava "che sapeva così ben fare"[27], di cui essa il 7 aprile 1469 aveagli scritto: "Avete costì Andrea e massime Tommaso Ginori, che venne el dì della Pasqua e me n'ha detto molte cose.... e *così della Marina, dei vezzi che ella ti fa*". E un anno appresso, con accento piuttosto

---

[26] ZANELLI, pag. 41.
[27] MACINGHI, pag. 475.

ironico: "Mandávi gli sciugatoi.... fatene masserizia che non si perdino; che *madama* Marina no' gli mandi a male". Dove vediamo che con i vezzi e le astuzie sapevan coteste donne cattivarsi i padroni e diventar madame, e meritarsi, come appunto cotesta Marina, la libertà e per "le buone fatiche et buoni portamenti"[28], alcun'assai liberale disposizione testamentaria.

Meno male: peggio quando, come accadde a Francesco Datini, le cui beneficenze verso i Pratesi non fan dimenticare le gravi colpe ch'egli ebbe verso la moglie, - peggio, quando cotesto trafficato sangue di tartare e di russe si mescolava con quelli, sin allora schietti, delle antiche e libere stirpi!

V.

Ma ritorniamo nelle aure pure della famiglia, dove con le ricchezze accumulate eran, pur troppo, entrati i mal germi, onde si corruppe e disfece più tardi la vita e la coscienza italiana. Fra il Tre e il Quattrocento era seguito un gran crollo: il rinnovarsi dei tempi e de' costumi, già anelanti e vagheggianti la scioltezza del vivere che si sbrigliò nel Rinascimento, aveano intepidito la fede, smagato la religione, e la gente parea soltanto intendere ai godimenti mondani. Le lettere del Mazzei ce ne porgono testimonianza: il buon notaio di Prato è il savio d'un'"anima rozza" e d'un "cuore agghiacciato"[29]: quel suo amico Datini, diciamolo aperto, è il più esoso tipo di mercante che ci abbia dato quel secolo. Ser Lapo è uno spirito ascetico, timorato, un uomo di buona e antica fede, un moralista convinto. In quelle *Lettere* ci par di vedere alle prese il peccatore ribelle col sant'uomo, che vuol condurlo ad una buona morte, alla redenzione delle colpe terrene. È la lotta del sentimento religioso con lo spirito di materialità de' nuovi tempi, che sfolgorò nella gloria della Rinascenza, ma che dopo così mirabili splendori lasciò nelle anime degl'Italiani un buio ed un vuoto paurosi. Da coteste tenebre, purificatosi nei secoli di servitù, maceratosi nelle vigilie del pensiero, l'uomo moderno doveva risorger più tardi.

Ritorniamo in famiglia nella casa fiorentina, dalle cui finestre "le schiavette amorose scotevano le robe la mattina, fresche e gioiose

---

[28] ZANELLI, pag. 83.
[29] MAZZEI, I, 88 prefaz.

più che fior di spina"[30]: nella casa dove la buona massaia godè appena pochi mesi felici, dopo le nozze, mentre poi dovè noverare gli anni del matrimonio da' nomi dei figliuoli che le crescevano intorno e le ricordavano, ciascuno, qualche lunga assenza del marito, andatosene a trafficare oltremonte od oltremare.

La giovenile freschezza appassiva, e, come scrive il Sacchetti, "la più bella che sia, in piccol tempo, come un fiore, vien meno, e diventa secca nell'ultima vecchiezza e in fine doventa uno teschio"[31]. È naturale cercassero con l'arte correggere la natura e porre riparo ai danni del matrimonio, e non soltanto per vanità. Perfino i maestri dipintori come Taddeo Gaddi, s'accordavano nel giudicare con Alberto Arnoldi[32] che le donne fiorentine "sono i migliori dipintori del mondo". "E fu mai dipingere, che su 'l nero, o del nero facesse bianco, se non costoro? E qual artista, o di panni, o di lana, o dipintore, è che del nero possa far bianco? certo niuno; perocchè è contro natura. Serà una figura pallida e gialla, e con artificiali colori la fanno in forma di rosa. Quella che per difetto, o per tempo, pare secca fanno divenire fiorita e verde. Io non ne cavo Giotto, nè altro dipintore che mai colorasse meglio di costoro; ma quello che è vie maggior cosa, che un viso che sarà mal proporzionato, e avrà gli occhi grossi, tosto parranno di falcone; avrà il naso torto, tosto il faranno diritto; avrà mascelle d'asino, tosto l'assetteranno; avrà le spalle grosse, tosto le pialleranno; avrà l'una in fuori più che l'altra, tanto la rizzafferanno con bambagia, che proporzionate si mostreranno con giusta forma. E così il petto e così l'anche, facendo quello, senza scarpello, che Policreto con esso non avrebbe saputo fare.... Insomma le donne fiorentine sono maggiori maestre di dipignere e d'intagliare, che mai altri maestri fossono, perocchè assai chiaro si vede ch'elle restituiscono dove la natura ha mancato." - Nè di ciò possiamo o vogliamo riprenderle: unica libertà, onde godevano, mascherarsi da giovani e felici, rifarsi lieto e fresco il volto, quando spesso il cuore piangeva, in vedersi d'intorno e da presso altri visi di donna. Anche amavano variar le fogge, le mode,

---

[30] La festa di San Giovanni Battista che si fa in Firenze, in GUASTI: *Le feste di San Giovanni*, Firenze, 1884. pag. 11.

[31] Nov. 99.

[32] Nov. 136.

le "portature", e in ciò sfogavano la loro ambizione. I lodatori dell'antico, cominciando da Dante, le biasimavano di tanta volubilità, ingrata fino ai novellieri moralisti, ingratissima ai rettori, a quel governo di mariti che volentieri avrebbe lesinato su codesto lusso delle mogli.

"Se un arzagogo apparisse con una nuova foggia, tutto il mondo la piglia". "Che fu a vedere già le donne col capezzale (lo scollo) tanto aperto che mostravano più giù che le ditelle! (le ascelle); e poi dierono un salto, e feciono il collaretto infino agli orecchi". "Le giovanette che soleano andare con tanta onestà", hanno "tanto levata la foggia al cappuccio" da ridurlo una berretta e "imberrettate portano al collo il guinzaglio, con diverse maniere di bestie appiccate al petto. Le maniche loro, o sacconi piuttosto si potrebbono chiamare, qual più trista e più dannosa e disutile foggia fu mai? potè nessuna tôrre o bicchiere o boccone di su la mensa che non imbratti e la manica e la tovaglia co' bicchieri ch'ella fa cadere?... Lo 'mbusto è tutto in istrettoie, le braccia con lo strascinío del panno, il collo asserragliato da' cappuccini....." "Non si finirebbe mai di dire delle donne, guardando allo smisurato traino de' piedi" alle code delle vesti "e andando infino al capo; dove tutto di su per li tetti, chi l'increspa, e chi l'appiana, e chi l'imbianca, tantochè spesso di catarro si muoiono"[33].

Ma cotesta smania del nuovo s'attaccava anche agli uomini. Il povero messer Valore de' Buondelmonti, un vecchione tagliato all'antica, fu costretto da' suoi consorti a mutare il cappuccio; e come l'ebbe fatto, tutti se ne meravigliavano e lo fermavano per la via: "O che è questo, messer Valore? io non vi conoscea, avete voi i gattoni?"[34].

Venne un tempo la moda delle gorgiere intorno la gola e delle bracciaiuole, sicchè poteva dirsi dei fiorentini portassero "la gola nel doccione" e il braccio nel "tegolo", onde accadde a Salvestro Brunelleschi, "avendo una scodella di ceci innanzi e pigliandoli col cucchiaio, per metterseli in bocca", di cacciarseli nella gorgiera, e di scottarsi[35]. Più tardi venne quella delle "calze" (i calzoni) di

---

[33] SACCHETTI, n. 178.
[34] Ivi, n. 105.
[35] SACCHETTI.

differenti colori non solo, ma anche "dimezzati e attraversati di tre o quattro colori": de' piedi con una punta lunghissima[36]; e delle gambe così "incannate co' lacci che appena si possono porre a sedere". "I più dei giovani senza mantello vanno in zazzera" e "al polso danno un braccio di panno" e "mettono in un guanto più panno che in un cappuccio"[37].

Le vecchie foggie contrastavano con le nuove, con le modernissime: ognuno si sbizzarriva a sua posta. La gente, curiosa anche allora, prendea diletto a vedere "le nuove cappelline, le nuove cuffie e le nuove cianfarde, e' nuovi gabbani, i nuovi tabarroni, e le antiche arme; sì che appena si conoscono insieme, sguarguatando (sbirciando) l'uno insino in sul viso dell'altro, prima che si conoscono"[38]. Una vera mascherata!

VI.

Ora gli uomini, che han sempre fatto le leggi, pensarono con tal freno vietare i "disordinati ornamenti delle donne di Firenze". Il Comune promulgò statuti suntuari fino dal 1306 e dal 1330[39], e provvisioni severissime nel 1352, nel 1355, nel 1384, nell'88, nel 1396 e poi di nuovo nel 1439[40] e nel 1456 e perfino ne troviamo nel 1562[41]. I religiosi tuonavano dal pergamo, i savi ammonivano e davano, come il Dominici, "regoluzze" alle madri timorate "circa i vestimenti"; i novellieri mordevano con le loro facezie il lusso troppo smodato. Anche nelle altre città di Toscana e d'Italia, si mandava a Firenze "per esempio de' detti ordini" e per "confermargli"[42].

Incomincia una contesa, una lotta assai singolare tra la burbanza de' legislatori severi e la malizia donnesca. Le femmine astute non contrastano apertamente, ma fingon di piegare il capo crucciose, finchè passi quella bufera. Sono addottrinate, esperte del mondo: le leggi troppo severe rimangono senza sanzione. Quando e come

---

[36] Ivi, 178.
[37] Ivi, 178.
[38] SACCHETTI, n. 200.
[39] G. VILLANI, X, 150.
[40] MORELLI GUIDO, *Deliberaz. suntuaria del Comune di Firenze.* Firenze, 1881.
[41] FABRETTI ARIOD., *Vestire degli uomini e delle donne in Perugia*, a pag. 176.
[42] VILLANI.

possano, cercano, se non annullarle, deluderle. Alla venuta del duca di Calabria, nel 1326, si fanno attorno alla duchessa sua moglie che è una francese, Maria di Valois, e ottengono sia loro reso un "loro ornamento di trecce grosse di seta gialla e bianca, le quali portavano in luogo di trecce di capelli dinanzi al viso..., ornamento disonesto e trasnaturato", brontola il Villani che vide "il disordinato appetito delle donne" vincere "la ragione e il senno degli uomini". Quattr'anni appresso i Fiorentini per calen d'aprile "del 1330" "tolgono tutti gli ornamenti alle lor donne" e come dice il Del Lungo in un magistrale lavoro, a cui per voi darà qui il desiderato compimento, "le disabbigliano da capo a piè"[43].

Anche questa, bufera che passa! A simiglianza delle donne di Fiandra, tormentate per la stessa cagione da Tommaso Connette fanatico carmelitano, esse, come scrive il Paradis negli *Annales de Bourgogne* "*releverent leur cornes, et firent comme les lymaçons, lesquels quand ils entendent quelque bruit retirent et reserrent tout bellement leurs cornes; mais, le bruit passé, soudain ils les relevent plus grandes que devant*"[44]. E occasione a rilevarle, la venuta del duca d'Atene in Firenze nel 1342, e la "sformata mutazione d'abito" portata da quei francesi.

E qui vorrei indugiarmi a descrivervi il *figurino* d'allora, quando i giovani vestivano "una gonnella corta e stretta" che per metterla occorreva l'"aiuto d'altrui", cinta alla vita da una striscia di cuoio con ricca fibbia e puntale, con "isfoggiata scarsella alla tedesca", con il cappuccio attaccato ad una corta mantellina e terminato in una punta o becchetto lungo infino in terra, per avvolgerlo al capo "per lo freddo": e i cavalieri una guarnacca attillata, con le punte de' manicottoli strascicanti per terra, foderati di vaio, ed ermellini, de' quali le donne copiaron subito la singolare "stranianza"[45]. Ma gli affreschi del Memmi in S. Maria Novella, che ritraggono quelle fogge, sono a voi noti, anche per visite recenti, quando in un'occasione solenne tentaste di rinnovarle. A studio, dico *tentaste*, perchè l'eleganza moderna non può agguagliare la magnificenza signorile di que' drappi, di quelle vesti sontuose.

---

[43] DEL LUNGO, *La donna fiorentina ne' primi secoli del Comune*, a pag. 31.
[44] FABRETTI, pag. 208.
[45] VILLANI, XII, 4.

La *Prammatica* del vestito del 1343, che conservavasi nell'*Archivio della Grascia*, di cui ottenni alcun estratto dalla cortesia d'un amico il quale ebbela fra mano, serba memoria di quegli splendidi abbigliamenti ch'eran colpiti dal rigor delle leggi e bollati con un marchio di piombo, avente sull'una e sull'altra faccia un mezzo giglio ed una mezza croce, a cura dei famigli di quei poveri "uficiali forestieri", deputati dal Comune all'applicazione della legge. Eccovi descritto un capo di vestiario proibito, appartenente a donna Francesca moglie di Landozzo di Uberto degli Albizzi del popolo di San Pier Maggiore: "Un mantello nero di drappo rilevato col fondo di color giallo, con sopra uccellini, pappagalli, farfalle e rose bianche e vermiglie e molte altre figure vermiglie e verdi, e con trabacchi e dragoni, e con lettere e alberi gialli e neri e molte altre figure di diversi colori, foderato di drappo bianco con righe nere e vermiglie". Nè basta: spesso erano anche motti, non soltanto lettere, impressi sui drappi.

VII.

Ma di quell'*Archivio* stesso *della Grascia* e di quei disgraziati ufficiali, costretti a un cómpito così disumano, di quei poveri potestà e capitani, cavalieri, giudici, notai e famigli che dalle città guelfe di Lombardia e delle Marche venivano in Firenze a sostenere le parti di rettore, a contrastare nel loro rozzo dialetto, beffato dai novellieri borghesi, con le lingue arrotate delle donne e de' loro mariti, ancor si conserva un documento curioso. Chi non ricorda la novella[46] di Franco Sacchetti, in cui narra le tribulazioni di "uno judice di ragione", Messer Amerigo Amerighi da Pesaro, "bellissimo uomo del corpo", e ancora "valentissimo della sua scienza", il quale ebbe mandato, mentre Franco era de' Priori nella nostra città, di proceder sollecitamente ad eseguire certi "nuovi ordini", al solito "sopra gli ornamenti delle donne?" Il valente giudice si pone all'opera, e manda attorno il notaio, e i famigli, a fare inquisizioni; ma i cittadini vanno a' Signori e dicono "che l'officiale nuovo fa sì bene il suo officio, che le donne non trascorsono mai nelle portature come al presente fanno."

Or ecco la discolpa di Messer Amerigo: "Signori miei, io ho tutto il

---

46 Nov. 137.

tempo della vita mia studiato, per apparar ragione; e ora, quando io credea sapere qualche cosa, io trovo che io so nulla; perocchè cercando degli ornamenti divietati alle vostre donne per gli ordini che m'avete dati, sì fatti argomenti non trovai mai in alcuna legge, come son quelli che elle fanno; e fra gli altri ve ne voglio nominare alcuni. E si truova una donna col becchetto frastagliato avvolto sopra il cappuccio. Il notaio mio dice: Ditemi il nome vostro, perocchè avete il becchetto intagliato. La buona donna piglia questo becchetto, che è appiccato al cappuccio con uno spillo e recaselo in mano, e dice ch'egli è una ghirlanda. Or va' più oltre, truovo molti bottoni portare dinanzi. Dicesi a quella che è truovata: Questi bottoni voi non potete portare. E quella risponde: Messer sì, posso, chè questi non sono bottoni, ma sono coppelle; e se non mi credete, guardate, e' non hanno picciuolo; e ancora, non c'è niuno occhiello. Va il notaio all'altra che porta gli ermellini, e dice: Che potrà apporre costei? Voi portate gli ermellini. E la vuole scrivere. La donna dice: Non iscrivete, no; chè questi non sono ermellini, anzi sono lattizzi. Dice il notaio: Che cos'è questo lattizzo? E la donna risponde: È una bestia".
E il notaio non insiste, come non sanno insistere i magnifici signori Priori, che si ricordano delle loro donne lasciate a casa, e conchiudono, come hanno sempre conchiuso in Palagio, esortando messer Amerigo a tirar via, e lasciar "correre le ghirlande per becchetti e le coppelle e i lattizzi, e' cinciglioni".
Non volevano forse che il giudice pesarese avesse a ricordare il malinconico distico che un suo collega della *Mercanzia* aveva scritto sul margine degli *Statuti*:

*"S' tu ài niuno a chi tu vogli male
"Mandallo a Firenze per uficiale.*[47]

Pur questa volta, la novella del Sacchetti è verace documento di storia; l'*Archivio della Grascia* serba gli *Atti civili del Giudice degli appelli e nullità*, e fra quei protocolli appunto ve n'è uno di Giovanni di Piero da Lugo, notaio del dottore in legge ser Amerigo di Pesaro, ufficiale della Grascia del Comune di Firenze, per sei mesi, a

---

[47] CARDUCCI, Rime antiche da carte di archivi. Nel *Propugnatore*, vol. I, fasc. I, 1888.

cominciare dal XV marzo 1384.

Quel giorno stesso l'Amerighi pubblicò, a' soliti luoghi, un bando per ricordare le pene delle leggi contro chi trasgredisse alla *Prammatica sopra 'l vestire*. E il 27 marzo cominciarono per parte degli ufficiali le inquisizioni. Vedevano per via alcuna donna con due anelli, ornati di quattro perle, con una cappellina di velluto nero ricamata, con una ghirlanda, con una delle abbottonature proibite? E subito si contestava alle malcapitate (diciamolo col frasario odierno) la contravvenzione. Andava il messo alle case con un "mandato di comparizione", e il giorno fissato compariva per la moglie il marito, che riconosceva l'errore e pagava la multa. Così s'andò innanzi un bel po'; ma più tardi dovettero le donne, ammaliziate, cominciare quelle contestazioni, accennate dal novelliere, e naturalmente omesse nel protocollo del notaio. Le inquisizioni si fanno più rare, le condanne meno frequenti e i mariti che compariscono principiano a negare la reità delle mogli, con validi argomenti: una è troppo vecchia perchè possano imputarsele siffatti trascorsi, un'altra era in casa quel tal giorno a quella tale ora, una terza è in lutto e così via.... E il protocollo si chiude quasi senza registrare più nessuna condanna.

La Signoria e il giudice prima di lei si son dati per vinti; ma non senza sospetto che quelli ufficiali, quei notai, deputati all'odioso ministero, non si fossero lasciati vincere dal fuoco di qualche bell'occhio, dalle carezze di qualche voce lusingatrice. Ahimè nelle coperte della *Prammatica* di quel tempo, leggiamo la confessione, lo sfogo d'un cuore innamorato, prezioso documento umano fra le pedanterie curialesche degli *Statuti*. Udite:

Li dulci canti e le brigate oneste
Gli uccelli, i cani e l'andar sollazzando,
Le vaghe donne, i templi e le gran feste
Che per amore solea ir cercando.
Ora fuoco mi sono, oimè moleste,
Quantunque vengo con meco pensando
Che tu dimori di qui or(a) lontana
Dolce mio bene e speme mia sovrana!

Le donne avean trovato alleati nella famiglia del Giudice di ragione:

la loro causa era vinta!

Ma per poco, giacchè quasi periodicamente si tornò ad infierire contro la vanità femminile, e altre bufere scoppiarono, sempre di breve durata. Anche tremendi avversari ebbero ne' moralisti che nei trattati del *Governo della famiglia*, seguitavano a battere cotesto tasto (valga l'esempio del Palmieri); peggiori nemici ne' frati, invasi dal furore di purgare il mondo dai peccati.

Frate Bernardino da Siena nel 1425 continuò a Perugia quei bruciamenti delle vanità che l'anno innanzi aveva iniziato a Roma, facendo un gran falò di "capelli posticci e contraffatti, d'ogni lasciva portatura, di balzi da scuffie", dadi, carte, tavolieri "e altre cose diaboliche", preludendo alle grandi fiammate che nel 1497 fece a Firenze il Savonarola, e che gli furono di pessimo augurio. Ma fra tanti oppositori, non mancavano i buoni avvocati. Nell'aprile 1461 un predicatore che aveva vociato dal pergamo in Santa Croce contro le donne, ricorse alla Signoria, e nel *Consiglio dei Richiesti* si trattò, nientemeno, di proibire la moda. Ma Luigi Guicciardini, padre al grande storico e politico, disse aver risposto a un milanese, giudicante a sproposito dell'onestà delle donne fiorentine dall'abito sfoggiato e dall'incedere, che se l'abito parea disonesto, elleno erano a' fatti assai diverse[48].

VIII.

Ma queste leggi suntuarie, ritoccate o come oggi direbbero "rimaneggiate" ogni momento, più che offendere le donne colpivan la borsa dei loro mariti; nè, giova notarlo, si restringevano agli ornamenti, sibbene frenavano o volevan frenare anche il lusso e l'abbondanza delle nozze, dei battesimi, dei conviti e dei funerali. I cortei nuziali non potevano eccedere il numero di dugento persone. I sensali de' matrimoni dovevano denunziare innanzi i nomi degl'invitati. Le *donora* alla sposa eran regolate dalla legge, e così le cerimonie nuziali; il cuoco "il quale dovrà apparecchiare per qualche sposalizio" era tenuto a rapportare all'ufficiale del Comune il numero delle vivande e dei piattelli, e le vivande non potevano essere più di tre: non più di sette libbre di vitella, e i capponi, i paperi o gli

---

[48] Pellegrini F. C. - Agnolo Pandolfini in *Giornale Storico della Lett. It.*, fasc. 1-2, 1886 a pag. 49.

anitroccoli permessi dagli statuti. Del pari eran regolate le esequie, il numero dei torchi di cera, le vesti dei morti e dei congiunti che seguivano il funerale: i doni dei battesimi.... insomma ogni benchè menoma cosa[49]. Chi contravvenisse a tali disposizioni, condannato a multe assai gravi.

Perchè il Comune, anche allora, cercava dovunque argomenti per tasse, gravami e balzelli, e lo studio dei cittadini, massime di quei furbi mercanti, era tutto in cercare di alleggerirsi delle gravezze, di rubare con qualche onesta licenza[50].

"Il Comune ruba tanto altrui, che io posso ben rubar lui", è un dettato antico riferito dal Sacchetti[51]; il quale anche lamenta le lungaggini nelle pratiche del Comune, perfino verso chi volea donargli le proprie castella[52]. Ciascuno tirava l'acqua al suo mulino, dice Marchionne Stefani, e anch'egli aveva il mulino suo[53]. S'ingegnavano tutti a difendersi dalle gravezze e com'è sempre usanza, scrive quel cronista, "gli animali grossi e possenti saltano e rompono le reti".

Anche Francesco Datini, accostandosi a quelli che tenevan lo Stato, provvide a' casi suoi, in quegli anni nei quali "le guerre combattute con le armi de' mercenari e le paci fatte a furia di denaro esigevano che la imposta si riscotesse in un anno dieci e quindici volte[54]". Chi non potea con le amicizie e i favori, ci riusciva con l'astuzia, come Bartolo Sonaglini che, essendosi per porre molte gravezze, scendeva ogni mattina sull'uscio di casa e contava a tutti le sue miserie, dicendo: "Oimè, fratel mio, io son disfatto." "E' mi converrà o dileguarmi dal mondo o morir prigione"[55]; onde quando vennero alla partita di lui ciascuno dicea: Egli è diserto, e guardasi per debito; e l'un dicea: E' dice il vero, chè pure una di queste mattine non ardiva d'uscir di casa. E l'altro dicea: E anco così disse a me.... Sia come si vuole, dicono gli altri, e' si vuole trattar secondo povero, e tutti a una voce gli posono tanta prestanza, quanta si porrebbe a uno miserabile,

---

[49] *Inventario e Regesto dei Capitoli del Comune*, pag. 103-108.
[50] PELLEGRINI, op. cit., pag. 45.
[51] Nov. 146.
[52] Nov. 204.
[53] MAZZEI, I, LVIII.
[54] MAZZEI, I, LVIII.
[55] SACCHETTI, nov. 148.

o poco più." Fatte le prestanze e passato il pericolo, Bartolo cominciò a uscir fuori e andava dicendo d'esser per accomodarsi coi creditori; e così, a furia di ciance, si liberò dalle prestanze, "dove molti altri più ricchi di lui ne rimasono disfatti".

IX.

Già i tempi maturavano. Dell'antica e proverbiata semplicità, in tanta sete di guadagni, rimanevano monumento vivente, ma pur rispettato, soltanto quei vecchioni di cui Donato Velluti ci porge uno stupendo ritratto, vivo e vigoroso come una figura di Andrea del Castagno.

"Bonaccorso di Piero, fu uno ardito, forte e aitante uomo, e molto sicuro nell'arme. Fece di grandi prodezze e valentie, e sì per lo Comune e sì in altri luoghi. Tutte le carni sue erano ricucite, tante ferite avea avute in battaglie e zuffe. Fu grande combattitore contr'a Paterini e Eretici.... Era di bella statura, di membra forti e bene complesso. Vivette ben 120 anni, ma ben 20 anni perdette il lume, innanzi morisse, per vecchiaia. Fu chiamato Corso, e benchè fosse così vecchio, udii dire che la carne sua avea sì soda, che non si potea attortigliare, e se avesse preso qualunque giovane più atante in su l'omero, l'avrebbe fatto accoccolare. Intesesi anche bene di mercatanzia, e fecela molto lealmente; intanto era creduto, che venuti i panni melanesi in Firenze da Melano (de' quali molti ne faceano venire) e tutti gli spacciava innanzi fossono aperte le balle; molti ne faceano tignere qui, e perch'era sì diritto, udii dire che un Giovanni del Volpe loro fattore veggendo sì grande spaccio di detti panni, pensò nella tinta fare avanzare più la compagnia, e più debolmente, e con meno costo gli facea tignere; di che essendo passato un tempo i detti panni non avevano quel corso soleano: di che cercando la cagione, trovarono che era stato per la sottilità del detto Giovanni, di che egli il volea pure uccidere.

"Il detto Bonaccorso avendo perduto il lume, il più si stava in casa. Avea di dietro al palagio di Via Maggio.... un verone lungo quanto tenea il detto palagio, in sul quale rispondea tre camere dal lato di dietro, per le quali egli andava, e tanto andava in qua e in là ogni mattina, che facea ragione essere ito tre o quattro miglia, e fatto questo asciolvea, e l'asciolvere suo non era manco di due pani, e poi a desinare mangiava largamente, perocchè era grande mangiante: e così passava la sua vita. Ora perchè si sappia come morì, udii dire a mio padre, che gli venne voglia andare alla stufa, e così andò, nella quale stufa s'incosse un piede; di che essendo tornato e veggendo che per essa cagione non potea andare, nè fare il suo usato esercizio, in sul verone, immantinente sì si (ac)cusò morto. Or avvenne in quel tempo che Filippo suo figliuolo, e mio avolo che fu, menando Monna Gemma de' Pulci sua seconda donna, avendo il dì molto motteggiato dicendo: *ora farebbe bisogno a me d'avere moglie, più ch'a figliolmò, che m'aitasse*, e molte altre ciance, gli venne voglia, essendo sul letto, farsi portare in sul lettuccio da sedere: di che chiamato mio padre e Gherardo suoi nipoti, avendosi colle mani e braccia appoggiato in sulle spalle loro; subitamente per grande vecchiezza la vita gli venne meno, e morì"[56]

X.

Con il ricordo di questa "cara e buona immagine paterna", affrettiamoci a' tempi nuovi, al nuovo secolo, di cui ormai rosseggia in cielo, nel cielo della letteratura e dell'arte, la splendida aurora. Già ne scorgemmo i segni annunziatori nell'ottenuto acquisto della ricchezza, nell'affrancarsi così dai vecchi pregiudizi, come dalle severe regole del vivere antico, nelle tendenze egoistiche preparanti lo svolgimento di quel che i moderni critici chiamano "individualismo," onde meglio si comprende il carattere degli uomini e della vita della Rinascenza.

L'affetto per il Comune, per la patria e anche per la famiglia, già s'affievolisce col desiderio acuto de' godimenti, di che non era avara la vita a chi volea gustarne le dolcezze. L'incredulità fa capolino; lo scetticismo, la sensualità, minacciano di prendere il sopravvento. Coteste generazioni, dopo i terribili terrori delle pestilenze, scampate all'infuriar del contagio, doveron quasi meravigliare, stupire di risvegliarsi alla vita.

Dalla grande moria del 1348 ai primi del '400, i cronisti ne registrano molte altre: ricordiamo quelle del 1363, del 1374, del 1400, del 1411, del 1420 e del 1424. Un nostro erudito spogliando il libro de' morti degli Ufficiali della Grascia, noverò dal 1.° maggio al 18 settembre 1400, ben 10908 morti, la massima parte fanciulli[57].

---

[56] Donato Velluti, *Cronica*, pag. 30-31.
[57] Corazzini, *I Ciompi e Michele di Lando*, p. XCVI.

Della peste del 1348, oltre alla classica e grandiosa descrizione del Boccaccio, troviamo vivi e dolorosi ricordi nelle cronache famigliari, ne' diarii, ne' memoriali.

Dovè essere un pauroso, un raccapricciante spettacolo! Giovanni Morelli racconta che in un'ora "si vedeva ridere e motteggiare" il vicino o l'amico "e nell'ora medesima il vedevi morire". La gente cascava morta per istrada "su per le panche" come abbandonata, senza aiuto o conforto di persona. Molti impazzivano e si buttavano nel pozzo, o giù dalle finestre o in Arno, dal gran dolore o dalla orribile paura. Tanti morirono senza esser veduti e "infracidavano su per le letta", molti si sotterravano ancor vivi. "Avresti veduto una croce ire per un corpo e averne dietro tre o quattro prima giugnesse alla chiesa"[58]. Si calcola che in Firenze morissero i due terzi delle persone, "cioè de' corpi ottantamila"[59]. Della moria del '400, veggiamo un'efficace pittura in una lettera di Ser Lapo Mazzei. "Qui non s'apre appena appena bottega: i rettori non stanno a banco: il palagio maggiore senza puntelli: nullo si vede in sala: morti non ci si piangono, contenti quasi solo alla croce"[60]. Era uno spavento: i figliuoli morivano, cadevan gli amici, i vicini, i conoscenti, gl'ignoti; nel colmo della estate, passavano i cento al dì; nel luglio vi fu un giorno che furon dugento.

Di quella del 1420 scrive nel suo *Libro segreto* Gregorio Dati: "La pestilenzia fu in casa nostra, e cominciò dal fante, cioè Paccino, a l'uscita di giugno 1420; e poi da indi a tre dì la Marta nostra schiava, e poi al primo dì di luglio la Sandra mia figliuola, e a dì 5 di luglio l'Antonia. E uscimmo di casa, e andammo dirimpetto; e in fra pochi dì morì la Veronica: e uscimmone e andammo in Via Chiara, e presevi il male alla Bandecca e alla Pippa, e amendue s'andarono a Paradiso a dì 1.° d'agosto, tutti di segno di pestilenza[61]. Iddio li benedica!"

Chi poteva fuggire, scappava ad Arezzo, a Bologna, in Romagna, in alcuna città e terra dove credesse potersi stare sicuro. Il Datini se n'andò a Bologna, portando la famiglia, i domestici e i forzieri su

---

[58] GIOVANNI MORELLI, *Cronica*, pag. 280.
[59] Vol. I, pag. 250.
[60] GUASTI, *Lettere di Ser Lapo Mazzei*, I, pag. CXXI.
[61] Pag. 96.

ronzini e su muli carichi di ceste[62]. Buonaccorso Pitti scampò dalla peste del 1411 recandosi a Pisa in una casa a pigione, dove in sette mesi spese 1300 fiorini e gli morì una figliuola e un famiglio. Nel '24 mandò il figlio suo Luca con la moglie e i bambini a Pescia, dove poi si ridusse con gli altri congiunti.

Era di regola recarsi "in qualunque luogo la mortalità non fosse stata"[63]; rimedi contro l'oscuro malore non c'erano, nè l'arte dei medici sapea consigliarli. Il Morelli prescrive alcune norme che oggi si direbbero igieniche: la pestilenza del 1348 era stata cagionata da una terribile carestia: "l'anno dinanzi era suto in Firenze gran fame"[64]; "vivettesi d'erbe, e di barbe d'erbe, e di cattive", "tutto contado era ripieno di persone, che andavano pascendo l'erbe come le bestie", e i corpi erano disposti e non avevano "argomento nè riparo niuno". Consiglia, pertanto, conservarsi sani, riguardarsi, mangiar bene, sfuggire l'umido, "spender largamente", senza "niuna masserizia" senza economia "fuggi(r) malinconia e pensiero", pigliarsi "spasso piacere e allegrezza", non "pensare a cosa ti dia dolore o cattivo pensiero", giuocare, cavalcare, divertirsi, stare allegri, tenere "in diletto e in piacere la tua famiglia", e "far con essa buona e sana vita senza pensiero di fare per allora masserizie; che assai s'avanza a stare sano e fuggire la morte"[65].

Gli "avanzati" dal mortale flagello, doverono ben presto avvezzarsi al nuovo tenore di vita, anche passato il pericolo. Effetto della peste e de' suoi terrori, le processioni dei *penitenti bianchi*, simiglianti a quelle che quasi un secolo innanzi, sotto il nome di *compagnie de' battuti*, avevan percorsa tutta l'Europa. Partivansi in folla dalle lor case mescolati uomini e donne, laici ed ecclesiastici, tutti vestiti di bianche cappe che lor coprivano anche la faccia, avendo un crocefisso per insegna; e andavano processionalmente di paese in paese cantando laudi, pregando con alte voci *misericordia*. Giacevano quasi sempre all'aria aperta, non domandavano che pane e acqua. I popoli delle città visitate, accendendosi d'egual fervore andavano col medesim'ordine a visitare un'altra città. Alla comparsa

---

[62] GUASTI, op. cit., pag. CXIX.
[63] B. PITTI, *Cronica*, pag. 86 e 133.
[64] MORELLI, pag. 281.
[65] MORELLI, pag. 284.

dei pii pellegrini, tutti movevansi a penitenza, le gravi inimicizie si deponevano, si pacificavano le discordanti fazioni, le città si riempivano di santimonia"[66]. A Firenze i facinorosi voleano profittarne per liberare i prigioni delle Stinche; ma fortunatamente s'impedì che la città n'andasse a romore d'arme, e tra le altre si fecer le paci tra i Pitti e i Corbizi[67]. Anche Francesco Datini nell'agosto 1399 andò in pellegrinaggio, "vestito tutto di tela lina bianca e scalzo", co' suoi famigli, amici e vicini. Erano in tutto dodici e portaron seco due cavalle e una muletta, "in sulle quali bestie mettemmo un paio di forzeretti, in che furono più scatole di tutte ragioni confetti, e formaggio d'ogni ragione, e pane fresco e biscottato, e berlingozzi zuccherati e non zuccherati e più altre cose che s'appartengono alla vita dell'uomo, tanto che le dette cavalle furono presso che cariche di vettovaglie"[68]. Stettero in pellegrinaggio dieci giorni, dal 28 agosto al 6 di settembre, e giunsero fino ad Arezzo o poc'oltre; e dovunque si fermavano compravano cose da mangiare. Era davvero un allegro modo, e comodo, di far penitenza, e di pellegrinare a cavallo!

Delle pratiche religiose, i più accorti e più increduli rispettavano appena la forma esteriore, come il Datini, che temeva i rimbrotti e i predicozzi dell'amico e mentore spirituale Ser Lapo Mazzei.

Altri, come Buonaccorso Pitti, già ci porgono l'immagine dell'uomo della Rinascenza, che non ha terraferma, e gira il mondo, rôso da una interna irrequietezza, e giuoca, e perde, traffica, e mescola la politica ai commerci e ai sollazzi, come un avventuriere del Settecento, come un Benvenuto Cellini, ma senza l'arte e con molto meno d'ingegno. Curioso, strano tipo questo Pitti che sembra morso dalla tarantola e mena le mani e sta a tu per tu con Carlo VI[69], con duchi e principi, che cavalca a Roma difilato per una scommessa con una giovane ond'era invaghito[70]; gran danzatore, giuocatore ostinato e prode e leal cavaliere, e in patria assunto agli uffici supremi[71]. Il Burckhardt lo chiama addirittura un precursore del Casanova, che viaggia

---

[66] Salvi, prefaz. al *Dominici*, pag. XIII e XIV.

[67] Pitti, *Cronica*, pag. 58.

[68] *Lettere di Ser Lapo Mazzei*, I, pag. CI.

[69] *Cronica*, pag. 33.

[70] Ivi, pag. 19-20.

[71] Ivi, pag. 53.

continuamente in "qualità di mercante, di agente politico, di diplomatico e di giuocatore di professione". "Guadagnò e perdette enormi somme, e non trovava competitori che fra i principi, quali ad esempio, i Duchi di Brabante, di Baviera e di Savoia"[72]. Questo il padre di quel Luca Pitti che in ricchezza e in magnificenza rivaleggiava coi Medici e voleva anche in ogni altra cosa andare a paro con Cosimo. I mercanti di panni divenuti banchieri e prestatori, aveano in quei viaggi, in quei traffichi, con quelle "fattorie" sparse in varie città d'Europa, ne' più operosi centri del commercio, negli scali più frequentati, accumulato smisurate ricchezze, ed era venuto il tempo di godersele tranquillamente.

Già Fiorenza come una bella e prosperosa giovane "con buone parti" e dote abbondante, cessate le gare fra i partiti che se la contendevano, all'ombra de' lauri medicei socchiudeva gli occhi abbarbagliati da tante sfoggiate magnificenze, onde, come femmina, s'era lasciata conquidere. Le famiglie, fatta la roba, voglion fondar la casata: si cercano i maritaggi più convenienti e si discutono quasi fossero alleanze. L'Alessandra Macinghi va a tutte le messe "in Santa Liperata" e si pone "allato" alle fanciulle, con cui vorrebbe per il suo Filippo far parentado, e con occhio di futura suocera le studia, le esamina, le spoglia, e ne scrive al figliuolo come se si trattasse d'un mercato di polledre e non d'un matrimonio. Egli è vero che la buona madonna Lessandra, per me troppo esaltata e lodata, dovette avere piuttosto cuor di mercante che di donna. Che mettesse le mani addosso alle schiave, lo confessava ella stessa senza ritegno; era costume, e fors'anche con quelle rôsse e tartare la pazienza doveva facilmente scappare. Ma di lei e della sua pietà troviamo un documento rivelatore. Si tratta di due vecchi, gli unici che rimanessero d'una famiglia di lavoratori di Pozzolatico: "ancora vive Piero e mona Cilia, tramendua infermi. Ho allogato il podere per quest'altr'anno, e me lo conviene mettere in ordine: e que' due vecchi se non muoiono, hanno andare accattare. Iddio provvegga"[73]. Nè crediate sia questo un tristo, ma fugace pensiero: è un fermo proposito. In una lettera scritta, pochi mesi dopo, nel dicembre del 1465, leggiamo: "Piero vive ancora" a Mona Cilia Iddio aveva forse

---

[72] Vol. II, pag. 221.
[73] MACINGHI, pag. 438.

già provveduto "e bisogna che se n'esca, e andrà accattando.... Arà pazienza: che Iddio lo chiami a sè, se 'l meglio debb'essere!"[74] Col cuore, non si fa masserizia!

XI.

Ma chi aveva accresciute e moltiplicate le proprie sostanze, mostrava sentimenti più nobili e animo più gentile. Giovanni Rucellai ci dà l'immagine compiuta del fiorentino ricco che sente la dignità del nuovo stato in cui fu posto dalla fortuna; la quale "non tanto gli ha conceduto grazia nel guadagnare, ma ancora nello spenderli bene, che non è minor virtù che il guadagnare. E credo - scrive nel suo *Zibaldone*, - che m'abbi fatto più onore l'averli bene spesi ch'averli guadagnati, e più contentamento nel mio animo," e "massimamente delle muraglie ch'io ho fatte della casa mia di Firenze, del luogo mio di Quaracchi, della facciata della chiesa di Santa Maria Novella, e della loggia nella Vigna dirimpetto alla casa mia". E ringrazia messer Domenedio," d'averlo fatto "creatura razionale," cristiano e non "turco, moro, o barbaro", d'averlo fatto nascere "nelle parti d'Italia, la quale è la più degna e più nobile parte di tutto il cristianesimo, e nella provincia di Toscana la quale è reputata delle degne provincie ch'abbi l'Italia", e altresì d'avergli dato la vita nella "città di Firenze, la quale è reputata la più degna e la più bella patria che abbi non tanto il cristianesimo ma tutto l'universo mondo", e infine d'avergli dato l'essere "nell'età presente, la quale si tiene per li intendenti ch'ella sia stata e sia la più grande età che mai avessi la nostra città poi che Firenze fu edificata.... per esser stato al tempo del magnifico cittadino Cosimo di Giovanni de Medici". - E più lo ringraziava d'avergli concesso d'allearsi con lui, per il matrimonio della Nannina figlia di Piero e nipote di Cosimo, con il proprio figliuolo Bernardo, splendido parentado di che il Rucellai insuperbiva.

Firenze allora celebrava, senza temere i rigori delle leggi suntuarie cadute in disuso, le feste nuziali delle grandi famiglie. Le nozze di Baccio Adimari con la Lisa de' Ricasoli, celebrate nel 1420, ci son rappresentate da un'antica tavola della Galleria dell'Accademia di Belle Arti, e vediamo gli sposi con la loro accompagnatura danzare

---

[74] MACINGHI, pag. 526.

sotto un padiglione a strisce di vari e ridenti colori, al suono d'una musica di trombe e di pifferi; ma di queste del Rucellai con la Medici, che ci danno l'imagine della vita d'allora, vogliamo tentare un quadro di cui ci fornirà le linee, i colori e il disegno lo *Zibaldone* del buon vecchio che ne serbò caro e pregiato ricordo.

Dorati dal fiammante sole di giugno, i festoni di verzura si distendevan superbi da un lato all'altro della via, levando in alto gli scudi, la metà coll'arme de' Medici e la metà coll'arme de' Rucellai. Le pietre ruspe della facciata che la magnificenza di Giovanni Rucellai aveva pochi anni innanzi fatto murare, come credesi, da Leon Battista Alberti, acquistavano quasi nuovo colore coperte com'erano dagli smaglianti parati e dalle ghirlande di fiori penzolanti da' pilastri dorici del primo piano e dai pilastri corinti del secondo e del terzo. Dirimpetto al palazzo, nella piazzuola di fronte alla loggia, era stato eretto un palco che aveva la figura d'un triangolo. Lo copriva, per difesa del sole, un cielo di panni turchini adornato di ghirlande, in mezzo alle quali sbocciavano freschissime rose; mentre di sotto, sull'assito di legno, si stendevano arazzi preziosi, che paravano anche le panche messe lì torno torno per comodo d'aspettare, e le spalliere chiudenti in giro il vago recinto. I lembi del gran velabro turchino scendevano qua e là fino a terra, come aeree colonne. Da una parte di quel gran padiglione sorgeva una credenza su cui splendevano vasi e piatti d'argento lavorati a rilievo da quanti più valenti orafi ed argentieri noverasse allora Firenze: e la ricchezza di quegli arredi annunciava la sontuosità del convito che apparecchiavasi.

Nella via di fianco al palazzo s'eran poste le cucine, dove fra cuochi e sguatteri lavoravano cinquanta persone. Il rumore era grande; via della Vigna da un capo all'altro era piena di gente: agli artefici che avevan preparato gli addobbi, succedevano i messi che portavano i doni degli amici, dei clienti, del parentado: i contadini, i giardinieri, i bottegai, gli speziali che portavano le vettovaglie; i pifferi e i trombetti che preparavan le musiche: i giovani cavalieri che si accingevano agli armeggiamenti nuziali.

Quella domenica - era l'otto giugno del 1466 - poco dopo il levar del sole avea la gente cominciato ad accorrere da ogni parte al palazzo dove le nozze dovean celebrarsi: arrivavano, cara e promettente vista ai curiosi, vitelle squartate, barilozzi di vino greco, capponi quanti ce ne possono stare appiccati a una stanga portata a spalla da due robusti villani, stangate di formaggi di bufalo, coppie di paperi, barili di vino comune e di scelto trebbiano, corbelli pieni di melarance, ceste di pesci di mare grandi e odorosi, paniere di pesciolini d'Arno con le squame d'argento, caprioli, lepri, giuncate. - Venivano, portate dagli ortolani dei monasteri, cestelline di zuccherini, di berlingozzi e d'altre dolcissime delicature preparate dalle candide mani di monacelle gentili: venivano a gran fatica, dondolando la testa fronzuta, e barcollando sui carri tirati da bovi sbuffanti un magnifico ulivo di Carmignano, e ginestre e quercioli tolti alla villa di Sesto, co' fiori che la ridente stagione donava in gran copia.

Dovevano i regali aggiunger magnificenza alla festa, ed esser degni di chi li offriva, e testimoniare insieme l'affetto o la reverenza che portavano i donatori alle due insigni famiglie che con quegli sponsali faceano alleanza. Il giovane Bernardo Rucellai, diciassettenne appena, andava sposo alla Nannina figlia di Piero e nipote al gran Cosimo de' Medici, ed il vecchio Giovanni Rucellai con quelle nozze si levava di dosso il sospetto d'esser nemico alla parte Medicea che, dopo l'esilio di Cosimo, era tornata più forte di prima in Firenze. Era un parentado architettato con sommo studio, che ridondava a decoro della famiglia sua, quanto la facciata di Santa Maria Novella fatta fare all'Alberti, e la cappella in San Pancrazio, e il palagio e la bellissima loggia corinzia di Via della Vigna.

Sottile ingegno avea quel maestoso vecchio con la fronte alta ed aperta, il naso aquilino e i fulgidi occhi di un profondo color cilestro, che pare ancor vivo nella cornice d'un suo antico ritratto. Abbondanti capelli gli scendono in ricche anella sulle spalle e una lunga barba gli ondeggia sul petto, conservando ancora alcune tinte dorate frammiste al grigio della vecchiaia, e con i freschi colori del viso dimostrando una longevità vigorosa. Lo vediamo seduto in un seggiolone a bracciuoli, coperto di velluto cremisi a frangia e borchie d'oro; veste una tunica verde scura ed è ravvolto in un lucco purpureo a risvolte di velluto cremisi. Cogli occhi guarda in alto e lontano come pensando a cose che non sono di questo mondo. Ma la mano destra, adorna di un anello con un grosso brillante, si appoggia con forza al bracciale del seggiolone, e la sinistra aperta accenna ad un codice, ben rilegato, che gli è squadernato dinanzi, sur una pagina del quale leggesi il titolo *Delle Antichità*. Accanto ad esso alcune lettere dissigillate con l'indirizzo all'*illustrissimo signor Giovanni Rucellai*. Dietro una tenda di colore scuro, in uno sfondo azzurro son disegnate con grandissima diligenza ed esattezza le sue opere di pietra e di marmo, la facciata di Santa Maria Novella, la cappella di San Pancrazio, il palazzo e la loggia. Quel dipinto compendia l'uomo e le sue glorie: un ricco mercante che poteva diventar parente del magnifico Cosimo di Giovanni de' Medici, il quale - com'ei diceva - è stato ed è di tanta ricchezza e di tanta virtù e di tanta grazia e riputazione e seguito, che mai non fu simile cittadino nè di tante buone parti e condizioni quante sono state e sono in lui.

Ma torniamo alle nozze. Giovanna dei Medici venne a marito quel giorno stesso, accompagnata, com'era costume, da quattro cavalieri de' maggiori della città, messer Manno Temperani, messer Carlo Pandolfini, messer Giovanozzo Pitti e messer Tommaso Soderini. *Veniam* cioè *verrò* era scritto, secondo l'uso d'allora su certe cartellette appiccate alle panche parate d'arazzi che eran disposte sotto al padiglione fiorito; e la sposa vi venne, e in su quel palco soffice per i ricchi tappeti si danzò e si festeggiò a suon di musiche, aspettando i desinari e le cene.

Convennero alle nozze 50 gentildonne riccamente vestite e similmente 50 giovani in abiti bellissimi. Durarono le feste dalla domenica mattina alla sera del martedì successivo, e i conviti si tenevano due volte al giorno. Comunemente si convitavano a ciascun pasto cinquanta tra parenti e amici e cittadini de' principali, per modo che alla prima tavola, contando le donne e le fanciulle di casa, i pifferi ed i trombetti, mangiavano 170 persone. E alle seconde e terze tavole dette "tavole basse", mangiava gente assai, tantochè ad un certo pasto s'ebbero fin 500 persone. Le vivande, che eran quelle prescritte dall'uso, furono squisite e abbondanti: la domenica mattina si dettero capponi lessi e lingue, e un arrosto di carne grossa, e uno di pollastrini dorati con lo zucchero e l'acquarosa: la sera la gelatina, l'arrosto grosso e quello di pollastrini con frittellette. Il lunedì mattina, bianco mangiare, coi capponi lessi e salsicciuoli e arrosto grosso di pollastrini; la sera le solite portate, e più una torta di pappa, mandorle e zucchero che dicevasi *tartara*. Il martedì mattina, arrosto di carne grossa e di quaglie, e la sera i consueti arrosti e la gelatina. Alle colazioni uscivano fuori in sul palchetto venti confettiere di pinocchiati e di zuccherati, che si distribuivano a profusione.

La spesa di questi conviti ascese a più che 6000 fiorini (circa 150000 lire), somma per quel tempo ingentissima. Si comprarono settanta staia di pane, duemilaottocento pani bianchi, quattromila cialdoni, cinquanta barili di trebbiano, tremila capi di pollame, mille e cinquecento uova, quattro vitelli, venti catini di gelatina; e si arsero in cucina dodici cataste di legna. - Pareva addirittura il regno dell'abbondanza.

Il martedì sera, parte dei giovani che erano stati invitati alle nozze fecero gli armeggiamenti secondo l'usanza, movendosi dal Palazzo Rucellai fino al canto dei Tornaquinci, e di poi in Via Larga sotto il Palazzo dei Medici.

La sposa, chi voglia sapere il corredo e i regali che ebbe, ricevè da diversi parenti non meno di venti anelli; e sei dallo sposo, due quando la tolse, due *dello sposalizio*, due nella mattina che si donavano le anella. Da Bernardo ebbe cento fiorini e più altre monete: le si fecero ricchi vestimenti: uno di velluto bianco ricamato di perle, di seta e d'oro con maniche aperte foderate di candide pellicce: uno di *zetani*, drappo di seta molto massiccio, guernito di perle con le maniche foderate d'ermellino.

Ebbe poi una *cotta* o vestito di damaschino bianco broccato d'oro fiorito, con maniche adorne di perle, e un'altra cotta di seta con maniche di broccato d'oro cremisi ed altri vestiti e sopravvesti, chiamate allora *giornee*. - Fra le altre gioie ebbe una ricca collana con diamanti, rubini e perle del valore di 1200 fiorini, e uno spillo da testa, e un vezzo di perle che avea per pendente un grosso diamante a punta, e un cappuccio ricamato di perle e una reticella di perle grosse. - La dote, che oggi parrebbe scarsa, fu di 2500 fiorini (circa 60 000 lire), compreso il corredo, nel quale si notano un paio di forzieri con le spalliere riccamente lavorati, e dieci fra *cioppe*, *gamurre* e *giornee*, cioè vestiti lunghi di varia forma di finissime stoffe, e sontuosi ricami d'oro e di perle: una camicia di *renso* (tela bianca fine operata proveniente da Reims), una cuffia o testiera di stoffa cremisi lavorata di perle, due berrette con argento, perle e diamanti, un *libriccino* da messa miniato con fermagli d'argento e un *Bambino* Gesù in cera con la veste di damasco ricamata di perle. Inoltre stoffe in pezza, rasi, damaschi, velluti, guanciali ricamati, cinture, borse, anelli da cucire, agorai, pettini d'avorio, 4 paia di guanti, un *cappello* alla milanese con frangie, otto paia di calze, tre specchi, un bacino e un mesciacqua a smalto d'argento, un ventaglio ricamato o *rosta*, e molte altre cose che non si contano.

XII.

Tre anni appresso, nel giugno 1469, le nozze sfolgorate, da vero principe, di Lorenzo dei Medici con Clarice Orsini, che riuscirono una pubblica festa, un vero carnasciale. *"Tu felix, Florentia nube!"*
Non c'indugeremo a descriverle, sulla traccia dell'informazione che ne dette Piero Parenti a Filippo di Matteo Strozzi, suo zio materno, che allora stava in Napoli, ed è il fondatore del bel palazzo di Firenze, monumento della grandezza di questa famiglia. Quei conviti, quelle magnificenze ponevano in grave impaccio le gentildonne che vi erano invitate e dovevan comparirvi, secondo la dignità della casata, con robe e cotte di broccato di gran valuta. Mentre il "Babbo" era "a Napi"[75], come aveva imparato a balbettare il piccolo Alfonso, figlio di Filippo Strozzi e della bella e buona Fiammetta di Donato Adimari, la giudiziosa donna volle piuttosto far l'ammalata, e non v'intervenne[76].
Anche noi vogliamo seguirne l'esempio, e piuttosto cercare ne' documenti contemporanei alcun accenno alle intimità della vita domestica, che fra tanto pubblico scialo, si facevan sempre più rare. E ci sarà grato trovarlo nelle letterine che il figlio di quelli sposi, Piero de' Medici, scriveva a suo padre, mentr'era in villa o altrove, raccomandato alle cure del suo pedagogo Messer Agnolo Poliziano. Le ha tratte dagli originali del nostro Archivio di Stato, il Del Lungo che saprà a' loro luoghi ricollocarle nella *Vita* dell'Ambrogini, antica promessa ringiovanita con lui.
A Piero de' Medici molto si perdonerebbe in grazia di queste letterine, vergate con mano incerta dai cinque anni in poi, e dei primi latinucci che il maestro *non* correggeva. Nel 1476, appena cinquenne, scriveva di villa alla nonna Lucrezia Tornabuoni, con la petulanza d'un nipotino guastato dalle carezze. "Rimandateci parecchi fichi, chè quegli mi piacquono; dico di quelli brugiotti: et mandateci delle pesche col nocciolo, et delle altre cose che voi

---

[75] MACINGHI, pag. 587.
[76] Idem, pag. 600.

sapete che ci piacciono, zuccherini et berlingozzi ed altre coselline."
Nel '78 avvertiva il padre d'aver "apparato già molti versi di Virgilio,
e so quasi tutto il primo libro di Teodoro a mente, e parmi
d'intenderlo", cioè la grammatica greca di Teodoro Gaza (il *Curtius*,
d'allora). "El maestro mi fa declinare et mi examina ogni dì."
L'anno appresso scrive più franco: "Vorrei che Voi ci mandassi
qualche segugio de' migliori che vi sono. Non altro. La brigata,
ognuno si raccomanda a voi, massime io. Priegovi che vi guardate
dalla morìa, e che voi vi ricordiate di noi, perchè noi siamo piccini e
abbiamo bisogno di voi." Un'altra volta, passato alcun tempo, cerca
profittare del latino imparato per chiedere cose maggiori: "Quel
cavallino non si vede. *Nondum venit equulus ille, magnifice pater*" e
già comincia a far da sopracciò ai fratellini. "Giuliano pensa a
ridere.... la Lucrezia cuce, canta e legge; la Maddalena batte le
capate pe' muri, ma senza farsi male; la Luisa dice già parecchie
cosine; la Contessina fa un gran chiasso per tutta la casa." E
appresso: "Io, che per dar più tono alla mia scrittura, ho scritto
sempre in latino, non ho ancora ottenuto il cavallino che m'avete
promesso; cosicchè tutti mi danno la baia." Ma il *cavallino* non
veniva. "Al cavallino ho paura gli sia incolto qualche malanno;
perchè, se fosse sano, so che me l'avreste già mandato, come
m'avevate promesso.... Caso mai quello non possa venire, vi piaccia
mandarne un altro." Finalmente arrivò, e un'ultima lettera, ch'è di
ringraziamento e tutta piena di buone promesse, chiude
quest'infantile carteggio.
Ma il curioso bozzetto domestico di vita medicea, che ha per isfondo
la campagna e per scena una di quelle ville dove i Medici si
riducevano per dimenticare le noie della politica, anche ci ricorda un
altro aspetto della vita d'allora. Il desiderio della quiete campestre,
l'amore per la villa, il sentimento della natura è una spiccata
caratteristica degli uomini della Rinascenza. Già ne troviamo cenni
in Ser Lapo Mazzei che usava andare a Grignano a far le faccende
della ricolta e della vendemmia[77], accomodava da sè la vigna, e
voleva in casa un po' di buon aceto. Buonaccorso Pitti, come il
Petrarca, gode a noverare tutti gli alberi del suo giardino[78]; il

---

[77] Mazzei, pag. LXXVIII.
[78] Pitti, pag. 112.

72

Rucellai è più superbo della sua villa di Quaracchi, di cui ci porge una descrizione amorosa, che del suo palagio magnifico[79]; i trattatisti del *Governo della famiglia*[80] cantano le lodi della vita rustica: il Poliziano ne compone una prosetta da far voltare in latino a' discepoli[81], e nello sfondo di un paesaggio fiorito disegna l'immagine della bella Simonetta Cattaneo[82].

XIII.

Lorenzo de' Medici (mediocre marito), anche in mezzo alle grandezze della sua condizione d'ottimate e quasi di principe, seppe conservare una certa bonarietà tutta casalinga e fiorentina; nè gli dispiacque incanagliarsi col volgo, all'osteria della Porta a San Gallo, e celebrar le bellezze della *Nencia* rusticana, e serbare nel fasto una sobrietà cittadina.

Racconta il Borghini che Franceschetto Cibo, cui dava in isposa la figliuola, fu da Lorenzo trattato con grande semplicità e parsimonia, mentre i suoi compagni, cavalieri e baroni romani, ebbero sontuose accoglienze. E a lui, impensierito per la figura che avrebbe fatta con loro, rispose rassicurandolo: "Onorai que' signori come ospiti e forestieri; te invece accolsi come uno di mia famiglia[83]." A' clienti dava udienza per istrada, o al canto del fuoco, o passeggiando amichevolmente per le vie di Firenze[84]. Fiorentino nell'anima, non gli dispiaceva d'essere e di mostrarsi faceto. Vedendo a Pisa uno scolare guercio, disse che e' sarebbe il più valente di quello Studio. E domandato perchè, rispose: "perchè e' leggerà a un tratto le due facce del libro, e così potrà imparare a doppio"[85].

Ma sotto coteste semplici apparenze covavano i disegni del politico astuto che, come scrive il Vettori, "non istudiò in altro se non in ridurre gli uomini alle arti e ai piaceri", e la protezione alle arti e agli artisti volle strumento a futura dominazione. Col denaro mediceo si alzavano palazzi e conventi, e dentro vi si raccoglievano antichità e

---

[79] RUCELLAI, pag. 72, e segg.

[80] PANDOLFINI, ediz. Silvestri, pag. 47 e segg.

[81] POLIZIANO, ediz. Sansoni, pag. 299.

[82] GIOSTRA, ottava 43.

[83] BORGHINI, *Della moneta*.

[84] TRIBALDO DE ROSSI, pag. 260.

[85] PICCINI, *Facezie e motti*, pag. 95.

libri; ne' giardini si radunavano gli artisti; alle cene accorrevano i poeti; si bandivano giostre e giuochi del calcio, concorsi poetici e feste religiose: la clientela politica del palazzo era resa più gagliarda da quella dei sommi artisti delle umili botteghe. Il Savonarola che del tiranno aveva indovinato i segreti pensieri, diceva: "occupa il popolo in spettacoli e feste, acciocchè pensi a sè, non a lui". Firenze a' suoi tempi vide nascere, o crescere più rigogliose, molte forme di costume e molti generi di poesia; dai trionfi e dalle mascherate per le vie ai simposj platonici di Careggi; dal canto carnascialesco e dalle ballate a rigoletto, alle Sacre Rappresentazioni. La gaiezza spensierata e il facile appagamento dei desiderj, così negli ordini dello spirito come in quelli della materia, servirono a compensare la diminuzione delle pubbliche libertà[86].

La città gaudente, che da un pezzo risonava di clamori festivi, accolse lieta il gran carnevale mediceo, que' sontuosi apparati, quelle processioni ordinate dalle confraternite de' vari quartieri e dirette da artisti. La paganità rinascente invadeva le feste religiose e le trasformava a' suoi fini. In carnevale si facevan carri e trionfi "per parere (dice mestamente il Cambi) che la città fussi in festa e in buono stato". In Mercato Nuovo si danzava, nella Piazza de' Signori si facevano combattimenti d'animali, e fra essi si sguinzagliarono i leoni sperando ne seguissero terribili scene. Ma il leone fiorentino era così mansuefatto, che "come fosse un agnel si stava cheto"[87]. In via Larga, dinanzi al palazzo de' Medici, correvano a gara gli armeggiatori e si celebrava il trionfo d'amore. Per la venuta di Franceschetto Cibo, novamente maritato alla Maddalena di Lorenzo il Magnifico, si fecero in tutte le botteghe "mostre di cose gentili e ricche e drappi, e broccati, e gioie di perle e argenterie, che è stato cosa stupenda e miranda bellezza". Per San Giovanni, s'apparecchiò "una bella festa di nugoli e di spiritelli e carri ed altri festivi edifici e ingegni popolari da passar tempo, e con tutte l'altre cose festive, ordinarie altre volte". Si correvano palii di sfoggiata magnificenza, e la torre del Palagio rosseggiava tra i fuochi delle scoppiettanti girandole.

Nel far cavalieri e ricevere oratori, l'eccelsa Signoria, usava

---

[86] D'ANCONA, *Origini del teatro*, I, p. 254-255 *passim*.
[87] MURATORI, *R. I. S.*, II, pag. 739.

cerimonie solenni di cui troviamo ricordo nel libro di Francesco Filarete, araldo della Repubblica[88].

Nel 1491, per la festa di San Giovanni, Lorenzo fece fare 15 edifizi o trionfi, rappresentanti il trionfo di Paolo Emilio, reduce dalla Macedonia, quando tornò con tanto tesoro che i Romani per molti e molti anni non pagarono nessuna gravezza[89].

XIV.

Pareva rinnovarsi l'età dell'oro! Le giostre medicee, che aveano inspirato le ottave del Poliziano, stimolavano anche gli altri cittadini a largheggiare nelle spese più pazze. Benedetto Salutati, nipote di Messer Coluccio, per quella del 1467, "nella sopravveste, testiera ed altri paramenti di due cavalli *mise* 170 libbre di fino argento, che volle sottilmente lavorato per mano d'Antonio del Pollajuolo. E ne' ricami dei detti paramenti, nella sopravveste sua e nelle cioppette de' sergenti mise intorno a 30 libre di perle, la più parte di maggior pregio"[90].

Firenze, abbellivasi di sontuosi palagi. Filippo Strozzi incominciava, il 6 agosto '89, a fondare il suo, e Giuliano Gondi poco appresso ne imitava l'esempio. Il popolo ne andava orgoglioso, e il buon Tribaldo De Rossi, per memoria del fatto, si fece mandare dalla Nannina sua donna, tutti rivestiti i suoi due figliuoli e menatili a vedere i fondamenti del palazzo Strozzi "prese Guarnieri in collo e guatava colaggiù, e dettili un quattrin gigliato, e gittollo laggiù, e un mazzo di roselline di Damasco c'aveva in mano ve li feci gittar drento. E dissi: Ricorderàitene tu? Disse, sì. Insieme con la Tita nostra serva erano, e Guarnieri aveva appunto detto di anni 4, e avevali fatto la Nannina una gabbanella di taffetà cangiante, verde e gialla, nuova"[91].

I ragazzi, come i cittadini più grandi, dovevano esser colpiti dalle sorprendenti meraviglie, a cui li avvezzavano le magnificenze medicee. Ogni giorno cose nuove e singolari: feste, processioni, cortei principeschi. E il De Rossi, semplice cronista, di quegli

---

[88] Nozze Supino-Morpurgo, *Cerimoniale di Franc. Filarete Araldo.* Pisa, 1884.

[89] GUASTI, pag. 24. - TRIBALDO DE ROSSI, pag. 271.

[90] D. SALVI, in *Dominici*, pag. 252.

[91] *D. Salvi*, in *Dominici*, pag. 248.

avvenimenti, ci ha conservato il ricordo. Nel 1488, donata dal Soldano di Babilonia a Lorenzo, venne in Firenze una giraffa alta sette braccia, ch'era menata a mano da un di quei Turcimani. Grande curiosità in tutti, perfin nelle monache; onde furon costretti a mandarla attorno pei monasteri[92]. "Mangiava d'ogni cosa, nelle ceste d'ogni forese metteva il capo; a un fanciullo arebbe tolto una mela di mano, tanto era piacevole. Morì a' dì 2 di gennaio 1489" e tutti la piansero, "perchè era sì bello animale".

Ma, d'un tratto, tutta questa serena giocondità di vita, tutto questo abbagliante splendore d'arte, di poesia, di spensierata gaiezza, si spegne sinistramente. La tempesta rumoreggia lontano, la collera celeste, profetizzata dal fiero domenicano che nel convento di San Marco, fra lo strepito del carnevale, medita solitario, minaccia i rinnovellati trionfi del paganesimo. L'8 di aprile 1492, come di una pubblica calamità, giunse la nuova della morte di Lorenzo de' Medici. "Lo splendore di tutta Italia, non che di Toscana," come scriveva il Dei, era scomparso. La sera appresso, la compagnia de' Mazzi riponeva il corpo nella sagrestia di San Lorenzo, e l'altro dì si fece l'onoranza, "non con molta pompa, come i loro antichi son consueti, ma onestamente e senza drappelloni, con tre regole di frati e una di preti solo; che in vero, non si poteva tanta pompa fare, che maggiore non fosse stata poca a un tanto uomo"[93].
Con così lugubri esequie, nel gelo de' sepolcri laurenziani si chiudevano, con le spoglie del Magnifico, i ricordi di tutta una età che apparve radiante di gloria e di giovinezza. Il mondo della Rinascenza scompariva, e poco dopo, scrive Tribaldo De Rossi, "venne una lettera alla Signoria che certi giovani, iti con caravelle, arrivarono a cert'isole grandissime, che mai più vi si navigò per nazione umana, popolate d'uomini e donne assai, tutti ignudi".
Un nuovo mondo era stato scoperto!

Signore e Signori.
Rotta la terza cerchia delle sue mura, Firenze, fatta italiana, piantò, sotto la folgorata torre di San Miniato, come un segnacolo di libertà

---

[92] Pag. 247.
[93] FRATI L., *La morte di L. de' Medici* in *Arch. Stor. Ital.*, lett. citata del Dei.

il David di Michelangiolo, glorioso mutilato nei tumulti del 527, testimone immortale delle miserie antiche e delle future grandezze. Dalla cima del colle e' guarda Firenze nuova, Firenze aperta da ogni lato, senz'altra difesa di mura, di bastioni o di torri; perchè Firenze, cuore d'Italia, si difende oggi dalle Alpi e dal mare.

La patria, un tempo ristretta nel Comune, nel piccolo Stato, ha abbattuto le vecchie mura e i vecchi confini, e si distende per ogni plaga dove suoni la lingua di Dante. Così la ragione de' popoli e la civiltà, si sono affermate nel diritto e nella carità umana.

Tornare indietro nè si può nè si vuole: la semplice vita de' nostri antichi, con la gioconda serenità che le fu propria, più non ci alletta. Il pensiero moderno, che ci travaglia e tortura coi dubbi tormentosi, con le aspirazioni insoddisfatte, lo redammo da tante sublimi e nobili intelligenze: è una conquista superba cui non possiamo rinunziare.

In esso è la forza che muove la scienza e che solleva i cuori e gli spiriti verso un ideale più alto, l'ideale del perfezionamento umano: il nuovo sole che irradia le vette eccelse della carità e dell'amore.

Firenze, 17 aprile 1892.

LA DONNA FIORENTINA
nel Rinascimento e negli ultimi tempi della libertà
DI
ISIDORO DEL LUNGO

I.

Pel San Giovanni del 1473, al consueto festeggiar cittadino si aggiungeva la solennità del ricevimento fatto, come la Repubblica artigiana soleva e i Medici favorivano, con principesca magnificenza a Eleonora d'Aragona figliuola del Re di Napoli, la quale andava sposa ad Ercole d'Este, duca di Ferrara e di Modena. Entrata in Firenze il 22 giugno, ella trovava nel suo massimo sfoggio la mostra che delle proprie ricchezze avevano apparecchiata le botteghe dei mercatanti; assistè alla processione delle Compagnie co' fanciulli vestiti di bianco in forma di "agnoletti"; vide i "dificii" o macchine fantasmagoriche, che in sulla Piazza della Signoria rappresentavano Storie dell'Antico Testamento e del Nuovo; vide l'offerta che al tempio del Santo Patrono portavano la Signoria e gli altri magistrati del Comune e delle Arti, le Compagnie del Popolo coi gonfaloni, parte Guelfa, e poi i Signori e Comuni sottoposti o raccomandati, recanti palii, ossia drappi, di gran pregio e bellezza e grandi ceri istoriati e fioriti; e con l'olivo in mano l'offerta de' prigioni e de' condannati (quella a cui Dante non si sottomesse); e finalmente, nel pomeriggio del dì 24, i barberi, già prima offerti ancor essi, che correvano il palio di San Giovanni, un palio ricchissimo di broccato d'oro, dal Prato su per la Vigna pel Mercato e pel Corso verso Porta alla Croce, tal quale noi che non siam più giovani possiamo ricordarci d'aver veduto. Ma nessun di noi potrebbe da' ricordi suoi giovanili evocare ciò che nel 1473 fu dato a godere, in quelle feste, a madonna Eleonora: un ballo, là su que' prati donde i barberi pigliavan le mosse, un ballo alla dolce aria profumata de' giardini e delle loggie, in uno de' palagi, quello de' Lenzi, dov'è oggi la Galleria Pisani, che fronteggiavano coteste estreme parti della città verdeggianti lungo le rive dell'Arno. Tacciono di quel ballo i diarii:

sulle cui aride pagine, a ogni modo, voi cerchereste inutilmente, signore gentili, descriversi dal giornalista di quattro secoli fa gli abbigliamenti delle vostre antenate; e sotto quali colori d'abito e con qual dottrina di linee, presentassero esse al desiderio de' loro innamorati quelle bellezze, che all'ammirazione nostra sopravvivono nelle tavole del Botticelli e negli affreschi del Ghirlandaio. Un ballo fiorentino de' tempi del Rinascimento; non dominato e quasi sopraffatto dallo scintillio de' doppieri, ma lumeggiato soavemente dal sole che di là dal Pignone tramonta; nè turbinato fra le vorticose battute orchestrali, ma sposato sulle corde flebilmente amorose del liuto e della viuola alle gentili baldanze ottonarie della Canzonetta che appunto dal Ballo s'intitola; meritava cronista un poeta. Permettetemi ch'io vi traduca dal latino di Angelo Poliziano quel Corriere del mondo elegante d'allora: distici levigatissimi, dove le realtà della vita s'intrecciano con le concezioni dell'arte, il vero col fantastico, il fiorentino, il cristiano, con la classica paganità; circola l'aria che respiravano i letterati nella Firenze del magnifico Lorenzo. "Apollo con la rosea faccia ha menato il giorno che riconduce la festa del selvaggio Batista san Giovanni; quando alla città che fu colonia di Silla ferma le candide vestigia, per riposarsi dal lungo cammino, la figlia del Re, che, lasciata la città delle Sirene, va sposa ad Ercole. Festeggiano a gara il suo arrivo fanciulli, giovani e vecchi, e le matrone e splendide di fresca bellezza le spose: tutta la città si anima, d'ogni dove rumoreggia l'allegria. V'è una strada che i Sillani (i Fiorentini, parafrasati in latino) chiamano Pantagia (Borgognissanti, ribattezzato in greco), dove sorge splendido un tempio dedicato a tutti i Celesti. Colà s'inalza superbo il palagio de' Lenzi: ivi presso ride la verde distesa de' prati, e de' colori primaverili si dipinge fiorito il terreno. Quivi, mentre i corsieri scalpitanti aspettano, in sulle mosse, il canoro segnale della tromba Tirrena, la regal fanciulla si abbandona ai sollazzi delicati della danza; ed ecco atteggiarsi le gentili donne al tempo misurato e all'intreccio de' balli. Innanzi alle altre ninfe risplende Albiera bellissima, e di sua bellezza sparge a sè dintorno il tremulo splendore. Mossi dal vento diffondonsi i capelli sulle candide spalle, i neri occhi raggiano di luce soave: pare, fra le sue compagne, la stella del mattino il cui rossore purpureo vince gli astri minori. Giovani e vecchi ammirano Albiera: sarebbe di ferro chi non si

commovesse a quella verginale bellezza: lietamente, plaudendo, col cenno, con gli sguardi, con la voce, tutti lodano Albiera."
Albiera di Maso degli Albizzi era una giovinetta fra i quindici e i sedici anni, fidanzata a Gismondo della Stufa. S'ammalò, subito dopo quel ballo, e in capo a pochi giorni morì. "Ahi povera Albiera!" sentite ancora il suo poeta: "così giovinetta, rubata ai genitori, allo sposo! Va' ora, e confida nelle umane fortune! Ecco disfatte da morte crudele, o Albiera, le tue bellezze: disfatto il tuo viso di gigli e rose; i tuoi occhi gioiali, dove Amore accendeva le sue fiaccole; i capelli, che o scioglievi abbondanti, e parevi Diana cacciatrice, o raccoglievi in diadema d'oro, ed era l'acconciatura di Citerea: gli Amorini, le carezzevoli Grazie, ti facevano bella, senza che tu il sapessi: ogni virtù ti adornava, modestia e serietà di contegno, senno, pudore, lealtà, gioialità, bel costume, bel tratto, schiettezza: tutto ormai divenuto un pugno di cenere!"
In altre parti della elegia lunghissima è mitologizzata la malattia e la morte d'Albiera. La sua bellezza ha attirato il bieco sguardo di Nemesi, la dea che con misteriosi decreti governa le umane vicende. Ritirasi la giovinetta alle sue case, finito il ballo, in sull'annottare; nell'ora, o Signore, nella quale a voi, pe' balli vostri, cominciano appena le operazioni della toeletta. E coricata ch'ella è, si appressa al suo letto la Febbre, nume orribile, del quale e del suo corteggio vi risparmio la descrizione, e che Nemesi ha sospinto verso quella povera casa. I genitori, i fratelli, lo sposo, pendono per dieci giorni ansiosi dal viso dell'inferma, pallido e trasfigurito. Ella dà gli estremi addii a que' suoi cari e alla vita, che, incominciatale appena, sente sfuggirle; e muore fra il pianto disperato della sua casa. Il lutto e la pietà de' cittadini circondano il corpo inanimato. La morte ha ricomposto il suo volto a pace soave: pare che dorma. La ninfa, vittima della dea Nemesi e della dea Febbre, ha esequie cristiane; e il distico ovidiano di messer Angelo colorisce anche quelle. Ecco il trasporto; ecco con la nera coltre la bara: ella distesavi su, coi capelli recisi, e in capo una umile ghirlanda. Le salmeggiano intorno i preti; le campane suonano a morto: segue, in veste di lutto, la cittadinanza; fra quella, lo sposo, che tutti si mostrano a dito, compassionando. La chiesa di San Pier Maggiore arde di ceri, è profumata d'incensi: si fa l'assoluzione e la benedizione: e le tombe degli Albizzi, in quella stessa chiesa, si aprono a ricevere la giovine fidanzata; forse, come si

soleva, in abito di monacella: il che non dice il Poeta; ma que' capelli tagliati ce ne danno, a mio avviso, argomento più che probabile. La musa latina dell'umanismo fiorentino consacrò, non con la sola elegia e con altri minori epicedii del Poliziano, il nome d'Albiera: elegiaci e ricordanze su quella morte e quei funerali abbondano, in copia anche maggiore che pei funerali della bella Simonetta, morta soli due anni dopo la fanciulla degli Albizzi.

Ma alla Simonetta Cattaneo, genovese, venuta nel 69 sedicenne sposa in Firenze a Marco Vespucci pur sedicenne, e mancata di mal sottile nel 76, l'arte dette anche in altre forme gli onori dell'apoteosi. E mentre delle fattezze verginali di Albiera non ci è rimasta testimonianza (salvo se qualche benemerito investigatore riuscisse a trovare il busto marmoreo nel quale sappiamo dal Poliziano averla fatta rivivere lo sposo), per la Simonetta, invece, si è impacciati a scegliere fra più d'uno il ritratto vero: o vuoi quello che è nella Galleria de' Pitti, attribuito al Botticelli, di una bionda delicata, dal collo assai lungo, dal viso intento e gentilmente pensoso, in acconciatura modesta e casalinga, da riferirsi piuttosto a un mezzo secolo innanzi; o vuoi l'altro, sotto il quale è stato apposto il nome di lei, e che si conserva a Parigi nella galleria del Duca d'Aumale, creduto del Pollaiuolo o di Piero di Cosimo, ed è essa pure una figurina delicata e gentile, ma di gaia e vivace bellezza, nudi il collo (anche di questa assai lungo) e il seno e le spalle, i capelli tirati all'indietro o avvolti in giri artificiosi con grande intrecciamento di perle e pietre, e pendente sul petto un monile intorno al quale si rigira un aspide; o che dobbiamo infine ravvisarla, come altri propone,[94] in una delle figure allegoriche di quella misteriosa Primavera del Botticelli, guidati da certi singolari riscontri che la composizione del fantasioso maestro offre con le *Stanze* del Poliziano, dove è ritratta e designata per nome (pur nell'atto di trasfigurarla in Ninfa delle più autentiche), e poeteggiata, con buona pace del marito Vespucci, come innamoratrice di Giuliano de' Medici, appunto la Simonetta Cattaneo. Or qualunque ella si fosse la giovane sposa, certamente bellissima, che nell'aprile del 76 moriva, basti a noi, pur lasciando d'altri suoi celebratori in latino e questa

---

[94] Vedi più innanzi in questo volume la conferenza di DIEGO MARTELLI, *La pittura del Quattrocento a Firenze.*

volta anche in volgare, che il Poliziano facesse di lei la mitologica eroina delle sue *Stanze*; che per la morte sua scrivesse pure epigrammi funebri, d'alcuno de' quali il magnifico Giuliano de' Medici, il bel "Iulio" delle *Stanze*, proponeva il concetto; e che Lorenzo, a sua volta (il che mostra del tutto ideale e poetico il culto dei due fratelli alle bellezze della Vespucci), tragga, o finga d'aver tratto, dalla morte di lei il motivo a platonizzare poeticamente sull'anima ritornata alle stelle. Lorenzo era a Pisa, e dai Vespucci medesimi riceveva di giorno in giorno le dolorose notizie. Morta, un suo famigliare gli scriveva: "La benedetta anima della Simonetta se ne andò a paradiso, come avrete inteso. Puossi ben dire, che sia stato il secondo Trionfo della Morte: chè veramente, avendola voi vista così morta come la era, non vi saria parsa manco bella e vezzosa che si fosse in vita. *Requiescat in pace*"; e Lorenzo, essendo (così ci racconta) una serena nottata primaverile, e andando con un amico a diporto, e parlando di quella morta, si affisa a un tratto in una stella che mai non gli par d'avere veduta così lucente, e "L'anima di quella gentilissima" esclama "o è trasformata in questa nuova stella, o si è congiunta con essa"; e un'altra volta, pure in cotesta primavera, passeggiando per una delle sue splendide ville, osserva il girasole, anzi Clizia, l'antica innamorata del sole, "la sera restar col viso vòlto verso l'orizzonte occidentale, che è quello che le ha tolto la visione del sole, insino che la mattina il sole la rivolge all'oriente"; e ci vede una immagine del nostro destino quando perdiamo chi si ama, che è di rimanere "col pensiere vòlto all'ultima impressione" della "visione" perduta; ma l'orizzonte nostro occidentale, donde il tramonto non ha ritorno, è la morte.

È, del resto, notabile come in que' tempi che tante erano, e così vigorosamente svolte, e così spesso violente, le energie della vita, la morte circondasse di tanta poesia, sebbene caricata di tanta oziosa mitologia, agli occhi e al cuore di cotesti uomini la idealità femminile: notabile come quei travestimenti di donne viventi in ninfe posticce, pe' quali l'imitazione artistica del vero perdeva miseramente tanto tesoro di realtà, si arrestassero, cotesti travestimenti, o s'impacciassero dinanzi alla santità delle tombe; quando, secondo la figurazione Polizianesca (nelle *Stanze*) della morte della Simonetta, l'amante, o il poeta,

Vedea sua ninfa, in trista nube avvolta,
Dagli occhi crudelmente essergli tolta.

In uno degli epigrammi funebri di messer Angelo per la Simonetta, e proprio in quello a cui dette il concetto Giuliano de' Medici, "tranquilla in sul punto di morte, si volge, la ninfa, a Dio, in lui confidando"; curiosa ninfa, a dir vero, che si raccomanda l'anima: come singolar mortorio, altresì, quello che portava verso la chiesa d'Ognissanti, alla cappella de' Vespucci, la Simonetta, se intanto, strada facendo, Amore, proprio il figliuolo di Venere piovuto non si sa come in quell'accompagnamento, saettava tuttavia, standocene a un altro di cotesti epigrammi, saettava da' chiusi occhi di lei pur col ricordo del loro splendore.

Meglio ispirato il poeta medíceo faceva da un'altra tomba di sposa ventenne (cominciammo da un ballo, o Signore, e ci siam persi fra le tombe; ma il geniale argomento, ancorachè caduto, come vedete nelle mani d'un conversamorti, ci ricondurrà, vi prometto, alle gioie e ai travagli della vita), da un'altra tomba di giovine sposa, minor sorella dell'Albiera, e ancor essa bellissima, Giovanna degli Albizzi moglie a Lorenzo Tornabuoni, morta nel dare alla luce il secondo figliuolo, faceva il Poliziano uscire la voce di lei, così: "Gentilezza di sangue, bellezza, un figliuolo, ricchezze, amor coniugale, ingegno, costume, animo, mi facevan felice: felicità, che la Parca, perfida, a viepiù inacerbirmi la morte, mi addimostrò piuttosto che darmi." Ma buona e pietosa forse possiamo noi oggi dire la Parca; che risparmiò a Giovanna di vedere soli nov'anni appresso, nel 97, ne' tempi del terrore Piagnone, decapitato a ventinove anni il suo Lorenzo come cospiratore medíceo: memorie d'infinita pietà a chi guardi, sulle medaglie coniate in onore di lei, le sue forme gentili, e ne' rovesci simboleggiate le sue virtù, o con le tre Grazie, sottovi scritto Castità, Amore, Bellezza, o con la figura virgiliana della ninfa cacciatrice; a chi nella cappella che fu de' Tornabuoni, in Santa Maria Novella, la riconosce, nei meravigliosi affreschi di Domenico Ghirlandaio, in quella bionda giovanissima gentildonna, che riccamente vestita di broccato d'oro campeggia nella storia della Visitazione; a chi potesse pur di Giovanna rivedere un altro ritratto, della stessa mano del Ghirlandaio, che col nome della madonna Laura petrarchesca da un palagio fiorentino trasmigrò ad altri lidi; o a chi rimpianga certi preziosi affreschi, che in una villa suburbana del pian di Mugnone tornarono, pochi anni or sono, alla luce, solamente per essere divelti e travalicati e (sento dire) sciupati oltr'Alpe.

Quanta gentilezza del Rinascimento fiorentino dovette accogliersi fra le pareti di quella villa, che nei Tornabuoni rimase dal 1469 al 1541, e fu dunque villa di Giovanni Tornabuoni, quando questi e in Firenze e in Roma, quasi ambedue egualmente medicee, era forse il principale agente della fortuna sì mercantile e sì politica della poderosa famiglia; quando ei faceva nel 1490 scoprire quella magnifica sua cappella, e ci faceva scrivere dal Poliziano la data, "anno 1490, nel quale la città bellissima, nobile per ricchezze, vittorie, arti, edificii, godeva di abbondanza, di salute, di pace"; quando nel giugno dell'86 le nozze del suo Lorenzo con la bella Giovanna erano festa non pur domestica ma cittadina. Veniva la sposa a Santa Maria del Fiore, in mezzo a un cortèo di cento fanciulle delle maggiori famiglie, e di quindici giovinetti vestiti d'un'assisa: assistevano al darsi l'anello cavalieri così cittadini come di fuori, e un ambasciatore di Spagna al Pontefice. Un Guicciardini e un Castellani accompagnavano la sposa alle case de' Tornabuoni, presso alle quali la piazza di San Michele Berteldi (oggi piazza San Gaetano) era "messa a palco" per uso di festeggiamento e di ballo: e di là tornati gli sposi alle case degli Albizzi, s'imbandiva suntuosamente la cena, essendo messo il terreno del palagio egualmente a palco pel ballo, che a lume di doppieri si alternava, durante l'intera notte, co' virili giuochi d'una sfarzosa armeggeria. Più riposate dolcezze offriva ai giovani sposi la villa. Qui viene ad essi il Poliziano, tenerissimo del giovane Lorenzo fin quasi a ieri suo valente discepolo; il Poliziano che con affetto quasi paterno si compiace d'ogni suo trionfo, così nelle lettere classiche, specialmente greche (delle quali spera che toccherà presto la cima); come nel poetar volgare, magari anche all'improvviso; come nelle giostre della piazza di Santa Croce: viene l'umanista dottissimo a intertenersi de' cari studi, a leggere que' suoi stupendi poemetti latini le Selve, una delle quali l'*Ambra*, d'argomento omerico insieme e mediceo, è dovuta a te (scrive dedicandogliela) per l'un titolo e l'altro: viene a esaminare e interpretare le antiche medaglie, della cui raccolta in casa Medici il numismatico erudito e diligente è appunto

Lorenzo Tornabuoni: al quale, e al maestro suo, chi dubiterebbe (certi di ciò) d'attribuire, con altre, le medaglie fatte eseguire in onore della sposa diletta? Ma il vecchio Tornabuoni, che guarda con occhio d'immenso affetto que' giovani capi, ahimè destinati sì da presso alla morte, non pago che il Ghirlandaio li ritragga nelle mirabili storie della cappella, in un'altra di quelle meraviglie dell'arte li vuole, sulle mura di quella stessa sua villa, consacrati alla ricordanza de' secoli. "Dipignetemi, o maestro, questa sala a buon fresco; e il Poliziano nostro, qui, darà, come suole, il concetto d'alcuna di quelle esquisite allegorie nelle quali sì fieramente vi compiacete." E il Botticelli, in due storie sulla medesima parete della sala, come sulla medesima parete della cappella in due separate storie il Ghirlandaio, ritraeva i giovani sposi.

Nell'una, il cui fondo è una selva assai folta, che ricorda quello dell'altra allegoria di Sandro polizianesca, la Primavera, Lorenzo Tornabuoni, vestito dell'abito civile fiorentino, con la folta e morbida capigliatura distesa, si avanza, condotto per mano da una donna di modesto e gentil portamento, verso un circolo di altre sette donne, acconciate (come anche l'introduttrice) fantasticamente, e che pe' vari emblemi di che ciascuna d'esse è fornita simboleggiano certamente le sette Arti liberali; delle quali quella che alle altre sovrasta e par che presegga, fa a lui cenno di accoglienza amorevole. Nell'altra storia, Giovanna, cara figura delle più vivamente lumeggiate di verità bella che siano uscite da pennello di quattrocentista, con un viso che dice davvero quelle virtù che leggemmo scritte sul suo sepolcro, atteggiata a semplicità affabile e graziosa, porge con ambe le mani e le braccia protese un pannolino spiegato, nel quale quattro gentili giovinette, che si avvicinano a lei sono per deporre fiori. E anche questa volta, vestita del costume fiorentino del tempo la persona della sposa; ma a fantasia le quattro che probabilmente son figurate per virtù proprie di lei.

II.

In tali imagini il sentimento e l'arte, che da questo s'informa, effigiavano, mentre infieriva l'umanismo mediceo, la donna. Alla quale, nelle realtà della vita e dell'esser suo, sola, io credo, di tali omaggi era accessibile e gustata e compresa quella parte che prendeva consistenza in figure consacrate dalla religione, sotto le vôlte maestose delle chiese d'Arnolfo e di Brunellesco, piovente la luce misteriosa, per le grandi bifore da' vetri colorati in istorie, sugli affreschi e le tavole di Masaccio di Benozzo, de' Lippi e de' Ghirlandai, d'Alessio Baldovinetti e di Piero di Cosimo, sui marmi e sui bronzi di Mino, di Donatello, del Ghiberti, del Verrocchio, del Pollaiuolo. Da quelle figure genuflesse alla preghiera, o nel sonno della morte distese, o atteggiate vive all'azione delle leggende evangeliche, sollevavansi le pie e gagliarde anime femminili a ciò che nel tempo è di qua e di là dal momento che si vive; congiungevansi i ricordi, gli affetti, le glorie umane della famiglia, con le speranze immortali. E questa poesia, sentita nel cuore, sapeva anche trovar forma nella parola, la forma paesana e casalinga della Lauda e della sacra Rappresentazione, per opera di Antonia Pulci e di Lucrezia Tornabuoni ne' Medici. L'Antonia nata dei Tanini, moglie e cognata di poeti, in famiglia che tutti erano cosa de' Medici, potè con madonna Lucrezia madre del magnifico Lorenzo conferire le sue ascetiche ispirazioni nell'atto di fermarle in quello stampo fra drammatico ed epico, pel quale la Rappresentazione ha corrisposto con tanta pienezza all'istinto plastico della fantasia popolare; e madonna Lucrezia, fra un canto e l'altro che Luigi Pulci le recitasse del suo *Morgante*, e altresì fra l'una e l'altra delle provvide cure per le quali casa Medici le dovè tanto, scriveva senza pretensione di letterata le religiose canzonette pe' Laudesi, o riduceva in ottave o in ternari le istorie bibliche, delle quali poi facevan delizia negli ozi fiesolani e di Careggi i suoi nipotini.

Gentili donne non letterate, nello stretto senso, professionale e (con vostra buona grazia, e senza che troppo debba rincrescervene) non femminile, della parola; le quali serbando nette d'erudizione le mani delicate, coglievano dall'arte il fior dell'affetto, e pur conversando coi dotti umanisti e coi barbassori che la caduta di Costantinopoli aveva addotto fra noi, si stavano col popolo nel vestire delle forme, che egli intende e crea, il pensiero e l'affetto; dalla realtà, quale il popolo per linea diritta la vede, cavar fuori e animare il fantasma. Le giovinette istruite nel latino e nel greco, non difficile trovarle nelle case principesche di Lombardia e di Romagna: era una, fra le altre, delle splendidezze cortigiane di quelle regioni. Ma i grandi cittadini della nostra Firenze, anche della oligarchia più elevata, e molto più i Medici che a combattere quell'oligarchia, e sulle ambizioni di lei insediare la propria, usavano artifizi democratici, rimasero (dico gli Albizzi, i Ricci, gli Strozzi, i Rucellai, ed essi i Medici), anche attraverso agli splendori dell'umanismo, principalmente e visibilmente mercanti: e la donna, nelle loro case, fu sempre e soprattutto la donna di grandi mercanti, donna massaia, avvisata, e più che della libreria e del medagliere curatrice dell'azienda domestica, o, se volete anco, della credenza, del celliere (com'allora dicevasi), della colombaia, del pollaio.

Una letterata, anzi letteratissima (che però non ha lasciato libri), ebbe Firenze in quel secolo, ma non da alcune delle grandi famiglie, sibbene nella figliuola d'un Cancelliere della Repubblica, venuto, come tanti altri, dal contado alla città, e qui arricchitosi e fatta fortuna. Ella fu la bella Alessandra di messer Bartolommeo Scala: alla quale due di quei barbassori greci, il Lascari e il Calcondila, furon maestri; un altro, venuto in Italia umanista e soldato, Michele Tarcaniota Marullo, fu suo marito; e spasimato di lei il Poliziano (nonostante tutti i canonicati e priorati e pievanie di cui poco degnamente lo rincalzavano i Medici; e nonostante, altresì, il suo collo torto e l'occhio losco, e il naso sformato e gli anni ormai quasi quaranta), spasimato di lei, e per cagion di lei nemico feroce e con terribili giambi laceratore del marito e del padre. Non vi meraviglierete che una passione amorosa fra persone di questo calibro si sfoghi in greco. Si rappresenta nientemeno che una tragedia di Sofocle, l'*Elettra*: protagonista, Alessandra Scala; cronista teatrale, con tutti addosso gli entusiasmi d'una passione, ahimè, non corrisposta, il povero Poliziano in sei distici di squisita fattura, che vi traduco liberamente: "Una mirabile Elettra, la giovinetta Alessandra: mirabile nel pronunziare, essa italiana, la lingua d'Atene, nella intonazione vera della voce, nel curare l'artificio della scena, nel ritrarre fedelmente il carattere, regolare lo sguardo, il gesto, il movimento; nel conservare al linguaggio della passione il decoro, nel suscitare col volto in lacrime la pietà degli spettatori. Tutti ne fummo percossi; ma oh che invidia sentii io nel cuore, quand'ella, stringendo al seno Oreste, gli dice: - T'ho io fra le braccia? - ed egli: - Oh così tu m'abbia sempre!" Un passo ancora, ossia un altro epigramma greco, e il critico drammatico, l'ammiratore entusiasta, si scuopre amante. "Ho trovata, ho trovata, quella che volevo, che sempre cercavo; l'amor mio sospirato, quella che vedevo ne' sogni: una fanciulla d'integra bellezza, di adornezza non accattata ma naturale; una fanciulla, culta di greco e di latino, eccellente nella danza, eccellente nella musica; de' cui pregi, velati dalla modestia, contendono a gara le Grazie. L'ho trovata; ma a che pro, se appena una volta l'anno posso io, che di lei ardo, vederla?" Ma l'Alessandra era in grado, non solamente di ricevere omaggi in greco, sì anco in greco rispondere, e risponder a così: "Nulla di più bello, che la lode d'un valentuomo; ed oh qual gloria a me dalla lode tua! Quanto ai tuoi sogni, bada, interpretali bene: tu non puoi aver trovato in me quanto dici. È sentenza del divino Omero: - Avvicina un Dio i consimili. - Or troppa è fra te e me la dissomiglianza. Imperocchè tu sei come il Danubio, che da occidente a mezzodì, e poi di nuovo verse oriente, diffonde largo corso di acque. Glorioso filologo, tu discacci le tenebre dai monumenti di più lingue: greca, romana, ebraica, etrusca. Ercole dell'erudizione sei a gara chiamato, per le tue fatiche intorno a testi di astronomia, di fisica, di aritmetica, di poesia, di leggi, di medicina. I miei scritti di fanciulla son cosette leggiere, come i fiori e la rugiada. Io accanto a te, perchè so un poco di lettere! Ma sarebbe com'a dire, secondo il proverbio, la zanzara accanto all'elefante, perchè han la proboscide tutt'e due; la gatta accanto a Minerva, per via degli occhi cerulei." Che ve ne pare? Fu mai con maggior dottrina, o con più squisita crudeltà, rimesso al suo posto un adoratore stagionato? Non credete voi che messer Angelo abbia questa volta dovuto imprecare alle similitudini, alle perifrasi, alle antonomasie, e a tutto il resto dell'arsenale retorico? mandare al diavolo i proverbi greci, e magari anche le sentenze del divino Omero? Persiste tuttavia, come pur troppo avviene, le più volte in simili casi; e persiste, il che è assai meno frequente, in greco: "Tu mi mandi, o Sandra, le pallide violammamole: e io nell'amore di te impallidisco e mi struggo. Fiori e foglie, imagine gentile della tua primavera; ma il dolce frutto io vorrei." Al che Alessandra non risponde; anzi: "Nè vederti, o Alessandra, mi è permesso più, nè ascoltarti: ma almeno, due versi di risposta." E finalmente (del buon gusto poi di questa pensata lascio a Voi, Signore e Signorine, il giudizio): "O giovinetta, gradisci per la tua chioma questo pettine d'osso; così potessi io avere i capelli del tuo bel capo." I capelli d'Alessandra Scala come già quelli dell'Albiera sul feretro che la portava in San Pier Maggiore, furono (questa credo non ve l'aspettereste) recisi più tardi sulle soglie di quello stesso convento, dove, rimasta vedova del suo greco, ella si fece monaca benedettina, e vi morì giovanissima nel 1506.

III.

Se non che l'arte, la poesia, non sono esse la poesia della vita: possono, della vita, adombrare con le loro imagini, e idealizzare, la realtà; ma quelle imagini dalla realtà si distaccano, hanno propria esistenza, alla quale la realtà rimane estranea od anco può contraddire. Beatrice è donna; addiviene angelo, simbolo, ente: Laura è moglie e madre; la poesia la restituisce, libera, alle idealità dell'amore. Le idealità del Trecento, paesane e cristiane, e umane almen tanta parte quanta è umano lo spirito, il Rinascimento le aveva, sin dove potè, sopraffatte con l'umanesimo della materia, con la sua mitologia, co' suoi ninfali, co' suoi baccanali, incominciando a svolgere dal dischiuso gomitolo dell'antichità classica quel filo che, sottile ma tenace, si continuò poi per tutta la poesia italiana non pure sino alle *Grazie* d'Ugo Foscolo, che al rito delle sue Dee consacrava sacerdotessa anche una gentildonna fiorentina, ma sino sull'*Urania* del Manzoni che precede gl'*Inni sacri* e i *Promessi Sposi*. Nella poesia del Quattrocento, dal Boccaccio al Poliziano e a Lorenzo, le ninfe Simonetta e Ambra non sono che due figure spiccate dall'idillio fiesolano, nel quale messer Giovanni ha classicizzato e paganeggiato, con gli amori d'Affrico e di Mensola, le origini di Firenze. Da Poggio a Caiano per Careggi e Montughi fino a Settignano e Maiano, lungo tutto questo nostro sub-appennino gentile, le Driadi e le Amadriadi, le Naiadi e le Napee, con tutta quanta la fauna del loro corteo mascolino, danzano allegramente alla luce misteriosa dei plenilunii, che pur si diffonde sulla Badia medicea di Brunellesco, e da' finestroni della vecchia cattedrale di Fiesole investe le animate sculture di Mino, lumeggia della cristiana aureola la Vergine e i Santi di frate Giovanni Angelico. Muore in una sua villa, forse a Quarto, una giovine gentildonna, che a prezzo della propria salva la vita al suo bimbo pericolante nel crollare d'una tettoia del contadino. E la cronaca cittadina, compilata sulla cetra dei latinisti, esalta questa devozione di madre alla sua creatura, sapete come? con inveire contro gli Dei Lari che non hanno sorretta quella tettoia, contro le divinità campestri le quali hanno attratta in villa la bella Alba (un'altra Albiera), che Venere avrebbe dovuto proteggere: e tutto questo, pur descrivendo, e non senza efficacia, lo strazio del marito, che, lontano da Firenze, torna quando la sua povera moglie è ormai sotterra, e vuole a forza alzare la pietra di quella sepoltura, e che le care contraffatte sembianze siano restituite una suprema volta al suo disperato dolore. La famosa brigata delle gentili donne fiorentine, che fuggendo i dolori e i pericoli della pestilenza del 1348 è dal gran novelliere immaginata ritrarsi in una di quelle vallette, ci perde i nomi con che sono state battezzate in San Giovanni, per divenire Pampinee o Neifili, e le loro fantesche Misia Licisca Stratilia, e Sisisco il cuoco, e Panfilo Filostrato Dioneo la fauna de' loro amatori: con tanta verità, quanta ne è in cotesto calunniare la donna, sia di quello sia di qualunque altro secolo, apponendole che dove si soffre e si muore ella se ne vada in campagna, invece di rimanere ferma e fedele al suo posto. Tanta verità in ciò (Voi non mel concedereste se lo affermassi, o donne gentili), quanta nella bizzarria germogliata, non si sa come, in testa al buon Franco Sacchetti, d'una *Battaglia delle belle donne di Firenze con le vecchie*, le giovani schierate sotto il gonfalone di Venere, le vecchie sotto quello dell'infernale Proserpina; il tutto in quattro cantàri d'ottave mal connesse, con volgare strazio d'ogni nobile affetto e un pocolino anche del buon senso, che informa invece così finamente le novelle di quel medesimo Franco. Tanta verità in ciò, quanta (per tacer d'altre siffatte volgarità) nella fantasia, incarnatasi bensì in una delle più belle prose di nostra lingua, *Le bellezze delle donne*; le quali bellezze don Agnolo Firenzuola immagina, in un'altra brigata boccaccevole, siano da quel suo Celso, che è poi lui stesso senza la cherica, analizzate pezzo per pezzo, più o meno velati, sulla persona di quelle sue (al solito sbattezzate) monna Lampiada, monna Amorrorisca, e Verdespina, e Selvaggia, ascoltatici e interlocutrici: anatomia estetica, possibile forse ad eseguirsi laggiù nella Magna Grecia in servigio di Zeusi quando dipingeva la sua Elena, ma non già in Prato, nell'orto della badia di Grignano, l'anno di grazia millecinquecento tanti, in una veglia, quale quella vuole pur essere, di donne non dimentiche di sè medesime.

IV.

Non era quella, nè poteva essere, la poesia della vita fiorentina fra il XIV e il XVI secolo. Fantasticata sui libri, e in libri foggiata, essa non attinge nè attiene alla vita vera di quell'età; nè vera è la donna che su quel mitico fondo, tutto romano e greco, nulla medievale, campeggia. Meglio dalle descrizioni, o siano poetiche o meglio se in prosa schietta fiorentina, de' conviti nuziali, delle armeggerie, delle giostre, viva ci sorride, e onestamente baldanzosa, e di quelle cavalleresche e cortigiane onoranze seco medesima sodisfatta e superba, la donna. Non mancano anche in cotesti suntuosi apparati lo iddio Amore, gli Amorini (convertiti bensì, il che ha un po' del trovadorico, in spiritelli), le Ninfe; sibbene come ornamento esteriore, fregio posticcio, parvenza fugace; non come espressione mitologica d'un sentimento, o quasi (direi co' filosofi) espressione essoterica d'una dottrina. Ma la figurazione dominante e caratteristica è dalla cavalleria medievale, e s'atteggia e si drappeggia nelle persone e nelle foggie di castellani e di principi, d'uomini d'arme, di donzelli, d'araldi e di paggi, di dame crudeli e di servi d'amore, con seco le grandi o gentili memorie delle crociate, de' passaggi imperiali, della santa gesta de' Paladini: "le donne (ha cantato Dante), le donne, i cavalier, gli affanni e gli agi, che ne invogliava amore e cortesia".

Siamo in piazza Santa Croce il 7 febbraio del 1468; e si fa la giostra della quale Lorenzo de' Medici scriverà ne' suoi *Ricordi*: "Per eseguire e far come gli altri, giostrai in sulla piazza di Santa Croce"; e ne noterà la spesa in fiorini diecimila di suggello: "e benchè e di colpi non fussi molto strenuo, mi fu giudicato il primo onore, cioè un elmetto fornito d'ariento, con un "Marte per cimiero." Entrano in campo i giostratori: Medici, Pitti, Pucci, Vespucci, Benci, Pazzi, e altri molti; qual più qual meno riccamente forniti: con magnificenza più che regale, Lorenzo alla divisa de' gigli d'oro di Francia e in sua compagnia il fratello Giuliano, coperti d'oro, d'argento, di perle, di pietre d'ogni sorta preziose: ciascun cavaliere accompagnato da trombetti e paggi e uomini d'arme, e giovani gentiluomini a cavallo tutti vestiti sfarzosamente alla divisa di quello; brigate per ciascuno di poco meno che un centinaio di persone; e ciascun cavaliere col suo stendardo, nel quale fra emblemi e segni diversi, e per lo più tra verde di prati e fiori di verzieri, la dama del cuore. Questa, leggermente velata di bianco, con ghirlanda di quercia in mano, e a' piedi legato con catene d'oro un leopardo; quella, in abito di ninfa, che riceve nel grembo le foglie d'un faggio battuto dalla tempesta, e le dà mangiare ad un daino; quell'altra, vestita di bianco e di verde, che le saette d'Amore infocate spenge nel fonte che scorre a' suoi piedi; un'altra, vestita di paonazzo, che quelle stesse saette fa in pezzi e ne semina il prato; ma la dama di Lorenzo, irraggiata dal sole traverso ai colori dell'iride, vestita di drappo alessandrino ricamato a fiori d'oro e d'ariento, coglie d'un ramo di lauro rinverdito sull'arido tronco, e ne fa ghirlanda, e ne sparge foglie all'intorno; il suo motto, in lettere di perle grosse da gioiellare, *le tems revient*. E molto lontano da Firenze, in Roma, nell'austerità baronale del palagio degli Orsini, pensava a lui in quel giorno una giovane donna, che non era nè forse le rincresceva di non essere la dama del suo stendardo, perchè si apparecchiava ad essere la madre dei suoi figliuoli. "Lorenzo è molto occupato in questa giostra, chè già da tempo non ò avuto sue lettere"; ha detto ella, la Clarice, un mese innanzi, a uno de' Tornabuoni venuto a recarle le nuove di lui; ed ora, appena corrono a farle sapere "come Lorenzo à fatto la giostra, e n'è uscito sano e con grandissimo onore", e che "s'è aoperato tanto degnamente quanto sia possibile di dire", e che "giammai fu paladino facessi quello à fatto Sua Magnificenza", risponde soavemente, "Ora s'è fatto la giostra, non avrà più scusa da recare, che non venga a Roma questa quaresima". E in occasione della quaresima, la madre le ha fatto "levare panno pagonazo di Londra per una gonna a la romanesca", che crede quel fidato Francesco Tornabuoni "non istarà punto male"; e così si propongono, madre e figliuola, di "andare vicitando tutti questi perdoni, pregando Iddio per Lorenzo"; ma la madre insiste ch'e' venga, perchè "vuole che voi vegiate la vostra mercanzia, avanti l'abbiate a casa; la quale ogni giorno migliora": della qual locuzione figurata non so se proprio si abbellisse il parlare della nobilissima matrona, o s'ella fiorisse spontanea nella lettera del mercante cliente al mercante magnifico.

Un anno e quattro mesi dipoi, il 4 giugno del 69, le nozze di Lorenzo e di Clarice si celebravano in Firenze con grande solennità, la quale incominciava con due interi giorni di offerte a casa Medici dal contado e dalle città di Toscana; offerte la cui consistenza sommò, per citar qualche cifra a un centocinquanta vitelle, paia di capponi paperi e pollastri più di duemila, vini nostrali e forestieri a botti, e simili altre gentilezze, che Lorenzo partecipava largamente alla cittadinanza, anche prima d'imbandire, dalla domenica al martedì, ben cinque conviti, che empivano le loggie e i giardini del palagio di via Larga, con le mense distribuite fra giovani donne in compagnia della sposa ("cinquanta giovani da danzare" dice l'informazione), e le donne di più età con madonna Lucrezia; e così in tavole separate i "giovani che danzavano", e gli uomini di più età. Dalla domenica mattina, quando la sposa, partitasi dalla casa degli Alessandri "a cavallo, in sul caval grosso che donò a Lorenzo il re di Napoli" entrava fra nobilissimo corteo nella casa maritale, mentre festeggiato di musica lieta si tirava su alla finestra il simbolico ulivo; sino alla mattina del martedì, quando "andò a udire messa a San Lorenzo", con in mano uno de' mille doni nuziali, "uno libriccino di Nostra Donna, maraviglioso, scritto a lettere d'oro in carta d'azzurro oltramarino, coverto di cristallo e d'ariento lavorato"; Clarice Orsini, trasportata, avvolta, sollevata in quel profumo di gioventù, di bellezza, di grazia, di forza; ricevuta nelle sale che Cosimo, Piero e Lorenzo avevano impreziosite dei tesori dell'antica arte e della risorta; circondata, sovraccarica, dagli splendori d'una ricchezza che, anche non ostentata anzi voluta dissimulare, tuttavia impacciava quasi sè medesima; regina degli omaggi che il fiore delle intelligenze di tutto il mondo tributava a questa famiglia, la cui potenza era soprattutto l'ingegno; potè ben comprendere ch'ella era venuta sposa al primo cittadino, non che di Firenze, d'Italia.

E lasciamo stare se a quella gaiezza un po' sbrigliata della città popolana, allo scetticismo elegante di quei letterati già bell'e cortigiani, a quelle transazioni fra il cittadino e il cliente che corrompevano intorno al patrono tanto vecchio sangue repubblicano, se a questo e ad altro che poi dovette offendere la sua romana alterezza e i suoi sentimenti di moglie e di madre, ella ripugnò sin da principio, e ne contrasse quel malinconico cruccio che avvolse tutta la sua virtuosa esistenza domestica; lasciam pure che invece del Poliziano, il quale ella giunse perfino a cacciare di casa, preferisse di vedersi intorno ser Matteo Franco, buona pasta di cappellano e di sonettiere faceto, nelle cui fiorentinissime lettere madonna Clarice, circondata da' suoi figlioletti, è viva e parlante figura; ma non saprei tuttavia credere, che giovinetta sposa, ella non abbia dovuto gustare, di quella popolana gaiezza, di quella eleganza addottrinata, di quei cortigiani ritrovi, quanto parlava così vivacemente ai sensi e alla fantasia, in feste, per esempio, simili a questa, che pochi anni avanti, nel 64, aveva empito del suo fragore gioioso un'intera notte del carneval fiorentino.

"Notizia d'una festa fatta la notte di carnasciale, per una dama la quale fu figliuola di Lorenzo di messer Palla degli Istrozi. La detta festa fu fatta da Bartolomeo Benci, come innamorato della detta dama." Ve la riassumo, il più che potrò con le parole stesse della *Notizia* contemporanea, che sono una pittura. Bartolomeo Benci ha ordinato, con altri otto giovani di principali famiglie, un'armeggeria notturna, l'ultima notte di carnevale, in onoranza, prima alla dama sua, poi, come sentirete, a ciascheduna delle otto respettive dame de' suoi compagni. Ciascuno di essi otto è a cavallo, ricchissimamente forniti; ciascuno ha trenta giovani intorno a sè, vestiti alla propria divisa, con torchi in mano, e altri otto intorno alla briglia. Il Benci poi, col bastone di "Signore e Capitano della Compagnia," è "in su 'n uno cavallo che la natura nollo potre' fare più bello; con fornimento e sella e briglia tutto di chermisi, ricamato di molte argenterie tanto riccamente quanto fare si potè: e lui in su detto cavallo, con uno giubone di perle ricamato e gioie, con due alle alle spalle, d'oro e più altri colori. E intorno al detto Signore era quindici gentili giovani a piè; tutti con gonnellini di raso chermisi foderati d'ermellini, con calze pagonaze: a' quali esso Signore donò a ciascuno. E oltre a questo, avea intorno detto Signore centocinquanta giovani, tutti vestiti a una sua divisa, cioè gonnellini e calze verdi, con falconi nel petto e di dietro, d'ariento, che gittavano penne per tutto el gonnellino: e' quali centocinquanta giovani ciascuno aveva un torchio acceso in mano". Portatori e pifferi circondano il Trionfo d'Amore, che è alla testa: un Trionfo "alto braccia venti, composto in modo che, guardandolo, si rimaneva abagliato: co' molti ispiritegli d'amore con archi in mano; e in alcune parti l'arme de' Benci, e in altri luoghi la divisa del padre di detta dama; co' molte campanellette a sonagli d'ariento, e varie cose. Era composto detto Trionfo d'alloro, mòrtina, arcipresso, abeto e scope, cose tutte verdi e calde, apropriate all'amore. E, per abreviare, in sulla cima di detto Trionfo era un cuore sanguinente, aceso in fiamme di fuoco, che del continovo ardevano; con certi razi" che a suo tempo dovevano esser lanciati. Muove la brigata (tutto ben computato, oltre cinquecento persone) dalla Piazza de' Peruzzi, dopo una lauta cena in casa di Bartolomeo, e va alle case degli Strozzi da Santa Trinita: due Benci e due Strozzi regolano a cavallo l'andata. La Signoria ha fatto bandire, che nessuno quella notte giri a cavallo per la città, fuor di cotesta armeggeria; e che in essa o a cagion d'essa, "se per disgrazia alcuno fusse morto, chi l'ammazza sia sanza pena e sanza bando": il che è detto "un obviare a' casi cattivi che potrebbero nascere". E così, "giunti a casa della dama, fecioni la mostra. E apresso, ciascuno corse ritto in sulla sella, secondo uso d'armeggeria, con un dardo in mano, dorato. E dipoi ancora, ciascuno corse con una lancia busa, dorata, e ruppono a piè della finestra dov'era detta dama. La quale si mostrava in mezo di quattro torchi acesi, con tanta graziosa onestà che una Lucrezia basterebbe. E fatto questo, el Trionfo era fermo sulla piaza, dirimpetto alla finestra dov'era detta dama: e al Signore fu ispiccate l'alie e gittate in sul Trionfo; e in quel punto, era ordinato che a detto Trionfo s'apiccassi el fuoco: e così arse, con tante grida e suoni che insino alle stelle andava el romore. E i razi che v'erano su erano artificiati in modo, che pareva che quegli ispiritegli d'amore, ch'erano in su detto Trionfo, co' l'arco che gli avevano in mano, gli saettassono. E così accesi per l'aria volavano appresso alla dama: alcuno n'andava in casa della detta dama, che si istima glien'entrassi alcuno nel cuore, per compassione del detto amante. E fatto questo, el detto Signore Amante, partendosi con tutta la compagnia, per non volgere le spalle a detta dama, fece che sempre el cavallo andava indietro, tanto che più nulla potè vedere. E partiti di quivi, andarono a rompere le lancie e armeggiare a casa le Dame di ciascuno de' suoi Compagni, cioè degli otto nominati. Dipoi tornarono tutti dalla Dama del Signore, e feciolle una mattinata co' molti suoni e gra' magnificenza: e questo si dice mattinata, perch'era presso a dì. E dipoi si partirono, e accompagnarono el Signore, cioè Bartolomeo Benci, a casa, nel modo e forma come s'erano partiti nel prencipio. E 'l detto Signore aveva ordinato molte confezioni, e e fece tutti convitare co' gra' magnificenza". A chi poi rimanesse la curiosità (mi sia permesso, gentili ascoltatrici, supporla), se a que' nove armeggiamenti sotto le finestre delle nove case abitate dalle nove dame, corrisposero a suo tempo nove bei matrimoni, rispondo: che quanto ad alcuna delle amorose coppie, no certo, per la ragione molto stringente che il cavaliere aveva moglie, il che fa altresì lecito ammettere che anche qualcheduna delle rispettive dame avesse, per ultimo respettivo, marito: quanto a qualche altra coppia, potrebb'anch'essere; ma a chiarirlo, bisognerebbe, come de' cavalieri, avere i nomi delle otto dame; e questi la *Notizia*, che vi ho riassunta, non ce li dà; quanto poi alla coppia che più forse vi preme, mi rincresce dovervi notificare, che la Marietta Strozzi, nonostante tutta quella bersagliatura di razzi amorosi fra la quale le finì il carnevale del 1464, sette anni dopo andava sposa (e già aveva seguita fuor di Firenze la madre) ad un Calcagnini di Ferrara; e l'anno appresso, nel 72, l'aligero, e poi spennacchiato, capitano Bartolomeo Benci sposava la Lisabetta Tornabuoni, una sorella di quel confidente a Roma tra la Clarice Orsini e Lorenzo de' Medici.

Molte dolci memorie, del resto, dovè lasciare la bella Marietta Strozzi nella città nostra, lontano dalla quale il padre suo esule (come per lungo tempo, dopo il trionfo de' Medici, furono, di generazione in generazione, gli Strozzi) era morto di ferro, e per l'esilio di lui aveva dovuto pure starsene fuori la madre, virtuosissima e austera donna, Alessandra de' Bardi: e in questa quasi orfanezza la fanciulla si trovò forse più libera che alla condizione sua non convenisse: almeno in quell'inverno del '64, nel quale, poche sere avanti l'armeggeria, sentite quest'altra sua avventura carnevalesca, e che cosa era possibile a farsi, senza scandalo, da una giovinetta fiorentina in que' tempi. Vi traduco (liberamente anche questa volta) da una lettera, elegantemente latina, di amichevoli confidenze giovanili tra Filippo Corsini e Lorenzo de' Medici: ".... E mentre ti scrivo, la neve cuopre quasi tutta la città: tedio per molti e cagion di starsene; ma per altri cagione di darsi moto e piacere. Sappi infatti che Lottieri Neroni, Priore Pandolfini e Bartolommeo Benci (daccapo il nostro allegro Capitano). Cogliamo il destro, hanno detto, di usare qualche bel tratto. E subito, a due ore circa di notte, si son presentati alla casa della Marietta Strozzi, seguiti da una gran moltitudine accorsa da ogni dove, per fare a gettarsi la neve con lei. Gliene han data la sua porzione, e hanno incominciato. Immortali Dei, che spettacolo! e come descrivertelo, Lorenzo mio, con questa debole prosa? Gran pompa d'innumerevoli fiaccole; squillar di trombe, dolcezza di flauti; pubblico appassionato e plaudente. E che trionfo, quando alcuno degli assalitori riusciva a sparger di neve il viso, come neve candido, della fanciulla! Ma che dico sparger di neve? un vero e proprio trarre al bersaglio era quello, e di tiratori valentissimi! La Marietta poi, così leggiadra e destra in quel giuoco, bella come tutti sanno, ne uscì con immenso onore. Ma i gentili giovani non si partirono da lei, che prima non le donassero molto nobilmente per loro ricordo. E così, con grande contentezza di tutti, il piacevole giuoco ebbe fine". Un epigramma del Poliziano (l'ultimo che vi citerò da quel florilegio aneddotico del Quattrocento fiorentino che sono, più assai che le volgari, le sue Poesie greche e latine) dice così: "Neve sei, o fanciulla, e giuochi con la neve. Giuoca: ma deh, prima che la nevi s'imbratti, fa' che si sgeli". L'erudito, che oggi legge queste complimento amoroso, ricorda i molti altri, d'antichi e d'umanisti, che sul medesimo argomento si contengono nell'*Antologia latina*, e l'ha per un'imitazione a freddo (è proprio il caso di dir così) dall'antichità classica. L'aneddoto che vi ho narrato mostra invece, che questa almeno fra le tante imitazioni umanistiche aveva riscontro nel vero attuale; ossia, che quel bizzarro costume era spontaneamente rifiorito, come anche altre parti della vita antica, nell'allegra democrazia del Rinascimento: finchè la inamidata prammatica delle Corti, la Riforma protestante correggitrice e il conseguente reattivo disciplinamento della morale cattolica, più tardi infine la filosofia civile e la rivoluzione bandita e guerreggiata in nome di principii universali, non ebber mutata la faccia del mondo.

Ma finchè quelle gazzarre, quelle feste davvero popolari, que' fantastici apparati, que' simboli abbaglianti, ebber vita, nè corteo di spose, nè armeggiamento per dame, nè giostra di amorosi cavalieri, ebbe mai tanta cittadina solennità, quanto uno sposalizio, ben diverso da tutti gli altri dall'ora e di poi: lo sposalizio dell'abbadessa di San Pier Maggiore; sposalizio che si ripetè tante volte (salve eccezioni) quanti Vescovi ebbe per secoli parecchi la Firenze e del Medioevo e del Rinascimento ed anche del Principato Mediceo, poichè lo sposo della badessa era (*honni soit qui mal y pense*) messere lo Vescovo.

Quella chiesa e monastero di San Pier Maggiore, che furono delle maggiori antichità sacre di Firenze, se, come pare, nella lor forma primitiva risalivano al secolo quarto; che detter nome a una porta e a un sestiere della città, abitato e maledetto da Dante, non sono più. Si restauravano nel secolo XI, e si afforzavano con addossarli alle mura del secondo cerchio: si abbelliva la chiesa, a mezzo il secolo XIV: si sconciava, come tante altre, mediante le cappelle patrizie a marmi e stucchi di tutti i colori, nei secoli del barocco. E tutto oggi è sparito. E il tempo, che "traveste l'uomo e le sue tombe", a mala pena ha rispettato nell'Arco di San Piero (salvo i possibili attentati onomastici dei moderni edili) il nome del titolare. Quali rovine, quali ossa, calpestiamo noi, passando da quell'arco! Delle nostre conoscenze d'oggi, le due belle Albizzi si sono fatte polvere colaggiù sotto: e si addormentò in pace con esse la monacella grecista, la quale, se morendo ancor ella giovine, non ebbe tempo di maturarsi, arcigna e rugosa superiora, per quelle nozze episcopali, potè bensì esercitare la sua mondana erudizione, ahimè non più sulle immortali pagine d'Omero e di Sofocle, ma sul grosso notarile latino degli autentici privilegi di coteste mistiche nozze, che risalivano (dicono que' notari) "a tanto tempo quanto è di là da memoria d'uomini". L'ingresso del novello sposo della Chiesa fiorentina si faceva ritualmente dalla porta di San Pier Gattolini, oggi Romana: due famiglie, di grandi e tradizionali attinenze (da Dante proverbiate) con la mensa vescovile, avevano, i Tosinghi e i Visdomini, il privilegio di riceverlo e accompagnarlo sino al monastero, dove, simbolo della Chiesa fiorentina lo attendeva la badessa. Si celebravano nella chiesa le nozze, inanellando il Vescovo la sposa con un ricchissimo anello, e questa offrendogli in dono un letto suntuosamente montato nella camera stessa di lei, che per quel giorno, durante intere ventiquattr'ore, uscendone lei, diveniva la camera del Vescovo novello, sin che, la mattina appresso, i soliti Visdomini e Tosinghi gli venivano incontro col clero, e lo conducevano in Domo e lo insediavano. Tutta Firenze accorreva a quelle nozze. Oltre le due ricordate famiglie, altre ancora, e delle principalissime, Albizzi, Pazzi, Strozzi, rivestite di privilegi e diritti di questa o quella parte del cerimoniale, avevano quasi a ogni Sposalizio occasione di contestazioni, di proteste e di gare. Alla badessa rimaneva il cavallo col quale era venuto il Vescovo: agli Strozzi, con gran trionfo di tutto il parentado, la sella. La Chiesa fiorentina aveva avuto il suo pontefice, e la città una festa di più; nella quale era toccata la sua parte, e che parte essenziale!, alla donna.

V.

Ma traverso a tutte quelle ideali trasformazioni che l'arte le apponeva, e a questa vissuta poesia di festeggiamenti e di pompe, quale fu poi nel segreto della vita reale, fra le pareti domestiche, figliuola e sorella, moglie e madre, quale, nella Firenze di quell'età, fu la donna? Scoperchiare i tetti delle case, e sorprendere senz'essere introdotti la gente che attende tranquillamente a' fatti suoi, e peggio poi le signore, si è creduto, fino a pochi anni fa, un privilegio di quel personaggio che sapete, *le Diable boiteux*, sollevato da Renato Le Sage alla cattedra d'uno de' più grandi e maligni professori di filosofia morale che il mondo abbia avuto. Fino a pochi anni fa, quando a me, sfogliando con paziente amore le carte dei Medici avanti il Principato, occorse di scoprire un'anticipazione del Diavolo Zoppo di Le Sage nella persona d'un cortigiano de' più cari a Lorenzo e a' figliuoli suoi, e che con uno di questi, divenuto papa Leone X, finì cardinale di Santa Chiesa: l'autore della *Calandra*, il Bibbiena; che in un Prologo a cotesta sua famosa commedia, rimasto inedito anzi fra le cancellature del primo getto, immagina di fare un giro da camera a camera femminili, invisibile per forza d'incanto, e mette al nudo una serie di scenette bizzarre che accadono in questa o in quella, sul punto del recarsi le donne a una veglia che si fa quella sera in Firenze. Rassicuratevi: io non voglio entrar terzo fra il giulivo Cardinale e il diavolo; se già non vi pare che sia ormai posto preso da messer Guido Biagi, quando l'altro giorno v'introdusse con sì garbata erudizione, e così intimamente, nelle segrete cose della vita privata de' nostri vecchi[95].

E qui cade un'avvertenza e una dichiarazione. Quel tanto che la novella e la commedia fiorentina del Quattrocento e (molto più largamente) del Cinquecento potrebber dare al ritratto della donna, io credo contenga troppa meschianza o di classico, o di boccaccevole, o di idealmente satirico: nè ebbe quell'età, come nel Sacchetti ebbero il Due e il Trecento da Giano ai Ciompi, un novelliere storico. Io non so in verità, quanto a buon dritto si possano accettare anche solo come tipi della famiglia in un dato momento della storia di Firenze i personaggi della *Mandragora*; ma è poi certissimo che la buona Marietta Corsini moglie di Niccolò

---

[95] Vedi la conferenza di GUIDO BIAGI, *La vita privata dei Fiorentini*.

Machiavelli nulla ebbe, povera donna, di simile con quella alla quale egli, nel suo *Belfagor*, fa sposare il diavolo, e poi ridurlo a tale disperazione, ch'e' se ne torna a rotta di collo all'inferno.

E una leggenda di amor coniugale e materno, delle più poetiche e commoventi, parrebbe, se non fosse dramma pur troppo vero e dramma sanguinoso, il fatto di Annalena, che lo stesso grande istorico consacrò alla memoria de' posteri con parole di somma reverenza. Giunge un messo alle case di Annalena Malatesta, oltrarno, là dove il popolo memore dice ancora "da Annalena", e le annunzia "Madonna, il marito vostro messer Baldaccio, l'hanno morto a ghiado nel Palagio de' Signori, e precipitato dalla finestra, e mozzagli la testa come a traditore e malfattore". Ed ella, che al venturiero d'Anghiari, valoroso e brutale come condottiero ch'egli è, ha dato, sposa poco più che dodicenne, il cuore e la fede, e piegata sul suo petto di ferro l'alterezza gentilizia del sangue che le scende nelle vene da Paolo Malatesta, il cognato a cui la poesia di Dante fa eterni l'amore e la pena, il bacio colpevole e l'amplesso infernale; essa, l'Annalena, che da quel Baldaccio è già madre d'un bambinello, corre, povera donna, a' Signori, al magistrato crudele che l'ha vedovata, e per quella creatura innocente riesce a salvare, col pianto, da confisca i suoi beni. Poi quel figliuolo, il suo Guidantonio, nel quale tutta la vita della madre fanciulla si era raccolta, le muore; ed ella, ancor giovanissima, si trova sola, e già vissuta, nel mondo. E allora Annalena, fatta donna dal dolore, di quella sua casa in lutto fa chiostro, in quelle mura chiude per sempre e consacra il breve romanzo della sua giovinezza, le sue nozze e la sua maternità, le amorose imagini e le micidiali, i ricordi d'una culla e di due bare; nelle stanze stesse dove fu madre, ritorna vergine a Dio, e madre di vergini invecchia soavemente. Affettuosa madre, e compassionevole agli splendori e alle lusinghe del mondo; se uno degli umanisti celebratori di Albiera, proprio a lei, ad Annalena ormai quasi cinquantenne, rivolgeva una di quelle elegie latine, e le chiedeva la preghiera sua e delle sue monacelle per la morta degli Albizzi, "per la giovinetta", le dice "che tu hai amato come una tenera madre ama l'unico suo": parole non so dire se pietose o crudeli, che il latinista forse scandiva senza pensarci su, ma che dal cuore della vecchia monaca avran fatte risalire agli occhi le lacrime della giovine madre. Il monastero d'Annalena, la quale morendo a sessantaquattr'anni lo raccomandava a Lorenzo de' Medici, fu sin da' suoi principii tutto cosa della potente famiglia: e nelle stanze abitate già dalla fondatrice, dalla vedova del condottiero, ebbe asilo e salvezza, ne' tempi grossi pel nome medíceo, un fanciullo che doveva essere il principe di quelli armigeri, Giovanni delle Bande Nere.

Ma se cerchiamo la donna, a cui la sventura non invidia nè rapisce la famiglia, la donna che della famiglia è ornamento e conforto, esempio e ispirazione, forza e provvidenza, la donna di casa, la moglie e la madre; alla storia di lei danno tipi ideali, però in necessaria relazione con la realtà, come pel medioevo più alto i libri di "reggimento o costume o castigamento" femminili, così per questo secolo XV i trattati di *Governo della famiglia*: o con intendimento piuttosto civile e secolare, quale è nel libro che si abbellisce de' nomi di Agnolo Pandolfini e di Leon Battista Alberti, e in quella parte che è didattica delle care pagine di Vespasiano cartolaio; o con prevalenza del sentimento religioso, siccome nella *Cura familiare* del beato Giovanni Dominici, diretta a una valente gentildonna Bartolommea degli Alberti. Quel tipo ideale, o, diciam meglio, tradizionale e derivato dalle memorie delle "buone e care", delle "care compiute et oneste" donne, che tanta fragranza di gentili virtù spargono nelle *Cronache domestiche* del Trecento, Vespasiano lo effigiò, e anche con un po' di retorica a suo modo lo colorì tra le figure illustri dell'età sua, in Alessandra de' Bardi, la moglie di Lorenzo di messer Palla Strozzi, e madre della vispa Marietta. L'Alessandra è ritratta da Vespasiano "bellissima e venustissima del corpo quanto gnuna n'avesse la città di Firenze"; vantaggiata di statura tanto, da fare a meno delle "pianelle", supplemento prezioso, pare, per altre fanciulle men favorite di proporzioni: educata dalla madre sua "con ogni diligenzia" (maggiore, forse è da credere, che l'esilio del marito e le altre vicende della famiglia non consentissero poi a lei nell'educazione di quella sua figliuola): dall'"amare e temere Iddio indótta a uno moralissimo vivere": avvezza a "mai perdere tempo che ella non fosse occupata", a "mai colle serve di casa non parlare, se non in presenza della madre"; e "la prima a levarsi la mattina in casa esser lei": ammaestrata in "tutte le cose s'appartengono sapere a una donna, ch'abbia aver cura di famiglia; e massime a lavorare d'ogni cosa, e di seta e d'altro, come s'appartiene alle donne", e "imparare tutto quello che, bisognando, potesse viverne", e a "saper fare ogni cosa e sapere insegnare", dal leggere sino a "ogni minima cosa" attinente alle faccende domestiche. "Rarissime volte era mai veduta all'uscio o a finestra", (ah Marietta!) "sì perchè non se ne dilettava, e perchè occupava il tempo in cose laudabili. Menavala la madre il più dei dì la mattina a una grandissima ora, a udire la messa, tutte col capo coperto, e col viso ch'appena si vedevano". Ma questa stessa, che comincia forse quasi a parervi una monachina di casa, fatta poi sposa, e venendo a Firenze un'ambasciata imperiale, sentite se sapeva, come le faccende femminili, altrettanto far bene gli onori, non pur della casa, ma della città, e d'una città che si chiamava Firenze, la quale "in questo tempo" dice il buon Vespasiano "era abbondante e di virtù e di ricchezze, e la fama sua era per tutto il mondo"; città che "a quelli ambasciadori parve un altro mondo, rispetto alla grande quantità di uomini nobili e degni v'erano in quel tempo, e non meno donne bellissime del corpo e non meno della mente; perchè, sia detto con pace di tutte le donne e terre d'Italia, Firenze in quel tempo aveva le più belle e le più oneste donne fussino in Italia, e di loro per tutto il mondo n'era tal fama". E descrive un ballo che a quei gentiluomini dell'Imperatore fu offerto dalla Signoria, in Piazza, sopra un palco dal lato del Palazzo verso Condotta, con grande apparato di spalliere, e pancali, e arazzi, e festoni; e i primi giovani della città, vestiti tutti a un'assisa di drappi verdi ricchissimi, e calzatura di pelle sino a' fianchi; e le fanciulle e le spose, con ricche vesti accollate fregiate di perle e di gioie. Alla onoranza di ciascun ambasciatore deputate due dame: che pel primo di essi sono l'Alessandra, maritata in quello stesso anno (era il 1482, ed ella n'aveva appena diciotto), e una Francesca Serristori. Dopo il ballo, si porta in giro la colezione; ed ecco l'Alessandra servire ella stessa gli ambasciatori, "con una tovagliuola di rensa in sulla spalla.... con una ismisurata gentilezza.... facendo riverenza con inchini in fino in terra, naturali e non isforzati, che pareva non avesse fatto mai altro". Poi, ballo di nuovo; e, infine, accompagnamento degli ambasciatori all'albergo, ciascuno d'essi dando di braccio alle due belle fiorentine, una di qua e una di là, Alessandra alla diritta: e giunti alla porta dell'albergo, "il primo ambasciatore si cavò uno bellissimo anello di dito, e donollo all'Alessandra; di poi se ne cavò un altro, e donollo alla compagna". Dopo di che, "salutati le giovani e i giovani, gli ambasciadori accompagnarono le giovani alle case loro".

Il biografo quattrocentista, che sul declinare del secolo scriveva di questa e d'altre donne fiorentine della generazione antecedente, non finisce mai di far paragoni tra esse e le donne fiorentine del tempo suo, deplorando lo scadimento del costume e delle consuetudini più virtuose e severe. In questi lamenti, un po' di parte va fatta certamente all'abito che fu e sarà sempre di tutti i tempi, del rimpiangere, per questo o quel rispetto, il passato; un'altra poca, inoltre, alla disposizione di Vespasiano a trovar che ridire su troppe cose (figuratevi che una volta vuole e prescrive che le donne "imparino a non parlare, massime in chiesa", egli dice; e poi, come se fosse poco, soggiunge "e in ogni altro luogo"): pur tuttavia, fatte queste eccezioni, e lasciando lo scherzo, io credo che que' suoi lamenti, specialmente quando li formula, com'è spesso, in osservazioni positive, attengano a condizioni reali; e propriamente a quella mutazione che anche nella vita domestica, di cui la donna è custode e gli atti suoi sono specchio, avevano indotto le splendidezze, a un poco per volta sempre più cortigiane, di quei Medici, la cui potenza attraeva oramai, volere o non volere, con l'interesse e la fortuna delle famiglie, anche gli affetti, le speranze, i disegni, che più disposta e inchinevole ad accogliere, in pro della famiglia, e fomentare è la donna.

"Ricòrdati che chi sta co' Medici sempre ha fatto bene, e co' Pazzi el contradio; che sempre sono disfatti": così scriveva (e s'era solamente al 1461, diciassette anni prima della sanguinosa congiura) un'altra Alessandra pur maritata negli Strozzi, e che essa pure come la Bardi dagli esilii di quella famiglia ebbe lunghi dolori al suo cuore di moglie e di madre, ma altresì la consolazione, prima che morisse, di veder restituiti alla patria, e molto per la efficace materna opera di lei, i figliuoli, e il maggior d'essi gettare alla grandezza della sua famiglia quelle fondamenta delle quali è superbo monumento il loro meraviglioso palazzo: Alessandra Macinghi negli Strozzi, alla quale un altro monumento con la pubblicazione delle sue *Lettere a' figliuoli esuli*, che io vorrei avere autorità di raccomandarvi e farvi care, o Signore, componeva, ne' dì nostri, Cesare Guasti, erudito e scrittore degno d'interpretare que' dolori, quelle consolazioni, quelle grandezze.

Lo avvicinarsi ai Medici anime elette come quelle della Macinghi

Strozzi, matrona del cui costume e pietà avrebber potuto compiacersi la bontà di Antonino arcivescovo o la fierezza di Girolamo Savonarola (e a qualche pratica durezza piuttosto de' tempi che sua, confido che, ripensandoci, il nostro Biagi[96] si farà più indulgente), lo avvicinarsi, dico, di tali anime e famiglie (ne cito un'altra, i Rucellai) ai Medici, mostra che l'opera di questi era stata non tanto di corruzione, quanto di acquistare potenza fra i cittadini, prendere dello stato (è la frase del Machiavelli, e del tempo) quanto a mano a mano ne veniva ad essi concesso, cosicchè la forza loro sormontasse invincibilmente su tutte le altezze, preponderasse su tutte le resistenze, schiacciasse quasi fatalmente tutto ciò che si levasse contro di loro. "Co' Medici, e non co' Pazzi!": a quell'affettuoso ammonimento materno risponde tragicamente, a distanza d'anni, nel maggio del 78, un'altra voce di donna, anzi lo schianto d'un cuore, d'un cuore di figliuola, ne' giorni che l'uccisione di Giuliano de' Medici e le ferite di Lorenzo erano, nel sangue de' congiurati e di chiunque paresse averli comecchessia favoriti, vendicati come delitti contro la patria. La figliuola d'uno di costoro, giovane sposa di vent'anni, Ginevra di Piero Vespucci (cognata della bella Simonetta; e Piero, uomo, del resto, di poco senno, era stato un tempo deditissimo a Lorenzo, e giostratore nel 64 in Santa Croce con lui, e armeggiatore col Benci sotto le finestre della Marietta), scrive, la Ginevra a Lorenzo, queste parole spezzate dal pianto: (la lettera è inedita e sfuggita alle ricerche e curiosità erudite): "Amantissimo in luogo di buon padre. La cagione di questi dolorosi versi si è perchè ieri non vi potei parlare come desideravo, per potervi pregare e ricordare l'amore e benivoglienza avete portata in questa casa, e le parole e promesse fatte a me, e l'umanità dimostrami, quando mi chiamasti sorella: e però vi priego vogliate accettare e mie' prechi, e ogni amore e promesse rivolere in questo, e avere misericordia e compassione di noi tutti. Vorrei vi fussi di piacere considerare la condizione di mio padre, e specchiarvi in me, e non considerare quello che fa in ogni suo caso, che non è solo in questo. E priegovi quanto più posso mi facciate questa grazia; e questo si è, me lo rendiate senza altro segno, e che la penitenza di questo peccato sia quella che à avuta: chè quando penso, della età ch'egli è e poco sano,

---

[96] Vedi la citata conferenza su *La vita privata dei Fiorentini*.

come è stato buon pezo, e ora di nuovo, colla febbre, essere dove egli è, e avere e' ferri in piè; che quando ci penso, mi scoppia el cuore. Priegovi abiate pazienza se questi versi vi danno tedio, e priegovi per l'apportatore mi mandiate qualche buona risposta; però che chi misericordia fa, misericordia aspetti: e priego Idio vi metta in cuore, me lo rimandiate istasera: e se io fussi con Voi, tanto vi pregherei me lo renderesti: e ora di nuovo ò inteso à avuta della fune. Priegovi non ci vogliate fare disperare più. Ginevra isventurata."

Invero, la vita di quelle donne, quale la rivelano e l'aureo volume del Guasti (che, potendo essere a mano di tutte, io mi son proposto di lasciare pressochè intatto alla curiosità del cuor vostro, Signore e Signorine) e lo pubblicazioni che di altri documenti femminili si sono venute facendo, non solamente si vede essere tutta per la famiglia; ma che quelle poderose famiglie, Medici, Strozzi, Salviati, Rucellai, Guicciardini, Soderini, Ridolfi, debbono a coteste donne non piccola parte della forza che ebbero, a fare quello che fecero. Il Savonarola, che sulla caduta della supremazia Medicea tentò costruire saldamente l'edificio del governo popolare, sentì quanto importasse al suo intendimento avere a ciò profonde basi nella famiglia: pensò, come la prima delle sue riforme, la riforma del costume; e si rivolse alle donne. E non tanto, intendo, alle mistiche, quali erano una Visdomini, una Gianfigliazzi, una anzi due Rucellai; com'a dire le Giacobine di quello che poc'anzi ho chiamato Terrore Piagnone; giacobine, bensì, che poi finivano monache, anzi una di esse Beata. Ma alle madri proprio di famiglia, il Savonarola si rivolgeva: alle donne e a' fanciulli, che è quanto dire alle forze dell'affetto materno, si rivolgeva, come a instrumenti politici, con la fede, con cui l'avversario suo papa Borgia si appoggiava alla spada e al pugnale del suo Valentino. "O donne e fanciulli, la vostra riforma non è ancora vinta. Dite da mia parte alla Magnifica Signoria, che questa non è cosa umana, ma di Dio; e fateli questa imbasciata: che la racconcino se vi è cosa che non stia bene, e che gli diano la sua perfezione; e che se non lo faranno, e si faranno beffe delle opere di Dio o le contradieranno, che il Re gli punirà. E ditegli che non sono Signori, ma ministri del Signore e del Re nostro Cristo.... A voi, padri e madri, dico: confermate questa cosa a' vostri figliuoli, perchè non vi è dentro se non buon vivere. Altrimenti Dio ha apparecchiata la punizione a chi contradirà alle cose sue. Io ve lo dico certo, e tenetelo a mente." Il magnanimo frate fu arso; e il profeta, smentito dai fatti: ma molta parte di quella generazione informata da lui rimase fedele a *Popolo e Libertà*, l'antico grido del Comune glorioso: e que' fanciulli, che ne' carnevali de' Piagnoni avean ballato intorno al Bruciamento delle vanità (cotesto bruciamento altra cosa è approvarlo, ed altra intenderlo pel suo verso), que' fanciulli, fatti uomini sostennero e combatterono, dalle mura di Firenze assediata, contro il Papa e l'Imperatore, le ultime battaglie della libertà italiana. Un'egual gagliardia di sentimenti e di opere; un intenso sforzo di tutte le energie morali, e un cupo raccoglierle e quasi appuntarle alla vita pratica, al riuscire; durante que' trentacinqu'anni, che intercedono fra il rivolgimento popolare nel 1494 e la caduta della Repubblica nel 1530, animano del pari l'un campo e l'altro: gli eredi e rivendicatori della libertà manomessa; e gli eredi e sostenitori delle splendide ambizioni di chi la vuole ormai sopraffatta. Anche sulle manifestazioni dell'arte, e nella elaborazione del pensiero, incombe il travaglio dell'ignoto avvenire. Il giardino Mediceo di San Marco, dove il Poliziano erudiva ne' miti ellenici i pittori e gli scultori, e nella storia carlovingia Luigi Pulci, e il Ficino cercava in Platone conciliazioni feconde tra la civiltà pagana e la fede di Cristo, quel giardino è deserto. Ora è il Machiavelli che nelle conversazioni degli Orti Oricellarii idealizza le togate figure di Roma antica, e ne entusiasma i giovani che congiureranno contro i Medici, mentr'egli da quella grande nostra storia romana dedurrà dottrina di Stato, destinata a chi, in tristi tempi con tristi mezzi, sappia far trionfare, per la salvezza d'Italia, un'idea generosa. Ma i Medici, ne' quali egli vagheggia il suo principe, muoiono giovani: e sulle loro tombe Michelangiolo scolpisce il Pensiero doloroso e la Notte. Ben diverso trionfo, e non generoso, alla fortuna della loro famiglia preparano, fattone strumento le Somme Chiavi, Leone X e Clemente VII: ma per tutto cotesto periodo, di resistenza e di contrasto, durante il quale difesa, ritorni, congiure, cacciate, si alternano, per poi conchiudersi in quella caduta da eroi sulla quale irraggia la sua luce il Ferruccio, la vita civile e la domestica non sono più nè possono essere il gaio vivere, a sicura letizia intonato, nel quale, da Cosimo a Lorenzo, Firenze aveva sorbito lentamente la dissuetudine dalla libertà. I carnevali del magnifico Lorenzo vecchio de' Medici, come lo chiamano i contemporanei del nipote suo Lorenzo, che col ducato d'Urbino anticipa ai Medici il titolo ond'è per coronarsi in Firenze la loro secolare cupidigia, quei carnevali non tornano più: nè valgono a rattizzarli le Compagnie del Broncone e del Diamante, nelle quali, sotto le imprese e i motti e l'auspicio di que' passati splendori, si raccoglie a darsi piacere la gioventù pallesca. I tempi non sono più quelli, nè per Firenze, nè pur troppo, dopo la calata di Carlo VIII, per tutto il resto d'Italia.

E la donna? Fedele custode delle sue tradizioni, in cotesta vita che è divenuta tutta una guerra guerreggiata di foschi interessi, essa ha vegliato e veglia agl'interessi del focolare: specialmente la madre. Quando il magnifico Lorenzo perdette la sua, "Ho perduto" scrisse "un unico refugio di molti mia fastidii e sollevamento di molte fatiche, uno instrumento che mi levava di molte fatiche". "Tornate a vostra madre che con tanto desiderio vi aspetta"; scriveva la Macinghi Strozzi: e ai figliuoli esuli la voce di quella valente vecchia era come la voce cara della patria, della patria che riapriva loro le braccia, per tanti anni sì crudelmente serrate. E così la Lucrezia come l'Alessandra hanno quasi con le loro proprie mani fatto i matrimoni de' loro figliuoli; sottoponendo al sindacato del loro occhio materno, nelle possibili nuore, tutto, dalla persona all'animo, ai costumi, al parentado, alla dote: e fra le passate in rivista dall'Alessandra è, con non troppo favore, la bella Marietta delle armeggerie e della neve. Ora la Maria Salviati vedova del gran capitano Giovanni delle Bande Nere, attende alla futura grandezza del suo Cosimo, che a diciott'anni improvvisamente duca di Firenze, saprà, educato da quella donna di alto animo, sottomettere o schiacciare i nemici, se anche si chiamino Filippo e Piero Strozzi, deludere o respingere le pericolose ambizioni de' partigiani, se anche si chiamino Francesco Guicciardini. Al buon avviamento, prima, poi alla salvezza del suo sciagurato figliuolo Lorenzino de' Medici, si adopera inutilmente la Maria Soderini: ed essa e le figliuole bellissime, entrate negli Strozzi, la Laudomia e la Maddalena, e dagli Strozzi entrata nei Ridolfi la Maria figliuola di Filippo, il gran gentiluomo del secolo, parteciperanno, con gli accorgimenti animosi e le ispirazioni de' loro cuori di madre, di sorella, di moglie, all'affaticarsi infruttuoso, non però ingeneroso, de' fuorusciti, contro l'afforzamento del principato Mediceo. Protesterà, contro la violenza

e il tradimento che lo hanno insediato, la figliuola d'uno di quei fuorusciti, Giulia di messer Salvestro Aldobrandini; che nella corte d'Urbino, richiesta da Fabrizio Maramaldo di ballare con lui, "Levatemivi dinanzi", gli risponde "chè ammazzaste così vigliaccamente il Ferruccio". Ma tra le vittime del novello principe cadrà una gentile di quella schiera, Luisa Strozzi; sulla cui tragedia, e su quella che pochi anni appresso involge nel mistero la morte del padre suo Filippo, aleggiano sinistramente le parole dell'ava veggente: Chi è contro a' Medici, sarà disfatto. Parole, del resto, che nella casa degli Strozzi non ha ascoltate una Medici stessa, la madre della Luisa, la Clarice moglie di Filippo e cospiratrice zelante alle fortunose ambizioni di lui; anima, piuttosto che di donna, d'uomo e dei più fieri di quel fiero Cinquecento: la quale ai giovinetti bastardi, nelle cui mani, sotto i non dissimili auspicii di papa Clemente, il moto popolare del 1527 trova le redini della signoria Medicea, ha rinfacciato la passata grandezza de' suoi antenati, fondata sul favore del popolo; e in nome di questo, nel palagio de' Medici, essa una Medici autentica, ha loro additata e quasi intimata la via dell'esilio.
Forti donne, alle quali può l'uomo di cui portano il nome commettere con fede le faccende domestiche, de' figliuoli e del patrimonio, della casa e della villa; come messer Luigi Guicciardini, mentr'è fuori Commissario pe' Medici, alla sua monna Isabella, una massaia stupenda, che io mi onoro d'aver rivelata dalle sue lettere campagnuole: commettere e raccomandare la custodia del palagio, e il decoro della casata; che alle mani della moglie di Pierfrancesco Borgherini, madonna Margherita, saranno sicuri. E quando un Della Palla, incettatore per re Francesco di Francia di tesori artistici dalle case della nostra città, si presenta con mandato (pur troppo!) dei Priori alla casa di monna Margherita a mercanteggiare una sua camera, meravigliosa pe' lavori di Iacopo da Pontormo, quella davvero nobilissima gentildonna lo riceve così: "Adunque vuoi essere ardito tu Giovambattista, vilissimo rigattiere, mercantuzzo di quattro denari, di sconficcare gli ornamenti delle camere de' gentiluomini, e questa città delle sue più ricche ed onorevoli cose spogliare, come tu hai fatto e fai tuttavia per abbellirne le contrade straniere ed i nemici nostri? Io di te non mi meraviglio, uomo plebeo e nimico della tua patria; ma dei magistrati di questa città, che ti comportano queste scelerità abominevoli. Questo letto che tu vai

cercando per lo tuo particolare interesse e ingordigia di danari, come che tu vada il tuo mal animo con finta pietà ricoprendo", cioè di conciliare a Firenze assediata la benevolenza del Re "è il letto delle mie nozze, per onor delle quali Salvi mio suocero fece tutto questo magnifico e regio apparato, il quale io riverisco per memoria di lui e per amore di mio marito, ed il quale io intendo col proprio sangue e con la stessa vita difendere. Esci di questa casa con questi tuoi masnadieri, Giovambattista; e va', di' a chi qua ti ha mandato comandando che queste cose si lievino dai luoghi loro, che io son quella che di qua entro non voglio che si muova alcuna cosa: e se essi, i quali credono a te uomo dappoco e vile, vogliono il re Francesco di Francia presentare, vadano e sì gli mandino, spogliandone le proprie case, gli ornamenti e letti delle camere loro. E se tu sei più tanto ardito che tu venga per ciò a questa casa, quanto rispetto si debba da' tuoi pari avere alle case de' gentiluomini, ti farò con tuo gravissimo danno conoscere". La conversazione o, se anche vogliamo, l'amplificazione di queste generose parole di donna in una pagina del buon Vasari, mi pare debba riconciliarci alquanto con l'oratoria dei Cinquecentisti. Ma voi, quando nel Palagio del Potestà passate innanzi ad un mirabile cammino in pietra di Benedetto da Rovezzano, che da una sala appunto delle case che furono de' Borgherini colà trasferito, è ormai assicurato al patrimonio intangibile della nazione italiana, siate superbe, o gentildonne fiorentine, della vostra concittadina; e se mai occorresse, ricordatevi dell'esempio ch'ella vi ha dato.

Che se la Margherita e l'Isabella favoreggiano, e la Maria Salviati Medici rappresenta essa stessa potentemente quella parte Medicea dalla quale, almeno in quel truce epilogo delle sue ambizioni, rifuggono le simpatie di noi tutti (compreso, senza dubbio, l'apologista dotto e sagace, per la cui eloquenza ha in questa sala rivissuto una genialissima ora di vita il magnifico Lorenzo)[97] ; se la Clarice Medici Strozzi, e le gentildonne de' fuorusciti, agitano in petto, insieme con altre passioni più nobili, gl'interessi altresì e i rancori di ambizioni men della Medicea fortunate; non mancano poi alla libertà che muore, non mancano dal popolo che per lei combatte senz'altra ambizione nè amore che non sia essa stessa la libertà, le

---

⁹⁷ Vedi la conferenza di ERNESTO MASI, *Lorenzo il Magnifico*.

sue eroine. Eroine anonime, come le dà la plebe, generosa de' nomi non meno che del sangue (così non ne fosse prodiga anche a chi la inganna e la sfrutta!); anonime, e nella veglia del malinconico inverno de' casolari affigurate in leggenda. Tale la Lucrezia Mazzanti figlinese, che nei gorghi del suo Arno cerca scampo alle brutali violenze della soldataglia imperiale e papale: matura sposa quarantenne, ma che il popolo vuole restituita alla poesia dell'intatta giovinezza, mentre alla novella Lucrezia romana dedicano il loro latino gli ultimi umanisti del Rinascimento, che il Bruto cesaricida esalteranno in Lorenzino de' Medici. E dalle popolari memorie, nella storia del tempo raccolte, effigiò modernamente il Guerrazzi, quando ne' duri anni della servitù d'Italia volle essere l'Omero della libertà fiorentina, quella che egli denominò monna Ghita setaiuola in Borgo San Friano: "alta della persona, magra, adusta dal sole, sicchè sembrava di colore del rame; i muscoli del collo grossi e protuberanti, le vene turgide, le labbra vermiglie, e comunque tacessero, agitate; le narici ansose, gli occhi fulgidissimi, perpetuamente volgentisi da un lato all'altro; i contorni del volto squadrati, la faccia ossuta"; una Parca di Michelangiolo: la quale, vedova e povera, dà alla difesa della patria le buccole d'oro delle dónora maritali, e il figliuolo unico: "il mio Ciapo di sedici anni e otto mesi, perchè deve entrare ne' diciassette come si arriva alla festa di San Zanobi"; dopo fattogli giurare sul Crocifisso il giuramento con che la Spartana consegnava al figliuolo lo scudo: O con questo, o su questo. Ultima espansione da cuore di madre popolana, dell'amor di patria nel sacrifizio della famiglia. Succederanno i tempi ne' quali il popolo italiano dovrà dimenticare d'avere una patria, cercar nelle gride (povero Renzo!) il diritto d'avere una famiglia: e agli oppressi dalla doppia tirannide, politica e sociale, non rimarrà altra voce, se non il pianto di Lucia che dice addio a' suoi monti.

VI.

La libertà repubblicana è caduta: e su quelle rovine han fatto le loro paci, la Chiesa di Roma, che per entro alla corruzione secolare e alle pagane eleganze ha giocata la sua unità, e il sacro Romano Impero, le cui idealità medievali son fatte così una brutta cosa, nella greve signoria di Carlo V spagnuolo, del monarca su' dominii del quale il sole non tramonta. Splendori di corti, di pensiero e di roghi, illumineranno l'età che incomincia, della quale il mio tema varca sfiorando le soglie, e destinata, o Signore, alle conferenze del prossimo anno. Nei sozzi e atroci drammi coniugali dei duchi e granduchi Medici e de' loro cortigiani, ultima che ritragga dell'antico "femminile" fiorentino, bella, culta di lettere, esercitata nella poesia, nella musica, nell'uso di più lingue, del volgar nostro intendentissima, gentile d'animo, è l'infelice Isabella Medici Orsini. Altre gentili ospita il chiostro; il chiostro, talvolta cercato e invocato, troppo più spesso destinato alla inconsapevole innocente fanciullezza da quelle tirannidi gentilizie, scellerate e codarde, delle cui vittime la Geltrude del Manzoni è vendetta immortale. E nel chiostro, da uno ad un altro trafugandola gelosamente, i repubblicani fiorentini dell'Assedio avean custodita Caterina de' Medici: come utile ostaggio, speravano; e non sapevano di serbarla a ben altre fortune. "Andate, e dite a que' miei padri e signori, che io intendo d'essere monaca, e di starmi in perpetuo con queste mie reverende madri"; mandava ella a dire alla Signoria: l'aspettavano invece il trono di Francia, e le guerre civili di religione, e la *Saint-Barthélemy*. Ma ai dolci silenzi della meditazione pietosa sulle umane colpe e sventure, agli entusiasmi verso Dio buono, ai terrori di Lui giusto, era nata Caterina de' Ricci, che in San Vincenzio di Prato si chiude giovanissima, negli anni durante i quali per un'altra di quel casato, la Marietta Ricci Benintendi, duelli di non degno amore intermezzano le battaglie della libertà, e il nome d'un'altra Ricci, Cassandra, è vituperato fra le tresche e nel sangue. Caterina nel chiostro riceverà le ultime tradizioni e gli affetti de' seguaci di frate Girolamo; appiè dell'altare, sul quale ella un dì sarà santa, consacra la religione del martirio di lui: e dal chiostro, non ripudiata l'umana fraternità, a' suoi di casa parla, nelle *Lettere*, parole di pace, di conforto, d'amore; ai prelati suoi superiori, di reprensione reverente, ove occorra; agli uomini, che tra le cure civili o mercantili si travagliano, parole di virtù operosa e che si affisa nell'alto; di giustizia, ai principi; di miti e caritatevoli affetti, alle donne; e delle due che furono le mogli di Francesco de' Medici, ama Giovanna d'Austria infelice, prega e fa pregare Dio per Bianca Cappello.

Nè con l'infoscarsi, sempre più cupo, de' tempi, col sempre più gravemente incombere sulla libertà politica e del pensiero la domestica e la straniera tirannide, manca ne' chiostri, alla pietà verso chi rimane nel mondo, il cuor della donna: o l'abbiano esse lasciato, o esso il mondo le abbia allontanate da sè, quelle buone sentono e fanno suoi i dolori della famiglia alla quale appartennero. Sulla collina d'Arcetri si raccoglie a morire, quasi prigioniero, il grande liberatore del pensiero moderno, Galileo: ma presso alla villa del Gioiello, che oggi nel suo nome ci è sacra, vegliano su lui, dal convento di San Matteo, l'affetto e la preghiera d'una santa creatura, che data a lui dall'amore, egli è forse colpevole di avere, sin dalle fasce, destinata all'espiazione; della sua Virginia, che egli ha voluto sia suor Celeste: ed ora ella viene a lui, non potendo di persona, con le *Lettere* nelle quali quella cara anima è sopravvissuta anche a noi: e si accuora de' suoi dolori, e trepida delle sue malattie; e si prostra reverente al suo divino intelletto che "penetra i cieli"; e in una rosa, che gli manda nel cuor dell'inverno, vuole intravvegga, di là dal "breve e oscuro inverno della vita presente, la primavera dell'eternità"; e s'addossa ella le penitenze spirituali impostegli dal Sant'Ufizio; e al ricevere un suo libro, o al sapere di onoranze resegli, esulta; e vorrebb'essere "in una carcere assai più stretta di quella in che si trova", per far libero lui; nè le duole di esser monaca, se non quando sente ch'egli è malato, per non potere assisterlo; e dovendo come le altre monache scegliere fra i Santi il Santo "suo devoto", non altri sa scegliere, con sublime profanità di figliuola, che il padre suo, il padre che prega Dio le sia conservato, "perchè dopo di lui non mi resta altro bene nel mondo". E quando cotesto martirio di amor filiale incarcerato ha il suo termine, e a trentatrè anni ella muore, il povero glorioso vecchio sentirà spezzato il più caro vincolo che ancora lo congiungesse col mondo; più dura e crudele gli pesa ora la guerra indegna che in lui è fatta ai diritti e all'avvenire dell'umanità: e di lì a breve, cieco, infermo, degnato di concessioni umilianti come a colpevole ravveduto, fattogli elemosina di licenza e di permessi come a tollerato dai potenti della terra, egli che ha rivelato i misteri del cielo, nel presentire la morte: "Mi sento" esclama "continuamente chiamare dalla mia diletta figliuola". Nè so se la donna abbia mai scritta nella propria storia una pagina che valga cotesto grido paterno, uscito dal cuore di Galileo.

Le libertà repubblicane caddero, e successero i tempi infausti della servitù: ma al terzo secolo da quella caduta, il sepolcro si è dischiuso, e la libertà d'Italia risuscitò da morte. E la donna italiana, così da Firenze come da ogni altra città e villaggio e borgata della patria che è nostra, ha dato a quel risorgimento i dolori del sacrificio e del martirio, le ansietà delle trepidanti speranze, il pensiero e il lavoro degli uomini ch'ella ha amato e ispirato, la vita propria, il sangue de' suoi figliuoli; da Eleonora Fonseca a Teresa Confalonieri, dalla madre dei Ruffini alla madre dei Cairoli: all'Italia han dato il fior dell'ingegno la Guacci, la Turrisi Colonna, la Ferrucci, la Brenzoni, la Paladini, la Percoto, la Milli, la Mancini, la Fusinato. O madri toscane, o spose, o sorelle, o figliuole, che da Curtatone e Montanara alla rivendicazione di Roma le sante battaglie della libertà orbarono de' vostri cari; o gentildonne animose, o buone popolane, della nostra Firenze; la tradizione con le forti donne dell'antica nostra istoria è per voi ricongiunta.

Nè più tardi d'ieri, da una collina le cui vigne e gli oliveti ombreggiavano una tomba recente, è disceso un feretro, che da quella tomba trasferiva, così volendo la nazione, in Santa Croce, e restituiva al sepolcro degli avi suoi, de' Priori e Gonfalonieri della nostra Repubblica, la salma di Ubaldino Peruzzi, nella cui persona, il 27 aprile di trentadue anni fa, Palazzo Vecchio tornò al suo antico signore, il Popolo fiorentino. Pia custode di quella tomba gloriosamente vuota, è rimasta una Donna: che tanto seppe, tanto potè, nei pensieri e negli affetti di lui; che lo animò, lo aiutò, alle onorate fatiche, ne' dubbi lo consigliò, gli confortò i patimenti, gli consolò le ingiustizie, gli allietò i trionfi. Storia, che in tutti i paesi civili, in tutte l'età, è la storia vostra, o Signore: che compendia i diritti e i doveri vostri verso le due grandi non distruggibili società, delle quali voi siete l'anima immortale: la famiglia e la patria.

IL POLIZIANO E L'UMANESIMO
DI
GUIDO MAZZONI

Signore e signori,
Presentarmi a voi, che avete fama meritata di giudici eletti, a voi che pur ne' giorni scorsi udiste Adolfo Bartoli e udirete dopo me altri che io reputo maestri miei, per discorrere del Poliziano e dell'Umanesimo, argomento grave e forse nell'ampiezza sua meno adatto alle strette d'una lettura, sembra audace a me stesso: ma non si conveniva a me fiorentino negar l'opera mia in una impresa di cui Firenze si compiace, come è questa delle pubbliche letture; dirò più schietto, non mi diè l'animo di rifiutare l'onore che mi si fece invitandomi qui. Di che a ottenere più agevole indulgenza, tacerò ogni altro preambolo. Ma prima consentite ch'io vi preghi a unirvi meco in un desiderio di tutti gli studiosi. Isidoro Del Lungo ha da mantenere certa sua promessa: ha da darci quella vita del Poliziano della quale pubblicò saggi per dottrina e per critica eccellenti; promessa giovanile, cui stima sottrarsi affermandola invecchiata con lui; promessa di galantuomo e valente, che vuole essere mantenuta, voi gli rispondete con me. A un libro del Del Lungo non si rinuncia così per fretta; e troppo, nel tornare per voi sul Poliziano, troppo ho risentito quel che importi averne o no la guida sicura.

I.

Dolci gli studii un tempo già m'erano: ahimè che m'incute,
la Povertà, co' suoi luridi cenci, orrore!
Onde, poi che 'l poeta non è che ludibrio del volgo,
stimo più savio cedere a' tempi anch'io.

Questo lamento, che suona troppo più efficace ne' distici latini dell'originale, questo sospiro di Angelo Ambrogini (sarà tra breve il Poliziano) alla quiete e agli agi di una vita, quale egli desiderava la sua, tutta spesa sui libri degli antichi e nell'esercizio dell'arte, è schietto documento dello stato e dell'animo di lui quindicenne. Cinque anni prima, gli avevano ammazzato il padre, per ciechi odii, ferocemente; il padre, messer Benedetto, uomo di legge, onorato d'alti offici nella patria Montepulciano, poi giudice a Pisa, cui non era valso chiedere protezione a Piero di Cosimo de' Medici, che "per l'amore de' suoi piccoli cinque figliuolini, lo sicurasse in modo che potesse starsene sicuro a casa sua senza portar arme, che non era suo mestiere"; nel maggio del 1464, tentando egli invano ripararsene con le mani inermi, l'avean morto più colpi di coltello e di partigiana. Vendetta, come allora si usava, ne era stata presa, due anni dopo, da un nipote che, sangue per sangue, uccise gli uccisori: ma la vedova si era rimasta con que' cinque figliuolini, e avea dovuto mandare il maggiore di essi, Angelo, a Firenze, da un cugino del marito, perchè si cercasse migliori fortune.

Tardavano queste; ed Angelo sentiva ogni dì più, nell'animo vivace, nella mente addestrata alle lettere, il disagio e il cruccio della miseria, onde quel sospiro che dianzi avete ascoltato. Ma come, giovinetto quale era, povero quale era, potesse dare al sentimento la veste succinta di un epigramma latino, non intenderà chi non rammenti che fosse, a mezzo il secolo decimoquinto, la coltura italiana e più specialmente la fiorentina; non rammenti, cioè, i modi e i luoghi di quell'amore anzi furore per gli studii delle lettere che ebbe allora, con parola ciceroniana, rimasta fino a' dì nostri nell'uso delle scuole, titolo di umanità; delle lettere, anzi di tutta quanta la vita latina e greca; perchè parve che l'Italia, dopo le vicende barbariche, volesse riabbracciarsi stretta alla madre Roma, e quasi per ossequio di lei venerare più da presso gli esemplari della vita e dell'arte che i Romani stessi avevano ammirato nei Greci.

Alla parola Rinascimento non può ormai attribuirsi il senso che anche qualche anno fa le era attribuito: tra la lingua e la civiltà latina, tra la lingua e la civiltà nostra, distacco non fu. Come la persistenza del latino letterario per tutte le scritture nell'età di mezzo basterebbe a dimostrare, se altre testimonianze mancassero, la persistenza dell'insegnamento; come le opere degli antichi, giunte fino a noi su libri copiati nell'uno o nell'altro secolo di quell'età, dimostrano che mai non furono del tutto obliate, e le citazioni e le imitazioni ne dan riprova; così i vanti delle famiglie e delle città che ripetono a gara l'origine degli antichi eroi, e ne onorano i sepolcri che si credono recuperare, e conservano o dànno ai magistrati i nomi d'un tempo gloriosi, affermano che il popolo d'Italia non smarrì mai, e viva e intiera riebbe presto, la coscienza del sangue suo, del latin sangue gentile. Sì che Dante, il quale osava, contro il dispregio delle scuole, levare alle altezze del suo pensiero la parlata del volgo, Dante si stima, proprio perchè fiorentino de' puri, romano, e fa che Virgilio si stringa fra le braccia con amore di compatriotta il recente Sordello, e a Virgilio si fida come a connazionale, dicendolo, con orgoglio di comunanza, nostro. E neppure si era mai spenta, fosse pur fioca e vacillante, la luce degli studii greci, alimentata da quanto la Chiesa d'occidente nei testi e nei riti aveva di greco, da quello che avevano dato e davano a tratti le ragioni politiche, dal più che recavano i commerci continui tra le repubbliche nostre e l'impero orientale. Morte dunque non fu, e parola fallace è perciò quella del Rinascimento; non da sbandirla, ove s'intenda che l'Italia, nei secoli dall'undecimo al decimosesto, rinvigorita, rallietata tutta, ebbe come una nuova gioventù di fede in sè e di gagliardia; quasi una grande quercia che, dopo aver frondeggiato ne' secoli, rotta ed arsa da più fulmini, sembri, per una stagione, destinata a perire; ma le percosse stesse e il riposo le hanno invece giovato, e getta fronde novelle, di verde più gaio, e torna a dare ombre dilette e ghirlande di gloria.

Ma per pochissimi che delle lettere classiche sapevano tanto da valersene come di nutrimento vitale al pensiero, per pochi che almeno modellavano lingua e stile su questo o su quell'autore de' buoni, quanti (e parlo sempre degli uomini colti) confondevano le forme della grammatica in un gergo strano, dove non era nè il latino corretto nè il volgare schietto, e le cose e gli uomini dell'antichità confondevano in una scienza tutta errori e leggende! Il popolo s'era fatto un Virgilio mago, del quale narrava le arti: come avesse purgata Napoli dall'aria cattiva, dalle sanguisughe che ne guastavano le acque, dalle cicale, dalle mosche, dalle zanzare che la tediavano, dalle serpi che la infestavano; come avesse aperto il monte di Posillipo, e, quel ch'è più, atterrito il Vesuvio dall'erompere, con la statua d'un arciere pronto sempre a saettarlo. Molte di queste e altre tali meraviglie ingrossavano la biografia del poeta ai tempi del Petrarca; e un fiorentino non incolto, Antonio Pucci, ne registrava alcune in un suo zibaldone, avvertendo che "quantunque paiono a grossi huomini favole perchè in loro cuore non le possono

comprendere, abbi quelle che udirai per vere". E un altro poeta, più
oltre, sui primi del Quattrocento, poteva di Virgilio arditamente
affermare che, andato a scuola,

per la testa grossa che lui avia,
da' scolari Marone era chiamato.

E già era stato detto innanzi, Virgilio derivare da *ver gliscens*, perchè
ei fu vario e fecondo come la primavera, e Marone dal mare, perchè
abbondante di scienza come d'acque il mare. Così d'Ovidio e il
popolo e i dotti favoleggiavano miracoli; e sul nome facevano, ch'era
esercizio consueto, belle fantasie: "Ovidio fu poeta (scriveva uno de'
primi commentatori di Dante) et fu chiamato Publio, et per
sopranome Ovidio *ab ovo*, perchè aveva tondo il viso, ritratto come
un ovo: fu ancora chiamato Nasone, perchè aveva uno grande naso."
Sallustio era fatto da alcuni zio di Cornelio Nipote; Stazio,
contemporaneo di Ennio, e padre di due figliuoli, Archimede e
Tebaide, nei quali è facile, con la correzione del primo nome in
Achilleide, riconoscere i poemi suoi; e quasi nomi di uomini erano
già stati citati *Eunuchus comoedia* e *Orestes tragoedia*; Plinio il
vecchio, confuso col giovane, aveva ai molti libri suoi la giunta di
leggende su Lucifero e su l'Anticristo; e Marziale, per gli epigrammi
culinarii, il titolo di cuoco. Nè più si sapeva o si capiva della
mitologia: "Venus fue una bellissima donna, regina de Cipri, e fue sì
bella che quanti la vedeva di lei innamorava: unde dapuò la sua
morte fue deificata e dicta dea de lo amore"; "Apollo nacque in Delo
e fue sommissimo astrolegho e tractò del corso del Sole; e per tanto
fue deifichato in lo quarto pianeta. Questo Apollo che uno figlio
dicto Eschulapio, che grande tempo medichò per la scienza del
padre; imperò che Apollo fue lo primo che trovasse la medicina, et
poi stete grande tempo persa, perchè, morto Eschulapio, le grosse
giente arsero i libri, perchè trovavano che le cose venenose intravano
nelle medicine; et non sapendo considerare l'utele de la scienza,
desfecero i libri." Basti il saggio breve: tali, su per giù, la
conoscenza e l'intelligenza dei miti negli anni in cui il Petrarca e il
Boccaccio si affaticavano a restaurarne lo studio, e iniziavano la
critica filologica e storica; dove è da notare, per segno dei tempi, che
il Petrarca a Roberto re, il quale, presenti molti, lo dimandava sulla

grotta di Posillippo, se la credesse anch'egli opera della magia virgiliana, rispose deridendo quelle stoltezze; e il Boccaccio, invece, nel commento all'Inferno dantesco, le ribadiva. Le menti del medio evo, disadatte a uscire dal cerchio del presente, e giorno per giorno seguitando ad allontanarsi inconscie dal modo antico di vedere e di rappresentare, non intendevano più nè l'arte nè la vita de' secoli greci e romani; e quando volevano rappresentarle, le travestivano. Ciò che alla mitologia, accadde alla storia: Teseo diventò duca d'Atene; Atene ebbe una università come avevano allora Parigi e Bologna; Alessandro Magno, dopo aver corso co' suoi baroni e signori tutto l'Oriente, scese in una gabbia di vetro fin giù nel fondo del mare, tentò l'entrata del Paradiso terrestre; Nerone partorì dal fianco una ranocchia; la regina di Fiesole, Belisea, prigioniera di Catilina, andò "la mattina di Pasqua di Pentecosta alla chiesa nella Calonaca di Fiesole alla messa" (mi è ben lecito citar qui il Malispini); e Catilina, sfidato da Attila "fece con lui sì aspra battaglia, che pochi ne camparo dall'una parte e dall'altra, e Attila fu ritrovato morto presso all'Arno, e Catellina fu ritrovato morto nella costa di Fiesole".
Tale, fino a non più che cento anni innanzi al Poliziano, e anche più da presso, la dottrina che scrittori non incolti avevano dell'antichità. E quanto sapessero di latino, per quel che è della correzione e dell'eleganza, mostra il latino stesso di Dante, che pur sapeva a mente tutta l'Eneide; dirò di più, il latino stesso del Petrarca, tanto migliore di quel di Dante, e pur tanto lontano ancora dalla retta imitazione de' classici, e spregiato per ciò dagli umanisti più tardi, non senza ragione, come barbarico. E sì che il Petrarca fu davvero, quale lo vantano i frontespizii nelle antiche stampe delle opere sue, "filosofo, oratore e poeta chiarissimo, della rifiorente letteratura e lingua latina, per molti secoli da orrenda barbarie deturpate e quasi sepolte, confermatore e instauratore". Parole magnifiche, ma non false. Discepoli suoi possono infatti considerarsi e il Boccaccio e il Salutati e il Marsigli e il Malpaghini, co' quali l'erudizione classica meglio si addestrò e si fe' laica e divenne parte necessaria della vita civile e politica. D'allora in poi l'umanesimo, sì bene avviato, avanza ogni anno di spazio, cresce ogni anno d'intensità: Firenze è il focolare; le faville se ne diffondono per tutta Italia, e, secondo i luoghi, suscitano fiamme nuove o dan forza ai fuochi che già ardevano chetamente: a Venezia, Padova, Verona, Milano, Pavia,

Genova, Mantova, Ferrara, Bologna, Rimini, Urbino, Pesaro, e Foligno, e Camerino, a Siena, a Roma, a Napoli, là dove era un reggimento aristocratico, repubblicano o principesco o pontificio che fosse, ivi da per tutto chiamare maestri, raccoglier libri, educare i giovani alle lettere con lezioni e con dispute, reputare decoro e utile della città e dello Stato un cancelliere che sapesse vestire consulte e ambasciate di adequati e sonanti ed efficaci periodi. Da queste città in altre attorno minori; dalle corti e da' magistrati supremi nelle famiglie, fino alle donne. Leggesi sulla fine del trecento, di una gentildonna veneziana: "Chostei fu lodata et dotata de una piacevole grammaticha (seppe, cioè, di latino), et udio li poeti (i latini, s'intende) in questo muodo, che, essendo lei fanzulla, la madre la mandò a la scola perchè imparasse da legere a ziò che dire potesse lo officio de Nostra Donna; poi, essendo grande, intanto lo padre teneva uno grande maestro in poexia che legieva a li figioli li autori; et chostei, udendo quelli, et udendo latinare, meravigiosamente si fece saputa, et molto si dilectò in Virgilio, et piacevolmente lo intexe, e sì bene che io, che zià la udi' parlare, a pena me'l consento."
Ben s'intende come, un secolo dopo, il Poliziano, visitata a Venezia Cassandra Fedele, dotta di greco e di latino, sì che la Repubblica gelosa non volle mai che, per inviti di re e di pontefici, lasciasse la terra di San Marco, il Poliziano potesse scriverne a Lorenzo de' Medici: "È cosa mirabile.... Partimi stupito." Nè che in Firenze ricambiasse con lui epigrammi greci Alessandra Scala, che in greco recitava l'Elettra di Sofocle.
Perchè anche gli studii del greco, che fino al secolo undecimo avevano, se non fiorito, perdurato, specialmente nell'Italia meridionale, nè mai si erano inariditi del tutto, si riebbero presto e divennero necessario compimento a quelli del latino. Fino dal 1359 il Boccaccio erasi accolto in casa un maestro di lettere greche, Leonzio Pilato calabrese, e gli avea procurata una cattedra in Firenze e libri greci da interpretare: e il Petrarca, che volle costui a Venezia, gli diede poi a tradurre, per prezzo, l'Iliade e l'Odissea; ormai disperava intendere da sè quei libri greci che aveva imparato a decifrare da un altro calabrese, frate Barlaam, e che, non intendendoli, si compiaceva almeno di possedere. Venne finalmente da Costantinopoli un maestro migliore, Manuele Crisolora; e già nel 97, per merito del Salutati, ne ascoltavano a Firenze le lezioni più

giovani volonterosi e ingegnosi: quando, sette anni dopo, il Crisolora se ne tornò in patria, un altro giovane, Guarino veronese, lo accompagnò come servo, pur d'imparare! Anche il greco era ormai riconquistato alla coltura italiana.

Que' giovani si spandono per l'Italia e per la Germania, frugano le biblioteche degli antichi conventi; traggon giù dagli scaffali tarlati, detergono dalla polvere de' secoli, i manoscritti, e gli scorrono qua e là frettolosi, col cuore che batte di desiderio e di speranza; ecco le orazioni di Cicerone, i carmi di Catullo, gli annali di Tacito; ecco le voci degli antichi nostri, che per lungo silenzio parean fioche, levarsi da quelle membrane ingiallite a orecchie bramose e capaci di comprendere. Ed altri scrivono a Costantinopoli per aver libri greci, s'imbarcano essi stessi, comprano, rubano talvolta; ecco Sofocle, ecco Platone, ecco i doni dell'arte e della sapienza ellenica che i nostri antichi tesoreggiarono e che noi vogliamo riammirare, nè ci lasceremo sfuggir più. A Strasburgo, nel 1439, un tale muove lite a un tal altro perchè gli mantenga i patti conchiusi con un suo fratello defunto, nell'esercizio di una certa arte arcana: i testimoni parlano di ordigni strani, torchi, forme, punzoni: il socio citato in processo è Giovanni Gutemberg. La stampa è inventata: l'eredità dei classici è assicurata al pensiero moderno; promesso e assicurato con lei a te, o pensiero moderno (lo dirò col poeta), il trionfo "su l'età nera, su l'età barbara, sui mostri onde tu con serena giustizia farai franche le genti!"

Dopo il Bruni, morto nel 44, il Valla nel 57, Poggio Bracciolini e l'Aurispa nel 59, il Guarino nel 60, Flavio Biondo nel 63, l'umanesimo ha ottenuto, non tutti i frutti suoi, ma tutto quanto il campo che dissoderà: la critica e la interpretazione dei testi, la storia, la geografia, l'epigrafia, la numismatica; l'archeologia insomma o la filologia; e d'altra parte, la grammatica e la retorica come strumenti all'imitazione delle forme letterarie classiche: la correttezza, cioè, la scioltezza ed eleganza delle prose e dei versi sì latini che greci. Quando nel 1453 cadde l'impero d'Oriente (fo mia una notevole osservazione del Del Lungo) non furono i profughi che ci recassero la scienza, ma sì la scienza nostra li assicurò di accoglienze buone e fraterne.

E intanto Cosimo de' Medici, di quella famiglia di popolani mercanti il cui nome entra nella storia tra le prepotenze di parte Nera nel 1301 con un assassinio, Cosimo, il più ricco uomo d'Italia e il più liberale, padroneggiava Firenze; e attorno a sè, per amor di dottrina e arte di governo, raccoglieva uomini di lettere e codici, e, conversando coi greci, ideava l'accademia platonica. Lo studio fiorentino avea lettori e ordinamenti compiuti; la città si adornava di edifici e di opere stupende; il danaro affluiva; la Signoria stessa si rinnovava di fogge e di suppellettili il corteggio e il Palazzo. Onde Piero, dopo la morte del padre suo che fu titolato padre della patria, potè meglio sentirsi e assumere sembianza di principe; e come principi fece educare nei costumi e nelle lettere i figli Lorenzo e Giuliano. Quando nel 1469 morì, il primogenito non titubò a pigliarsi la cura dello Stato; e Firenze ebbe, e nel bene e nel male, i giorni che già Atene con Pericle. La libera città de' mercanti artisti perdeva nel fatto, se non di nome, le istituzioni repubblicane; in ricambio non buono, acquistava gli splendori della corte medicea e dell'umanesimo.

II.

Ormai è chiaro in che modo il quindicenne Ambrogini potesse lamentarsi della sua miseria in distici garbati; ci è chiaro anche in che modo potè, indi a poco, rompere la malignità della sorte. La protezione che quel povero messer Benedetto aveva chiesta invano a Piero de' Medici, fu dal figlio dell'invocato protettore conceduta al figlio dell'assassinato, non tanto forse per la pietà dei casi suoi quanto per la stima dell'ingegno e della dottrina. Lorenzo aveva sei anni soli più dell'Ambrogini, e comuni con lui gli studii, del pari che alcune qualità della mente; pregato egli giovine poeta da un poeta giovine, che lo salutava e si diceva tutto suo, s'intende che subito ricambiasse il saluto e l'offerta con benevolenza di signore e cortesia di confratello. Che mai chiedeva in distici latini il minore al confratello magnifico? Prima di tutto un paio di scarpe, chè i diti dei piedi gli si affacciavano dalla rotta prigione alla vista del cielo, e un vestito, fosse pure usato, che non mostrasse le corde e peggio, come quello che lo faceva schernire da' beceri. Delle scarpe non so; il vestito venne; e tali furono, in versi che mi spiace dover guastare, i ringraziamenti:

Ben io volea più volte ne' carmi renderti grazie,
Lorenzo, o gloria prima de' tempi tuoi;

sì che invocai la Musa Calliope con lunghe preghiere,
ed ella venne, e avea seco l'arguta lira.
Venne; ma come addosso mi vide le splendide vesti,
subito volse a dietro l'isbigottito piede,
chè ravvisar la Dea non seppe sì bello il poeta:
troppo mi fa mirando questa vermiglia toga!
Onde se a te minori dà il verso le debite grazie,
colpa ha la Dea che niega regger la penna mia.
Oh che leggiadri carmi udrai, sì tosto che avvezza
a' miei splendori nuovi si sia la Musa!

La valentia che questi epigrammi dimostravano, fu confermata a Lorenzo da' maestri dello Studio, tra i quali Marsilio Ficino che di quello scolaro prometteva grandi cose: anche meglio la confermò, subito dopo, il secondo libro dell'Iliade, recato in esametri latini, di colore e sapore virgiliano, e offerto a Lorenzo medesimo. Il primo libro ne era stato tradotto, per desiderio di Nicolò V, da un segretario della repubblica, il Marsuppini, morto nel 1453: non potea non piacere al Magnifico, che l'impresa fosse continuata a Firenze, sotto gli auspicii suoi; ed Angelo, che secondo l'uso degli umanisti si ribattezzava, dal nome della patria, in Poliziano, lasciò la casuccia di via Saturno, dove il cugino povero lo aveva ospitato, e salì le scale del palazzo mediceo in via Larga. Le salì certo senza borbottare il verso di Dante, che è duro salire le scale altrui: perchè egli era giovane molto, e sapeva la cortesia del protettore; e perchè l'umanesimo aveva raddolcite le asprezze del vivere medievale, ma anche, mi convien dirlo, scemato il vigore degli animi, e adusati i letterati e gli artisti a stimarsi artefici di diletto e di fama ai potenti, anzi che, come Dante fu, gl'interpreti e i vindici della rettitudine e della patria. Fatto sta che il Poliziano, disposto a celebrare, in gloria di Lorenzo, quasi una nuova Iliade, perfino il sacco spietato di Volterra, e sollecito pedagogo ai figli di lui, se ebbe sempre a lodarsi del padrone, si accorse anch'egli che il pane altrui sa di sale quando fu poi preso in uggia dalla padrona, madonna Clarice.
Ma tali fastidii sentì più tardi. Allora, godendosi la quiete operosa di che già avea disperato, attendeva alla versione d'Omero. Dalla quale non gli fu grave distrarsi per ammirare a Mantova le feste che il Gonzaga diede in onore di Galeazzo Sforza e Bona di Savoja sposi,

nel luglio del 1471; per ammirarle e farvisi ammirare; poi che quivi, come volle il cardinale di Santa Maria Nuova, che l'avea conosciuto allora allora in Firenze, dovè, entro quarantotto ore e in quella tanta confusione, mettere insieme la favola d'Orfeo. Rammentatevi che il Poliziano, nato il 14 luglio del 1454, compiva proprio in quei giorni 17 anni.

Perchè fosse meglio inteso dagli spettatori, l'Orfeo fu in volgare. E forse spiacque allora al giovine umanista dover piegarsi, oltre all'angustia del tempo, anche a codesta necessità; tanto che poi si doleva, gli amici avessero conservato quell'abbozzo, e, pur assentendo che ormai vivesse, gli volle unita un'epistola a testimonio della sua riluttanza. Vero è che vi aveva cacciato dentro, per amore o piuttosto per forza, almeno una strofe saffica sua, e due distici d'Ovidio accomodati al proposito; ma troppo misero segno era quello della dottrina sua e di latino e di greco! Qualche anno dopo, quando a tutti egli appariva maestro nelle lettere classiche, s'intende invece che non senza un segreto compiacimento concedesse agli amici la favola improvvisata, in quella età e a quel modo, con tanta snellezza ed eleganza di rime. E il compiacimento gli sarebbe stato maggiore se avesse potuto prevedere l'importanza che un tempo si attribuirebbe all'Orfeo, primo esperimento certo di adattare ai metri e alle forme delle sacre rappresentazioni la materia profana. Un palcoscenico, più largo che fondo, diviso, a una certa distanza, da quella che oggi dicesi la ribalta, in due scompartimenti; al modo stesso che oggi vediamo, per esempio, nel *Rigoletto*; salvo che nel melodramma odierno è da un lato l'interno della casa, e dall'altro la via contigua, mentre nella favola antica le selve della Tracia stavano a ridosso dell'Averno, che gli spettatori dovevano immaginarsi sotterra; dalle selve e dall'Averno si facevano a mano a mano innanzi sul proscenio i personaggi; e supponevasi determinato il luogo dell'azione dallo scompartimento onde essi erano usciti. L'Averno, nel quale si vedevano vivi Plutone re, e Proserpina e Minos e una Furia, e s'intravedevano per artificio di pitture Issione, Sisifo, Tantalo, le Danaidi, Cerbero, le altre Furie, disse subito agli invitati del Gonzaga che l'arte del giovinetto omerico, come lo chiamava il Ficino, li avrebbe tratti nelle fantasie pagane; e la curiosità della festa, con quella novità, dovè accendersi più. Ed ecco, invece dell'Angelo consueto, Mercurio in persona a esporre l'argomento; e dopo lui, quasi a temperar la tristezza delle morti annunziate, un pastore schiavone, cioè trace, suscitare il riso ribadendo l'ammonizione agli uditori in un suo gergo strano:

State tenta, bragata; bono argurio
chè di cievol in terra vien Marcurio.

Ma Aristeo e Mopso, sebbene pastori traci anch'essi, dan principio alla favola ragionando tra loro in rime di squisito eloquio; e Aristeo, perchè il vecchio intenda meglio la forza dell'amore onde è preso, si fa accompagnare da lui sulla zampogna mentre canta una ballata di perfetta toscanità.

Udite, selve, mie dolce parole,
poi che la ninfa mia udir non vole.

La bella ninfa è sorda al mio lamento
e 'l suon di nostra fistula non cura:
di ciò si lagna il mio cornuto armento,
nè vuol bagnare il grifo in acqua pura,
nè vuol toccar la tenera verdura;
tanto del suo pastor gl'incresce e dole.

Udite, selve, mie dolce parole,
poi che la ninfa mia udir non vole.

Tirsi, servo d'Aristeo, che si vanta di avere ravviato con suo gran rischio nella mandria di Mopso un vitello smarrito, getta un'altra risata nell'azione che si affretta a mal fine per colpa sua; ha vista una donzella coglier fiori, e la descrive bellissima; onde Aristeo riconosce l'amata e ne va in cerca e la insegue. Passano su la scena correndo; poi si ode di dentro alla selva uno strido; un serpe velenoso ha punto la giovine che là cercava nascondersi dall'inseguitore. Turbati così gli animi degli spettatori, il poeta, quasi a intermezzo di svago, fece che s'inoltrasse Orfeo con in mano la lira miracolosa, e accennasse su questa in saffici latini le lodi del cardinale, figlio secondogenito del marchese Lodovico, augurandogli la tiara; il marchese dava la festa, il cardinale l'aveva voluta più bella per l'arte di lui Poliziano: ma l'ode, già nota, credo, a' lodati, ai quali per ciò quell'accenno bastava, era subito interrotta da un pastore:

Crudel novella ti rapporto, Orfeo,
che tua ninfa bellissima è defunta.

E Orfeo, con dolorosi lamenti, andava davanti all'inferno a impetrare gli fosse resa Euridice, mortagli così crudelmente nel voler serbare la fede coniugale.

Nel Convito di Platone si legge un raffronto di alta idealità tra la sorte d'Alceste e quella d'Orfeo. Alceste, osserva Platone, per salvare il marito suo Admeto, volle morire per lui, e gli Dei le concessero il premio di tornare dall'Ade alla luce e all'amore; ma Orfeo gli Dei "senza effetto rinviaron dall'Orco, dopo avergli soltanto mostrato la imagine della donna per la quale v'era disceso; non già gliela resero, chè giudicarono, si fosse comportato vilmente e da citaredo ch'egli era, per ciò che non avesse avuto il coraggio di morir per amore, come Alceste, ma ingegnato a penetrar vivo nell'Ade: e di ciò certamente lo voller punito, facendo ch'e' fosse morto dalle donne". Che il Poliziano, discepolo del Ficino, rammentasse il Convito, non è improbabile; l'arte a ogni modo gli suggerì un grido almeno, che, rispettando il mito tradizionale, desse alla parlata d'Orfeo più calore di perorazione. Rendetemi Euridice,

e se pur me la nieghi iniqua sorte
io non vo' su tornar, ma chieggio morte!

Proserpina si commuove al lamento di costui genuflesso innanzi a Plutone, al lamento che ha fatti dimentichi i tormentati e i tormentatori dei supplizi infernali; e induce a pietà il marito: Orfeo riavrà Euridice, solo che non si volga a guardarla prima che siano tra i vivi. Ma il citaredo, direbbe Platone, nel cantare a gioia "certi versi allegri che sono d'Ovidio" dimentica il patto, e perde la donna sua, cui richiede invano, subito spaurito (oh citaredo!), dall'opposizione di una Furia. E peggio fa del lasciarsi atterrire; chè bestemmia (con che ragione? ma la favola portava così) l'amore delle donne, e si propone d'ora in poi farne a meno. Sì che una Baccante non ha torto quando indignata chiama le compagne ad ucciderlo: e fuor dalla vista degli spettatori lo straziano, per recarne in trionfo la testa cantando le lodi di Bacco in una ridda gioiosa.

Ognun segua, Bacco, te!
Bacco, Bacco, eù, oè!
Chi vuol bever, chi vuol bevere,
vegna a bever, vegna qui.
Voi imbottate come pevere.
Io vo' bever ancor mi.
Gli è del vino ancor per ti.
Lassa bever prima a me.
Ognuno segua, Bacco, te!
Bacco, Bacco, eù, oè!

Così, non senza un po' nelle rime di quello schiavone o trace comico da cui aveva prese le mosse, chiudevasi comicamente la festa. Festa drammatica, non dramma vero, e tanto meno tragedia di tipo classico, quale poi altri la volle per altre feste racconciare alla meglio, con accrescerla e distinguerla in atti. Di drammatico non ha l'Orfeo altro che il dialogo, il quale anche vi si leva sempre che può alla lirica: troppo più efficace il contrasto degli affetti e più rude ma viva la voce d'essi, troppo maggiore insomma la commozione del fatto e dello stile, in alcuna delle rappresentazioni sacre di cui la festa profana aveva accettato i metri e le forme. Se non che, pur lasciando da parte la importanza storica che l'Orfeo ha, appunto per essersi valso di esse forme in argomento profano, oh come dolce vi sonava il volgare, lo spregiato volgare, ripetendo sulle intonazioni degli strambotti popolari le immagini elette de' classici greci e latini! Le Muse antiche tenevano un po' il broncio, nel secolo decimo quinto, alla Musa nostra novella, che ne' due secoli innanzi aveva, non certo volendo, minacciato pareggiarle e superarle in bellezza. Virgilio si era soffermato con Dante sulla spiaggia del Purgatorio, dimentico di sè e del discepolo affidatogli, a udire i versi di Dante medesimo, che aveva musicati e ricantava Casella: e le muse di Grecia e di Roma s'indispettivano più, ripensando quell'omaggio che il loro alunno migliore aveva fatto alla Musa d'Italia. Spettava al diciassettenne toscano, che traduceva Omero in latino, la gioia e la gloria del riconciliarle nella festa italiana d'Orfeo: le antiche, non più gelose, abbracciarono finalmente la giovine sorella; e a lei, cogliendo insieme il destro a premiare chi aveva il merito della pace, a lei promisero splendidi doni: le Stanze del Poliziano stesso, o l'Orlando Furioso di Lodovico Ariosto.

III.

Intonazione popolare, ho detto, e immagini classiche. Sì fatta mistura non poteva riuscir felice, prima che ne fossero separatamente manipolati e affinati gli elementi; e per ciò neppure al Boccaccio, che la tentò ne' poemi, accadde d'ottenerla, se non forse qua e là nel Ninfale fiesolano. Ma i prosecutori dell'opera sua di umanista e di poeta, avevano, dagli ultimi decennii del trecento in poi, quali studiata l'arte su gli antichi, quali invece teso l'orecchio alle canzoni del popolo, quali anche coltivato insieme le canzoni e gli studii. Onde Franco Sacchetti, così schietto popolarmente e grazioso nelle ballate e ne' madrigali che rime sue furono poi attribuite al Poliziano; onde Leonardo Dati, che tenta dottamente in volgare una tragedia a uso Seneca, e in volgare sperimenta, dopo l'endecasillabo già scioltosi dalla rima per imitazione de' latini, il verso esametro e il saffico; onde Leonardo Giustinian, che parla in greco all'imperatore di Costantinopoli, recita in pubblico orazioni latine, e insegna ai liuti veneziani i più cari strambotti, le più dolci canzonette che fossero mai state ascoltate da belle innamorate e da allegri compagni. E, passando da liuto a liuto, da bocca a bocca, queste canzonette veneziane o giustiniane, come le dicevano, scesero giù per l'Italia; e Firenze, correggendole alla parlata toscana, cioè alla lingua nostra letteraria, le fe' sue. Quando il Giustinian morì, che fu nel 1446, la poesia del popolo aveva dunque trovati cultori insigni a raggentilirla; e a Luigi Pulci, nato nel '32, a Lorenzo de' Medici, nato nel '48, e al Poliziano, non mancavano dunque gl'incitamenti e gli esempii a perseverare e a compiere l'impresa leggiadra. D'altra parte, l'imitazione de' classici aveva anche essa progredito; anzi, era giunta allo sforzo ed alla goffaggine; non tanto, a parer mio, in quei metri del Dati che oggi diciamo barbari, quanto nell'abuso dei vocaboli e dei costrutti latini e delle erudizioni mitologiche e storiche alla pedantesca.

Il poeta dell'Orfeo, che aveva cominciato dagli studii del latino e del greco, vedeva accanto a sè, nel palazzo Mediceo, Lucrezia Tornabuoni, madre di Lorenzo, scrivere laudi a uso del popolo, e Lorenzo piacersi a scrivere sacre rappresentazioni e laudi anche lui, e insieme canzoni a ballo e canti carnascialeschi; udiva Luigi Pulci, per desiderio di madonna Lucrezia, racconciare nel Morgante a stile fiorentinescamente snello e a racconto maliziosamente arguto le rozze storie d'un rimatore plebeo. Provatosi così bene al volgare nella favola mantovana, è da credere che allora, in quella brigata di cui ho detto soltanto i nomi più illustri, tra l'ammirare e il ridere e il dar suggerimenti, meglio si esercitasse nelle rime dei rispetti e delle ballatine, quasi a sollievo dalla versione dell'Iliade e dall'erudizione che accumulava portentosa. E perchè quel rimare gli era un sollievo, non fa meraviglia che si astenesse dagli argomenti e dai metri più alti e più laboriosi, la canzone e il sonetto: di canzoni, una sola ne ha, a imitazione del Petrarca; di sonetti, a quel che sembra, neppure uno; di sirventesi, che era metro popolare, ma troppo soleva andare per le lunghe, non più che uno, prenunziante la prima scena dell'Aminta, in servigio di Giuliano de' Medici, per conto del quale, da coetaneo e amico, scrisse altri versi d'amore. Le ottave dei rispetti, le strofette delle ballate, non chiedevano alla facilità e grazia dell'ingegno e della penna che pochi quarti d'ora, tra la lettura di due codici, la versione di due episodii, e, un po' più tardi, tra una lezione e l'altra a Piero, primogenito di Lorenzo, e a Giovanni.

I sospiri, i dispetti, i vanti, le disperazioni, le maledizioni degli innamorati, le immaginette rusticali e primaverili, gli scherzi e le mariolerie fiorentine, le novellette e le satire, ebber vita così negli accenti variamente affettuosi, gai, rabbiosi di quelle brevi poesie: un mazzo che sopra è di rose fragranti e sotto di spine pungenti. Il Poliziano era di sua natura epigrammatico, nel senso antico della voce; spesso, scrivendo agli amici, se la godeva di sbrigarsene con poche parole: - Ti lamenti che non ti rispondo: non ti lamentar più; t'ho bell'e risposto. - Gran dispiacere, gran piacere ho avuto, della tua malattia, della tua guarigione. - Siete in parecchi a chiedere che vi scriva: ecco fatto: lettera unica, perchè vi amo unicamente; ma le saranno più lettere, poi che a leggerla sarete in parecchi. - Figuratevi poi, con la scaltra lingua toscana, e al bisogno col gergo fiorentino, col verso, con le rime, in argomenti adatti, ammaestrando le donne ad acquistarsi e a mantenersi gli amanti, narrando le sue buone venture e sventure amorose, vituperando una vecchiaccia sfacciata, toccando insomma quasi tutte le corde dell'antica lirica popolare.

Donne mie, voi non sapete
ch'i' ho el mal ch'avea quel prete.

Fu un prete (questa è vera)
ch'avea morto el porcellino.
Ben sapete che una sera
gliel rubò un contadino
ch'era quivi suo vicino;
(altri dice suo compare):
poi s'andò a confessare,
e contò del porco al prete.

El messer se ne voleva
pure andare alla ragione:
ma pensò che non poteva,
chè l'aveva in confessione.

Dicea poi tra Le persone:
Ohimè, ch'i' ho un male
ch'io nol posso dire avale. -
Et anch'io ho il mal del prete.

Tra queste malizie il sentimento della vita e della natura, caldo, giulivo, libero, sì da effondersi talvolta in rime che sembrano scheggiare i canti goliardici. Ma qui anche meno abbisognan gli esempii. Chi non sa i conforti ad amare che la fanciulla dà alle compagne?

Quando la rosa ogni sua foglia spande,
quando è più bella, quando è più gradita,
allora è buona a mettere in ghirlande,
prima che sua bellezza sia fuggita:
sicchè, fanciulle, mentre è più fiorita
cogliàn la bella rosa del giardino.

E chi non sa il canto pel rinnovamento della primavera che Firenze, la città della primavera, salutava con feste? Non eran più, nel Quattrocento, le laute accoglienze di che narra il Villani, corti coperte di drappi e zendali, e desinari e cene; ma le schiere de' giovani correvano ancora la città agitando i ramoscelli in fiore, le frondi verdi, i gonfaloni selvaggi.

Ben venga maggio
e 'l gonfalon selvaggio!

Ben venga primavera
che vuol l'uom s'innamori.
E voi, donzelle, a schiera
con li vostri amadori,
che di rose e di fiori
vi fate belle il maggio,

venite alla frescura
delli verdi arbuscelli.
Ogni bella è sicura
fra tanti damigelli;
chè le fiere e gli uccelli
ardon d'amore il maggio.

Ma non c'indugi la dolcezza de' suoni. Nel gennaio del 75, Giuliano de' Medici trionfò in una di quelle giostre che porgevano a' signori l'occasione di ostentare lor valentia cavalcando e armeggiando; spettacolo pomposo e gradito al popolo. Il fratello maggiore, Lorenzo, si era meritato, sette anni innanzi, il premio in una giostra consimile, di cui avea celebrate le gesta e l'eroe, con un poemetto, Luigi Pulci, come si usava sì per le giostre, sì pel giuoco del calcio, sì per altri sollazzi, dai cantastorie; i quali compievano, dati i tempi, l'officio de' cronisti ne' nostri giornali, non so con quanto più di verità, certo con più fatica, perchè le fandonie le strimpellavano in rima. Anche questo genere era dunque ormai caro a' poeti d'arte: se non che il Pulci, come nel Morgante, così nella Giostra, lo aveva accettato, almeno per le apparenze, tal quale, dilettandosi nella parte finta del cantimpanca o d'un suo inspiratore; tanto che diceva dover chiudere il racconto

perchè il compar, mentre ch'io scrivo, aspetta
ed ha già in punto la sua violetta.

Sapete che il compare aspettava nientemeno che dal 69? ed egli smise di scrivere soltanto allora che si preparava la giostra del 75, in cui spettava a Giuliano il trionfare. Poco più sollecito ma più elegante poeta ebbe questi: poco più sollecito, perchè, se ci pensò prima, e se forse qualcosa ne abbozzò, il Poliziano non si pose a stendere il poema ordinatamente che dopo trascorso un anno dalla giostra. In compenso non cantò le armi soltanto; cantò, più che le armi, gli amori.

Giuliano, che nella tela del Botticelli spira, giovenilmente pensoso, una dolce mestizia, era innamorato, cavallerescamente e platonicamente, com'era la moda, di quella Simonetta Cattaneo, moglie a un Vespucci, che Piero di Cosimo, o altri, dipinse esilmente gentile. Ma la Vespucci visse, dopo la giostra, pochi mesi più. Nell'aprile del 1476, scriveva di lei a Lorenzo un amico ponendola accanto alla Laura del Petrarca: "La benedetta anima della Simonetta se ne andò a paradiso, come so harete inteso: puossi ben dire che sia stato il secondo trionfo della Morte; chè veramente havendola voi vista così morta, come la era, non vi saria parsa manco bella e vezzosa che si fusse in vita: *requiescat in pace.*" Lorenzo stesso la pianse in versi; e il Poliziano, già interprete de' sospiri amorosi, ebbe a far distici sulle esequie, co' pensieri che Giuliano gli suggerì. Allora il racconto della giostra dove Giuliano si era cavallerescamente adoperato per amore e onore di lei, si allargò nella mente del poeta e comprese in sè anche la storia di quell'amore. Il genere popolano delle narrazioni in ottava rima di giuochi e apparati, venuto nelle mani d'uno scrittore geniale come il Pulci, passava pertanto da quelle di lui a più squisito artefice, e da questo era volto alla imitazione de' carmi encomiastici antichi; non altrimenti che i racconti romanzeschi, proprio in quelli anni, salivano dalla piazza al palazzo per opera del Pulci medesimo, ed erano da Matteo Maria Boiardo, traduttore d'Erodoto, avviati sulla imitazione de' poemi classici. Ove per altro conviene aggiungere che il Boiardo fu grande poeta, e nel calore dell'invenzione fuse stupendamente l'antico e il moderno in un metallo nuovo; il Poliziano fu grande artista, e nell'agevolezza dell'esecuzione compose dell'antico e del moderno un mirabile mosaico: all'uno mancò l'eleganza della lingua e dello stile, all'altro la virtù delle alte concezioni: l'uno e l'altro erano necessarii a preparare Lodovico Ariosto, poeta ed artista grande.

Ho detto con ciò il difetto e il pregio delle Stanze per la giostra: il difetto è nel disegno generale, il pregio è nel disegno e nell'esecuzione dei particolari. Come fare un poema degli amori cortesi e delle armi cortesi di Giuliano? Ecco il modo. Julio, figlio della etrusca Leda, cioè a dire Giuliano figlio della Tornabuoni, sdegnava d'amare: Cupido volle che amasse, e in una caccia gli fece apparire una cerva bellissima; la quale, trattolo via dalla brigata de' compagni, disparve: ma al giovine non ne importava più, perchè si vedeva innanzi una donna troppo più bella della cerva bellissima: la Simonetta. Inutile dire che se ne innamora, e Cupido torna tutto lieto alla madre Venere. Fin qui il primo libro. Nel secondo, i vanti di Cupido per la vittoria, buona occasione alle lodi della casa medicea: il racconto di un sogno che Venere manda a Julio, perchè si accenda a mostrare all'amata la sua bravura in una giostra, sebbene egli abbia da quel sogno stesso il prognostico della prossima morte di lei; e la preghiera di Julio a Pallade, a Venere, a Cupido, che lo aiutino nell'impresa della gloria e dell'amore. E qui il poema, come il monumento che Michelangelo scolpì a' due fratelli Medici, rimase interrotto. Perchè? Il 26 aprile 1478, una domenica mattina, nella chiesa di Santa Maria del Fiore frequente di popolo, subito che il sacerdote nel celebrare la messa si fu comunicato, Francesco de' Pazzi e Bernardo Bandini si strinsero addosso a Giuliano co' pugnali e l'uccisero: Lorenzo ebbe tempo a trarre lo stocco e, ferito nella gola, difendersi e riparare nella sagrestia. Il colpo era andato a vuoto; Firenze restava ai Medici. Ma Giuliano giaceva morto; e dopo quella tragedia non si potevano più fiorire di rime le sue venture per una giostra bandita a diletto. Il poeta si mutò in istorico, e narrò in latino, a mo' di Sallustio, la congiura de' Pazzi.

Altri osservò: se il poema rimase a mezzo, fu, anzi che un danno, un vantaggio alla fama dell'autore: andando innanzi, egli avrebbe dovuto descrivere vesti, cavalli, armeggiamenti; e già nel secondo libro la poesia scade; in più libri, il tedio sarebbe cresciuto; quel panegirico sarebbe stato letto da' soli eruditi. Io non mi lascio

132

consolare così facilmente. Ammettiamo pure che le Stanze avessero a crescere, pel compimento del secondo e per l'aggiunta d'un terzo libro, che è quanto di più si possa immaginare, di un'altra metà: il disegno generale non si sarebbe sottratto, certo, da giuste censure; ma non gli si muovono a ogni modo, giudicandone dal frammento? e gli episodii ci avrebbero date bellezze, se non maggiori, pari a quelle che nel frammento ammiriamo.

Non le rammenterò. Le lodi della vita rustica, la caccia, la Simonetta, il regno di Venere, gl'intagli della porta nella reggia di lei, l'albergo del Sonno, sono, a tratti almeno, in tutte le antologie, sono, a tratti almeno, in tutte le memorie. La giostra non è più che un pretesto: sembra che il Poliziano prometta di guidarvi a goderne lo spettacolo, soltanto per aver modo di farvi ammirare, così senza parere, d'una in un'altra galleria, la sua meravigliosa raccolta di quadri e di statue. Sono i tempi de' bronzi di Lorenzo Ghiberti, delle terre cotte di Luca della Robbia, dei marmi di Donatello, degli affreschi di Filippino Lippi, delle tele di Sandro Botticelli; e l'arte di tutti costoro si riflette nello specchio finissimo di quelle ottave, che suonano e creano, secondo il precetto, da molti franteso, del Foscolo, il quale più d'una somiglianza ebbe col Poliziano negl'intendimenti e ne' modi dell'arte: suonano, cioè, varie, fluide, eleganti; creano immagini adatte alla plastica e ai colori. Dopo Dante, nessuno aveva posta nel verso tanta efficacia di rappresentazione: nessuno ancora aveva saputo nell'ottava rima alternare, con tanta accortezza di pause e di accenti, di piani e di sdruccioli, il forte col tenue, il dolce con l'aspro. Il primato della lingua letteraria, come da Leon Battista Alberti, sebbene con importanza minore d'assai, per la prosa, così dal Poliziano era riconfermato alla Toscana per la poesia: dopo le Stanze per la giostra, l'Orlando innamorato doveva di necessità essere offuscato dalla fama del prosecutore che chiese alle labbra di una fiorentina la grazia dei baci e le grazie del nostro volgare; e doveva per ciò di necessità piegarsi, per rivaleggiare col Furioso, al rifacimento toscano di Francesco Berni.

La notte che le cose ci nasconde
tornava ombrata di stellato ammanto:
e l'usignuol sotto le amate fronde
cantando ripetea l'antico pianto;

Lingua, stile, metro erano ormai perfetti, e compiuta l'assimiliazione dell'arte classica nella medievale, per opera di quel giovane da Montepulciano che tendendo nelle campagne l'orecchio alle canzoni del popolo "beccava per tutta la via di qualche rappresaglia e canzone di Calen di maggio", e leggeva a diletto i nostri migliori, e poi, nel silenzio del suo studio, meditava i testi dei greci e dei latini.

IV.

L'Orfeo e le Stanze, opera quasi improvvisata la prima, non compiuta la seconda, furono pubblicate soltanto due mesi innanzi che il Poliziano morisse, e non per volontà di lui. Al pari del Petrarca, egli, da buon umanista, chiedeva piuttosto e si aspettava la gloria dalla filologia classica, nell'arte e nell'erudizione. Per ciò, interrotta dalle Stanze, la versione d'Omero, ch'era destino restasse come le Stanze incompiuta; per ciò, scritto in latino il commentario della congiura de' Pazzi; per ciò, gli epigrammi greci e latini; e in latino le elegie, le odi, le Selve, le traduzioni di prose greche, le orazioni, i trattati, le miscellanee. Tanto più, perchè a ventisette anni già insegnava eloquenza greca e latina nello Studio fiorentino, dove accorrevano a udirlo tali ch'egli aveva ascoltati maestri; e perchè l'umanesimo si andava mutando d'arte in iscienza e richiedeva ormai lunghe e pazienti fatiche di collazioni sui manoscritti e di commenti. Giurazio Suppazio, che va in cerca de' dotti per tutta l'Italia, dopo aver corse due giorni le vie di Roma con gran rischio d'essere messo sotto dalle mule de' prelati, si sfoga con un letterato dell'ozio in cui gli sembrano sprofondati i Romani: *otio illic marcescere homines*, dice Suppazio; e l'altro lo prende a pugni: - To' su, bestiaccia! *splendesco, tabesco, liquesco* non ammettono il caso ablativo! - Più egli cerca, con esempii, scolparsi, e più ne busca; sì che fugge da quella grandinata e va a lagnarsene altrove; ma non ha aperto bocca, che il confidente lo interrompe: - O non ti vergogni a codesta età, non saper di latino? *iniuriam patior* chi te l'ha insegnato a dire? - Neppur qui valgono al disgraziato gli esempii; e quando vede che il grammatico stringe i pugni, fa tutta una corsa fino a Velletri. La satira è come uno specchio convesso che altera la proporzione delle fattezze e suscita il riso: ma il volto sformato è pur nello specchio quel dato volto e riconoscibile a tutti: così nel dialogo del Pontano accade al purissimo de' ciceroniani ignoranti. Or quando si può far satira tale, la diffusione e la intensità dell'umanesimo, rispetto allo scrivere latino, sono palesi. Ridicola appariva ormai la lingua letteraria del medio evo, tanto lontana da quella dei classici; e la questione che si agitava non era più che questa: si ha da scrivere coi vocaboli e i costrutti di Cicerone solo, o sarà lecito valersi d'altri vocaboli e costrutti usati dagli altri antichi? e, al bisogno, coniare vocaboli nuovi? il Poliziano fu per la libertà, diciam pure per la licenza, e ne sostenne fiere baruffe, che lasciò in eredità ai discepoli. Ma come Erasmo, eclettico anche lui, esclamò piacergli più quel che il Poliziano scriveva dormendo, di quel che un suo avversario, Bartolommeo Scala, da sveglio e con ogni cura; così, oggi che l'eclettismo ha perduta la guerra, i critici lodano ancora nello stile del Poliziano, sia pure a mosaico e tutto fioretti, un gran sapore di latinità, e un vigore, una grazia, singolari. L'elegia per le viole avute in dono dalla sua bella (vo' credergli non fosse ancora canonico!) quella in morte di Albiera degli Albizzi, che prenunzia le Stanze, l'ode ad Alessandro Cortesi, i giambi contro una vecchia (anche in latino ricantavano i motivi popolari), gli esametri delle Selve con le quali splendidamente iniziò le sue letture pubbliche di Virgilio, d'Esiodo, d'Omero; e in prosa, le epistole, la prelezione alle Priora d'Aristotele, il trattatello sull'ira, la narrazione della congiura, sono tra i capolavori del latino recuperato, com'egli diceva, dalla barbarie dell'evo medio. "Non son mica Cicerone io! me stesso, se non m'inganno, ho da esprimere." Il ragionamento, a dir vero, zoppica; o non aveva, ad esprimersi, il volgare? Ma il libraio degli umanisti fiorentini, Vespasiano da Bisticci, affermava, quasi interprete di tutti loro, che "nello idioma volgare non si può mostrare le cose con quello ornamento che si fa in latino". Esperienza del contrario fece il Poliziano medesimo, e si mostrò restio, almeno in parte, al detto del Filelfo: in volgare si scrivon le cose che non vogliamo far sapere ai posteri. Restio pe' versi, non per la prosa; e voi rammentate che dell'uccisione di Giuliano lasciò ai posteri la grave memoria in un racconto latino. Del resto, anche per la poesia, troppa distanza poneva tra i classici e i moderni. In una Selva, celebrati i greci e i latini con più di settecento esametri, si sbriga con otto soli di Dante, del Cavalcanti, del Petrarca, del Boccaccio: è un cenno in cui suona l'affetto; ma l'ammirazione sua va ai padri antichi, non ai recenti fratelli.

"La sapienza latina e greca le abbracci per modo che non è facile accorgersi di quale tu possegga più. Senza adulazione, Poliziano mio, non c'è che un solo, o due, o forse nessuno, degno d'esserti paragonato: se foste in più, il secolo nostro non avrebbe di che invidiare gli antichi." La lode è d'un giudice amico, è del candido Gian Pico della Mirandola; ma data l'enfasi epistolare d'allora, esagerata non è. Il Poliziano, componendo epigrammi, traducendo Omero, le Storie d'Erodiano, il Manuale d'Epitteto, fu veramente, anche per le lettere greche, così elegante scrittore come sagace interprete, e benemerito della filologia moderna. La quale, se ammira quella tanta facilità e vivacità dello scrivere latino e greco, sia pure che, fatta più accorta da quattro secoli di studii, abbia qua e là a notare qualche scappuccio di stilistica e di prosodia, attribuisce al Poliziano lodi maggiori per avere, con senno ed acume di critica, bene avviata e procurata la restituzione e la interpretazione dei testi, e lo saluta come uno de' maestri primi. Grammatico si vantava egli; ma la sua grammatica era la filologia tutta e comprendeva tutta la vita e la letteratura degli antichi. "Di grazia, m'avete voi per tanto insolente o stolto, che se alcuno mi desse del giureconsulto o del medico, non crederei in tutto ch'e' volesse il giambo de' fatti miei? E pure (sia detto senz'arroganza) gli è buon tempo ch'io lavoro, e di lena, ad alcuni commentarii sul Diritto civile, ad altri su maestri di medicina; nè voglio acquistarne altro nome che di grammatico; pregando che non mi sia invidiata questa qualifica, schifata pure da certi messeri come vile e spregevole." Codesto grammatico raffronta codice a codice; corregge col raffronto gli errori; dove il raffronto non giova, fa congetture, e spesso indovina, come poi altri codici proveranno; intende ciò che fino a lui pareva oscuro; e può nella prima centuria delle Miscellanee mostrare, da gran signore, senza ostentarla, una dottrina e una sagacia che sarà mirabile a tutti gli studiosi, dopo essere stata gradita a Lorenzo de' Medici, il quale cavalcando con a fianco l'amico, si dilettava ascoltarne le primizie. Così talvolta si dilettavano insieme assistere alle dispute de' dottori rivali su questioni di leggi; e d'una avvenuta in Pisa, riferiva così il bidello al notaio dell'università: "Riscaldandosi e giostranti nell'arme si fe' buio, e col torchio finì detta disputa. Venendo loro (Giason del Maino e il Soccini disputanti) a un certo passo d'un testo, del dire in un modo a dire nell'altro, Lorenzo e M. Agnolo Poliziano suo mi mandò con sua volontà per uno codice, e trovata la legge, M. Agnolo la lesse presso Lorenzo." Questo nel 1489; l'anno dopo, la collazione del manoscritto delle Pandette era finita, e il Poliziano aveva sospinta con essa anche la culta giurisprudenza a progressi crescenti. E nella giurisprudenza, oltre quel merito del testo restituito a lezione migliore, a lui spetta quest'altro, dell'aver accennato per primo alle traduzioni greche del dritto giustinianeo, ai Basilici e a Teofilo, con opinioni che la scienza odierna, se non le accetta tali quali, ancora discute.

Quando nel 1494, due anni dopo il suo Lorenzo, il Poliziano morì, che non contava ancora quarantun anno, l'umanesimo trionfava negli studii, nell'arte, e, quel che più importa, nella coscienza italiana. Eccone, per molti, un esempio men noto. A Reggio d'Emilia, negli ultimi mesi della vita del Poliziano, corse voce fosse sottratto, o che presto sarebbe, dal convento de' Carmelitani, un codice ove un frate umanista, Michele Ferrarmi, aveva raccolte quante più iscrizioni antiche gli erano capitate in lunghi anni di ricerche. La città si commuove; gli anziani si adunano e fan provvisione, si mandino al convento tre deputati i quali parlino col priore e diano opera a che il prezioso manoscritto sia incatenato e talmente affisso nella libreria del convento che mai non possa esserne nè tratto nè sottratto, ma resti (son le parole della deliberazione) quasi un altro libro delle Pandette nella città di Reggio perpetuamente. I deputati andarono; i frati si scusarono e promisero; Reggio vanta ancora nella sua biblioteca il codice del Ferrarini.

Tali gli effetti dell'umanesimo. Del quale io, parlandovi d'Angelo Poliziano, non potevo e non dovevo colorire il quadro compiuto che la serie di queste letture vi andrà troppo meglio a mano a mano dipingendo. Ma non vi dissimulo che il Poliziano stesso mi avrebbe data occasione a farvi almeno intravedere anche il rovescio della medaglia, la petulanza del chiedere, i costumi facili, le invidie, le insidie, i furori letterati, se avessi stimato utile ed opportuno, dentro lo spazio d'un'ora, fermarmi su i vizii e su i malanni dell'uomo, e del tempo suo, piuttosto che sulla virtù di quella mente e sulla importanza del rifiorire degli studi classici. Che se poi non fossi riuscito neppure in ciò, mi valga uno di quelli epigrammi che il Poliziano si compiaceva aguzzare nelle sue lettere: lo scrisse a Gian Pico, un giorno che nel far lezione l'avea veduto tra gli scolari; ed io lo parafraso ed estendo a voi tutti: "Per farmi onore vi siete messi a sedere qui innanzi a me, quasi mi foste scolari. Non v'aspettate la mia gratitudine. Se la lettura v'è piaciuta, sta a voi l'esserne grati a me; se poi la non v'è piaciuta, oh non ci mancherebbe altro che vi dovessi esser grato io!"

LA LIRICA DEL RINASCIMENTO
DI
ENRICO NENCIONI

I.

La più grande lirica del Rinascimento è la poesia che emana da quell'epoca stessa.

Epoca unica e veramente maravigliosa! I suoi grandi personaggi non vivono isolati, come quelli di altre epoche insigni; ma respirano in un ambiente medesimo, e hanno, dirò così, un'*aria di famiglia* che ce li fa subito riconoscere. La gioventù, la curiosità scientifica, l'aspirazione, ne sono le più spiccate caratteristiche. Quegli *umanisti* non sono dei dotti pedanti, ma degli *editori* entusiasti. Quegli eruditi, come Pico della Mirandola, son dei poeti. È un'epoca *aurorale*, in cui tutto si intravede in una rosea luce di gioventù e di poesia. Pensate! Lorenzo, il Savonarola, Pico, Brunellesco, Leonardo, Guttemberg, Colombo, Copernico! - Tutto il Mondo moderno è racchiuso in questi gran nomi. Si scuopre il Cielo e la Terra, gli astri e l'America, la stampa e l'Oriente. Si commenta Platone, si stampa Omero e Virgilio. Si rivela e s'adora il volto sempre giovine e raggiante dell'antichità, che si credea tanto vecchia! In un'estasi mistica e estetica, si tenta di conciliare i due grandi antagonismi, Paganesimo e Cristianesimo. Fioriscono di vita nuova la geografia, la storia naturale, la meccanica, la medicina, l'anatomia, la pedagogia. Un Italiano completa la Terra: un Polacco scuopre l'infinito nel Cielo. Savonarola attesta la coscienza morale e la libertà: Leonardo, la universale parentela della Natura. *Simpatia umana* è il motto sacro del Rinascimento - prima che esso degeneri in Accademicismo e precipiti nel Barocchismo - per poi tornare alle sue grandi origini del secolo XIV e XV, e dar la mano al secolo XVIII e al secolo nostro.

Esaminando le opere dei principali lirici del Quattrocento, vediamo che la poesia idillica è la predominante: poi vien quella amorosa, sensuale o elegiaca: poi la popolare, sacra o profana. Vediamo che il Pulci nella sua stravagante e possente fantasia pare un'eco medievole in mezzo al Rinascimento - che il Poliziano è il più essenzialmente greco-latino, e il più artista - che il Magnifico ha più di tutti il senso della realtà, e il Boiardo quello della poesia e della bellezza. In tutti c'è, più o meno, l'intendimento e l'attitudine a rappresentare nel verso la natura esteriore. Sotto un certo aspetto, son tutti poeti *naturalisti*: ma il metodo descrittivo varia nei diversi poeti. Lorenzo, come in pittura il Ghirlandaio, trascrive la immagine esteriore delle cose, con una grafica precisione. Il Boiardo e il Poliziano vedono nella figura esteriore *qualche altra cosa*; e, come il Botticelli, sono immaginosi più che drammatici.

In tutti però, eccetto Lorenzo de' Medici, l'osservazione della natura è piuttosto limitata. Al lettore moderno, che ha letto Rousseau e Goethe, Wordsworth e Shelley, Lamartine e Giorgio Sand, Tennyson e Victor Ugo, pare che quei lirici del Quattrocento non abbian visto che la primavera tra le stagioni, le rose e le viole tra i fiori, e il rosignolo tra gli uccelli. Somigliano un po' a certi lirici tedeschi, i cui *Lieder* son composti con un limitatissimo e monotono dizionario poetico: *cielo, luna, aprile, sorriso, vergine, rose, gigli, rosignoli, amore* e *dolore....* Ma la nota monotona, insistente come il ritornello d'un merlo, è sempre la Primavera. Talchè, leggendoli, alla lunga ci prende un desiderio, una simpatia, una voglia irresistibile di un po' di pioggia, di neve e di tramontana....

Il vero realista è Lorenzo. Esso il primo interrompe la convenzionale tradizionale *ottimista* nelle pitture rurali. Ha visto il grano e le rose, ma anche le ortiche ed il concio - le ghirlandette e i pruneti - i rispetti e le serenate, e il sudiciume e la fame.

Nel suo delizioso poemetto, *L'Ambra*, la piena del fiume è descritta nei più realistici e dolorosi particolari.

Appena è stata a tempo la villana
Pavida a aprire alle bestie la stalla.
Porta il figlio che piange nella zana.
Segue la figlia grande, ed ha la spalla

Grave di panni vili, lino e lana:
Va l'altra vecchia masserizia a galla,
Nuotano spaventati i porci e i buoi....

Non pare staccato da una pagina della *Terre* di Emilio Zola? E com'è schiettamente contadinesco il Canto d'amore *la Nencia da Barberino*! Immagini e favola, tutto è perfettamente *rusticano* e *fiorentino*.

Non vidi mai fanciulla tanto onesta,
Nè tanto saviamente rilevata:
Non vidi mai la più pulita testa,
Nè sì lucente nè sì ben quadrata.
Ell'ha due occhi che pare una festa
Quand'ella li alza, e che ella ti guata:
E in quel mezzo ha il naso tanto bello
Che par proprio bucato col succhiello.

E che efficacia di rappresentazione nei suoi Canti Carnascialeschi! Sia nei Mitologici, come le *Parche*, *Bacco e Arianna*, il *Trionfo d'Amore*; sia nelle Mascherate dei Mestieri, come i *Cialdonai*, le *Filatrici d'oro*, i *Calzolai*.... In moltissimi il doppio senso è lubrico, spesso addirittura osceno, quale sarà più tardi in certi Capitoli del Berni, dei Bernieschi, e dell'Aretino - talvolta è velato da una maliziosa ironia, come nel Carro delle *Mogli giovani* e dei *Mariti vecchi*.

I Vecchi. - *Deh? vogliateci un po' dire*
Qual cagion vi fe' partire,
D'aver preso altro amadore
Vi farem tutte pentire.
Le Mogli. - *Deh, andatene al malanno,*
Vecchi pazzi rimbambiti!
Non ci date più affanno!...
Contentiam nostri appetiti.
Questi giovani puliti
Ci dann'altro che vestire....

E che movimento bacchico, che allegra spensieratezza pagana, che gioconda esultanza di ritmo, nel *Trionfo di Bacco e Arianna*!

Donne e giovinetti amanti,
Viva Bacco e viva Amore!
Ciascun suoni, balli e canti!
Arda di dolcezza il cuore!
Non fatica, non dolore!
Quel c'ha a esser, convien sia,
Chi vuol esser lieto, sia;
Di doman non v'è certezza.
Quant'è bella giovinezza
Che si fugge tuttavia.

La figura di Sileno in questo medesimo Canto ha tanto rilievo, che par gettata in bronzo dal Pollaiolo.

Questa soma che vien dreto
Sopra un asino, è Sileno:
Così vecchio, è ebbro e lieto,
Già di carne e d'anni pieno.
Se non può star ritto, almeno
Ride, e gode tuttavia....
Chi vuol esser lieto, sia:
Di doman non v'è certezza.

Lo stesso Lorenzo scriveva poi *Laudi* e *Sacre Rappresentazioni*. Spesso, una medesima aria serviva a una Lauda divota, come *Crocifisso a capo chino*, - e a una lasciva Canzonetta, come *Una donna d'amor fino*. Lorenzo è un gran dilettante, pel quale tutti i *motivi* poetici sono buoni - e passa con intrepida disinvoltura dal Canto sacro della *Mater dolorosa*, al Canto carnescialesco dei *Bericuocolai*.

III.

Come poeta, credo che la sostanza, la vera eccellenza del suo ingegno, consista nel suo realismo. Qui sta la sua originalità, e l'attrattiva che esercita sul lettore moderno. È anch'egli un *impressionista* (dei buoni) che trova sempre il modo di dar forma artistica - più o meno felice, ma sempre fresca e schietta - a tutto ciò che colpisce il suo occhio, la sua fantasia, il suo sentimento. Invece di Venere o di Lucina, canta la Nenciozza, - invece di figurarsi Cipro e Delo, dipinge dal vero Careggi e il Mugello, - invece degli Auguri o delle Sibille, ritrae i Beoni e i Cialdonai. Non ha nulla dell'accademicismo del Sannazzaro, o della estetica del Poliziano. È spesso rude e scorretto - ma è il più vicino alla natura; e ha un sentimento della campagna così vivo e diretto, che in tutta la storia letteraria dell'Europa (fatte le debite differenze di epoca, di nazione e di carattere) non trovo da paragonargli che Roberto Burns.

Invece, il mondo poetico del Poliziano è un riflesso di Teocrito, di Virgilio, di Ovidio, di Stazio, del Petrarca: ma la sua immaginazione trasforma, trasfigura ciò che raccoglie, in modo così felice, che ci apparisce quasi come una nuova creazione. Egli mette nelle sue reminiscenze classiche l'entusiasmo dell'umanista - e dà moto, vita e passione, ai più freddi fantasmi mitologici. Egli canta Venere e Diana, con l'ardore con cui Swinburne ha cantato oggi Federa e Atalanta.

Di più: come il Boiardo, egli è un insigne decoratore: ha il senso squisito della ornamentazione: la sua tavolozza di colori è maravigliosa. Chi non ricorda il ritratto della Simonetta, il quale è appena inferiore per colorito, e supera, per grazia, quello d'Alcina? Chi non sa a mente certi suoi versi deliziosi, come:

Ridele attorno tutta la foresta.
L'erba di sua bellezza ha maraviglia,
Gialla, cilestra, candida e vermiglia.

e le fragranti strofe della ballata *Il giardino delle rose*?
Dove poi il Poliziano ha note intense di vera poesia è nei *Rispetti*. Eccone uno, sensuale e delicato ad un tempo:

So' innamorato d'una rosa rossa,
E il giorno non mi so da lei partire.
Quando ci passo il suo bel petto mostra,
Ed è sì bianco, che mi fa morire.

E che dolore passionato in quest'altro!

Ti vengo a rivedere anima mia,
E vengoti a vedere alla tua casa:
Pongomi inginocchioni in su la via.
Bacio la terra dove sei passata!
Bacio la terra ed abbraccio il terreno:
Se non m'aiuti, bella, i' vengo meno.

Dal Poliziano al Rückert, dal Dall'Ongaro alla Robinson, quanti poeti hanno imitato i Rispetti e gli Strambotti Toscani!
Ma non credo che nessuno di questi poeti abbia raggiunto l'altezza lirica di quattro versi, improvvisati in una serenata da un contadino della montagna di Pistoia, raccolti e editi dal Tommaseo:

Una fila di nuvole d'argento
Innamorate al lume della luna
Vengon per l'aria portate dal vento
A salutarti, o bella creatura!

Che larghezza di orizzonte, che movimento, e che luce nel verso meraviglioso

Vengon per l'aria portate dal vento!

È degno di Dante - e ricorda infatti la divina terzina:

Come nei plenilunii sereni,
Trivia ride fra le Ninfe eterne
Che dipingono il ciel per tutti i seni.

Il Poliziano ha cose eccellenti anche nelle canzonette popolari. In quella - Io vi vo' donne insegnare - Come voi dobbiate fare - vi sono strofe di lepida arguzia; per esempio:

Fate pur che 'ntorno a' letti
Non sien, donne, mai trovati
Vostre ampolle e bossoletti;

Ma teneteli serrati.
I capei, ben pettinati
. . . .
State poi sempre pulite;
Io non dico già strebbiate.
Sempre il brutto ricuoprite,

Ricci e gale sempre usate.
Vuolsi ben che conosciate
Quel che al viso si conviene:
Chè tal cosa a te sta bene,
Che a quell'altra ne dispare.
Ingegnatevi star liete,
Con bei modi ed avvenenti:
Volentier sempre ridete,
Pur che abbiate netti i denti.
. . . .
Imparate i giuochi tutti,
Carte e dadi, scacchi e tavole,
Perchè fanno di gran frutti,
Canzonette versi e favole.
Ho veduto certe diavole
Che pel canto paion belle:
Ho veduto anco di quelle
Che ognun l'ama per ballare.

Accanto al Poliziano, metterei il Boiardo; e, come pura immaginazione, forse gli è superiore - anzi, senza forse. È il più essenzialmente immaginoso di tutti i poeti del Rinascimento, non solo nell'*Orlando*, ma anche nelle *Rime*. In tutti gli altri poeti epici e romanzeschi, dal Poliziano e dal Pulci a Torquato Tasso, c'è qualche cosa di artificioso e di teatrale - vi sono echi delle feste di Mantova e di Firenze, di Roma e di Ferrara - meccanismi e macchine pirotecniche, come nelle feste per Alfonso d'Este, o in quelle di Boboli e Pratolino per Bianca Cappello. Il Boiardo invece vede tutto in un mondo magico e etereo - è il più *orientale* dei raccontatori - è il più indigeno abitatore della *Faery-Land* che sia mai esistito - anche più dell'Ariosto, e di Spenser stesso.

Come lirico, unisce alla fiorente immaginazione un vivissimo colorito. Certe sue poesie ricordano nel mondo letterario il *Liebesfrühling* di Rückert e il *Buch der Lieder* di Heine - nel mondo artistico, le facciate smaglianti delle cattedrali di Orvieto e di Siena - e nel mondo naturale, un prato o un campo di maggio, quando tra l'erba alta e verdeggiante brillano fiori candidi e azzurri, e, come intensi e voluttuosi desideri, ardono tra 'l verde, i petali di seta e di fiamma dei rosolacci scarlatti. Ne prendo una tra cento:

Leggiadro veroncello, ov'è colei
Che di sua luce illuminar ti suole?
Ben vedo che il tuo danno a te non duole;
Ma quanto meco lamentar ti dei!
Senza la sua vaghezza, nulla sei.
Deserti i fiori e secche le viole,
Al veder nostro il giorno non ha sole,
La notte non ha stelle senza lei.
Pur mi ricordo ch'io ti vidi adorno,
Tra bianchi marmi e colorito fiore,
Da una ridente candida persona.
Al tuo balcone allor si stava Amore
C'or te soletto e misero abbandona,
Perchè a quella gentil respira intorno.

IV.

Fin da ragazzo avevo letto nelle storie letterarie e nelle Antologie che pregio dell'*Arcadia* del Sannazzaro era la bellezza delle *Descrizioni campestri*. Ma anche prima ch'io "fuor di puerizia fossi" mi accorsi leggendolo che il Sannazzaro descrive.... come può descrivere *un cieco*. Mi spiego. Un cieco può parlare di oggetti visibili che non gli è dato distinguere - parlare di stature, di misure, di forme, anche di colori: ne ha sentito parlare, e ripete ciò che ha sentito dire. Così il Sannazzaro ci parla di boschi, di luna, di aurora, di uccelli, di laghi, perchè gliene hanno detto qualcosa Virgilio, Ovidio, i Greci, il Boccaccio - ed egli ripete, quasi sempre male, quel che essi hanno detto bene.

A provare che il Sannazzaro non è vero poeta, cioè un veggente, cioè un uomo che *vede meglio e più addentro che gli altri*, nell'uomo e nella natura - basta guardare i suoi aggettivi. Non ne trovi mai uno, dico uno, che, come fan sempre quelli di Dante, dia vita e fisonomia e colore al suo sostantivo. Son tanto comuni che, dato il sostantivo, s'indovina subito l'epiteto che l'accompagna.

Apro a caso e leggo:

"Gli aratori tutti lieti, con *vaghi* e *dilettevoli* giuochi, intorno ai *candidi* buoi, per li pieni presepi cantarono *amorose* canzoni. Oltra di ciò li *vagabondi* fanciulli (*vagabondi*, in altro senso, non sarebbe cattivo) con le *semplicette* verginelle se videro per le contrade exercitare *puerili* giuochi in segno di *comune* leticia."

Ecco dei versi d'un'Egloga lodata. Parla il pastore Barcinio a Summonzio.

Barcinio. - *Una tabella pose per munuscolo*
In su quel pin: se vuoi vederlo, or alzati,
Ch'io ti terrò su l'uno e l'altro muscolo.
Summonzio. - *Quinci si vede ben senz'altro ostacolo*
Filli, quest'alto pino io ti sacrifico,
Qui, Diana ti lascia l'arco e l'jacolo.
Questo è l'altar che in tua memoria edifico,
Quest'è il tempio honorato e questo è il tumulo
In ch'io piangendo il tuo bel nome amplifico.

Certo, questi pastori hanno avuto sempre *dieci* in latino, e sono stati tutti all'*Università*.... Paragonate questi *dotti* vestiti da pastori, agli schietti e veri e vivi contadini di Lorenzo de' Medici!

Sarebbe però ingiusto il negare al Sannazzaro la facoltà che ha, in qualche scena silvestre o rusticana, di darci una serie di graduali impressioni che han del poetico - il senso della composizione, della euritmia, della *Symetria prisca*. Peccato che egli si compiaccia e si pavoneggi quasi sempre nella imitazione *formale*, in una specie di trascrizione dai Latini, quasi a sfoggio di saccenteria.

Un valente critico, anche troppo benevolo al Sannazzaro, scrisse che l'*Arcadia* fu come un sogno per l'autore, e diventa un sogno per il lettore - che i personaggi son quasi tutti *fantasmi* piuttosto che veri caratteri. Il Sannazzaro viveva nel più luminoso paesaggio d'Italia; aveva sotto gli occhi il golfo di Napoli, Posilipo, Amalfi, Sorrento; e non sa che *intravedere* uomini e cose, come fantasmi in un sogno!

Aggiungete che i personaggi d'*Arcadia*, questi fantasmi che non sappiamo distinguere, e che non ci interessano, nè ci commovono mai, nè per le loro avventure, nè coi loro lamenti, erano, sotto nomi pastorali, personaggi veri e *viventi*, amici e parenti del Sannazzaro, che egli ha paralizzato con le sue frasi latine, e mummificato coi suoi periodi boccaccevoli. La poesia che in Dante e nei veri poeti mette la vita anche dov'era la morte - nel Sannazzaro mette invece la morte dov'era la vita; perchè l'arte vivifica, e l'artificio dissecca. Sì, pare incredibile, ma è vero e provato. La insipida pastora *Massilia* è la Masina, madre del Sannazzaro, da lui tanta amata - *Amaranta*, è la sua diletta Carmosina - *Melisco* è il Pontano - *Fronimo* è Gian Francesco Caracciolo - persone vive e vere, che egli vedeva tutti i giorni, e che egli ha *seppellite per sempre* nel classico e freddo sepolcro dell'*Arcadia*.

Se nella poesia e nella prosa, nell'*Arcadia* e nelle *Rime*, il Sannazzaro imita continuamente gli antichi, da Virgilio a Claudiano, si può dire che saccheggia addirittura il Boccaccio.

Anche quando vuol descrivere la *sua* Napoli, il Sannazzaro non sa far altro che trascrivere dal Boccaccio. Ma il Boccaccio che, nonostante i latinismi e l'artificio, e un certo manierismo, è un gran poeta in prosa, rimane il solo vero ed efficace descrittore di Napoli. Il placido, azzurro, tepido mare di Baia, Posilipo e Castelnuovo, la tomba di Virgilio e Pozzuoli, Cuma e Caprea, ce lo rammentan sempre.

Dopo il Boccaccio, chi ha più sentito e meglio tradotto la poesia di Napoli, è Lamartine. Boccaccio e Lamartine - spaventosa concordia! eppure, o Signori, è così. Quell'incanto molle di Napoli, quello spettacolo unico di cielo e di mare, dove in uno sguardo si vede, dirò così, il fiore della Vita - dove la terra è una festa, e il cielo un paradiso - il sensuale amante della Fiammetta lo sentì come lo spirituale poeta di Elvira. Tatti e due avevano respirato l'aria balsamica e luminosa delle notti napoletane - tutt'e due avean errato sul golfo nell'ora ineffabile in cui la luna declina verso il Capo Miseno, e impallidisce e svanisce tra le prime rose dell'aurora.

Nel Sannazzaro già trasparisce il lato debole, anzi cattivo dell'epoca. Come in Lorenzo e in Leonardo è il lato *dialettico*, nel Sannazzaro è il lato *sofistico* del Rinascimento: la cieca idolatria del classicismo, delle regole consacrate e dommatiche, e quello spirito legislativo e dottrinario, che doveva finalmente soffogare l'immaginazione e la libertà individuale, e precipitare fino ai deliri del grottesco e del barocco, i sistematici adoratori del *Bello Assoluto*. Già fino dalla fine del secolo XV, per molti letterati, ciò che importa non è più *cosa* s'ha a dire, ma *come* si deve dire. Una menzogna o una turpitudine in bei periodi Ciceroniani, si preferisce a una verità o a un gran pensiero nel cattivo latino di Abelardo e di san Tommaso. Dei cardinali umanisti raccomandano a dei giovani prelati di non fermare il pensiero sulle orazioni della Messa o sulle parole dei Salmi, per non sciuparsi *lo bello stile*. Si paganizzano perfino i nomi, e Pietro si muta in *Pierio*, e Giovanni in *Gioviano*. Lo scrittore finisce col non dir più quello che pensa, o immagina, o sente - ma pensa solo a delle *frasi* - vede, non più il mondo immenso della Natura, ma il mondo limitato dei classici, e trascrive servilmente questo, come modello assoluto, e quasi sempre lo sciupa nel riprodurlo. La forza trionfante, l'indifferenza nella scelta dei mezzi pur di riuscire, la bellezza sensuale e voluttuosa, il godimento raffinato e egoistico, divennero un nuovo Vangelo - tanto che la Letteratura e l'Arte, queste due confessioni della Società, ne furon finalmente viziate, infette nell'intimo organismo, e mostruosamente pervertite. E si ebbero per ultima conseguenza, poemi cortigianeschi deliranti e snervanti, drammi da macchinisti, pitture e sculture di Dei senza potenza, di Vergini senza pudore, di uomini senza carattere: Santi che paion facchini e odalische - Angeli che somigliano ad acrobati o a ballerine - moli enormi e insolenti di marmo e stucco sciupati, che si chiamano chiese, palazzi e sepolcri.

Il vizio del Rinascimento dopo il suo primo fiore, fu il culto eccessivo e la servile imitazione delle forme antiche. Finì per non guardar più alla Natura, unica e inesausta sorgente d'ogni Vero e d'ogni Bello; e lo vide solo attraverso i libri: e avemmo una letteratura convenzionale, un accademicismo rettorico. Dante, il gran conciliatore della Natura e dell'Arte, della dottrina e della poesia, fu dimenticato. Poi l'ingegno umano, pazzo d'orgoglio, non imitò più neppure i classici, ma pretese ricavare ogni invenzione dalla propria fantasia, *creare* senza guardare più nè il Vero nè gli antichi, e avemmo il Marini e il *Secento*.

E quanto alla Poesia, ricordiamoci sempre, o Signori, che il primo, il vero, l'*insuperato* Rinascimento, è in Dante. Dopo lui, non c'è progresso. Come hanno potuto alcuni critici recenti affermare che il *Sentimento della Natura* e il *Sentimento umano* cominciano nella nostra poesia col Petrarca? Tutte le volte che Dante dipinge scene naturali, dal cielo stellato alle pecorelle, dal turbine a un uccellino, rimane insuperato non solo dal Petrarca, ma da quanti poeti hanno cantato in Italia per cinque secoli. Solo il Leopardi, qualche rara volta, gli si avvicina. Dante rimane il tipo del vero umanista; perchè adora l'antico, ma non abdica mai nè la sua fede, nè la sua epoca, nè la sua personalità. Egli solo nel suo tempo è grande poeta e grande scienziato - dopo lui la poesia e la scienza fanno in Italia un deplorevole divorzio. Nè si ripeta la solita storia delle dissertazioni *teologiche*. Dante è sommo e unico non *per*, ma *malgrado* i suoi Canti teologici.

E il Sentimento umano? Non solo egli lo espresse in modo sovrano prima del Petrarca; ma espresse *tutti* i sentimenti umani: talmente che anche oggi, dopo tanti secoli, non possiamo in questo paragonargli *nessuno*, almeno in Italia. Pensate! Manfredi, Casella, Piccarda, Farinata, Pier delle Vigne, Buonconte, Sapia, Francesca, Ulisse, Ugolino, Filippo Argenti, Sordello, Romeo!

..... "Ma le soavi, divine elegie del Petrarca, ma il colorito del Poliziano...." Benissimo, - ma in Dante c'è ogni cosa: è una sinfonia orchestrale dove c'è l'organo solenne, e il violino appassionato, e le note ardenti della tromba di guerra, e i sospiri del flauto. Quando Dante è elegiaco, è più soave e più patetico di tutti i Petrarca del mondo - quando Dante colorisce, non gli son paragonabili che Tiziano e Velasquez - e nei sinistri crepuscoli; o nelle tragiche tenebre, Rembrandt.

I *quattro* Classici!!... Ma fra Dante, e il più grande degli altri tre che è l'Ariosto, ci sarebbe posto almeno per altri due o tre poeti. Di Dante può dirsi ciò che il Petrarca cantò della Vergine:

Cui nè primo fu, simil, nè secondo.

Per trovargli un *compagno*, bisogna uscire d'Italia - e non ne troviamo che *uno*: Guglielmo Shakespeare.

E come impallidisce anche tutta questa Lirica del Quattrocento, paragonata a certi accenti lirici della *Vita Nuova* e del *Purgatorio*, non solo come sentimento e immagini, ma anche come pura *forma* poetica! Dante resta incomparabilmente primo anche come artefice di versi nel tecnicismo del ritmo, come *stilista*. Ha certe audaci e felici inversioni, certi effetti di colore e di suono, da fare impallidire i più consumati maestri della parola poetica, da Goethe a Victor Ugo, dal Foscolo a Tennyson, dallo Shelley al Carducci.

Perchè notate, o Signori, che nei poeti del Quattrocento, accanto a versi bellissimi, a strofe perfette, trovate versi deboli o manierati, l'epiteto ozioso e insignificante, la *zeppa*: un lavoro di mosaico e di tarsia, dove manca la pastosità del cemento, il magistero dell'artista sommo che sa dir tutto, e tutto bene, e sempre bene.

Ah! se insieme ai tanti, ai *troppi*, commenti filologici, filosofici, teologici, storici, archeologici, che abbiamo della *Divina Commedia*, ne avessimo uno *estetico*; si vedrebbe come i caratteri essenziali dell'arte moderna, il naturalismo, la malinconia, la passione, son caratteri essenziali della poesia Dantesca - e come Dante, nonostante la sua scolastica e la sua teologia, è il più *moderno* di tutti i poeti italiani. E si deplorerebbe che i poeti che gli succedettero, invece di svolgere quel che era in germe nel Divino Poema, si ostinassero nella sistematica riproduzione delle forme grecolatine. In Dante era l'ode, l'eloquenza, la satira politica, sopratutto il dramma. Non vi si badò. Si preferì di copiare Ovidio e Terenzio, il Decamerone e il Petrarca - e si ebbero due secoli di Canzonieri noiosi, di laide Novelle, e di Commedie copiate. E tutta questa roba si chiama anche oggi *letteratura classica* e se ne infarciscono le Storie letterarie e le Antologie per le scuole: certe storie letterarie, certi *Manuali*, dove si parla a lungo del Segneri e non è neppur rammentato il Savonarola - dove si parla diffusamente e si danno estratti della *Tancia*, e non è neppur ricordato Carlo Goldoni; perchè il Savonarola e il Goldoni scrivono in *cattiva lingua*.... Tanto è vero che da noi, per troppo amor della lingua, si perde spesso il *cervello*.

Ho detto che anche come *artefice di verso*, Dante è superiore a tutti i poeti del Rinascimento, non escluso il Petrarca.

Mi basti ripresentare alla vostra memoria e alla vostra ammirazione i versi descriventi la fiamma che parla, il gemito di una testa recisa, le piante animate e sanguinanti, le trasformazioni di uomo in serpente, l'uccello mattutino, le pecorelle che escon dal chiuso, l'anima che si dilegua cantando, i versi sull'ora del tramonto, quelli sull'alba di maggio....

E le note di suprema malinconia, i versi patetici, com'egli solo sa fare?

Deh, quando tu sarai tornato al mondo,
E riposato della lunga via....
Ricorditi di me che son la Pia.

Indi partissi povero e vetusto.
E se il mondo sapesse il cuor ch'egli ebbe
Mendicando sua vita a frusto a frusto
Assai lo loda e più lo loderebbe.

Ed è lo stesso poeta che ha scritto:

Quand'ebbe detto ciò, con li occhi torti
Riprese il teschio misero co' denti
Che furo all'osso come d'un can forti.

e:

A te sia rea la sete onde ti crepa
..... la lingua e l'acqua marcia
Che il ventre innanzi agli occhi sì t'assiepa.

E i versi *passionati*, dai primi, incerti, deliziosi sogni d'amore, fino all'ebbrezza, fino al delirio?...

Quanti dolci pensier, quanto desio,
Menò costoro al doloroso passo!
. . . .
Questi, che mai da me non fia diviso,
La bocca mi baciò, tutto tremante....

È un grido umano, che cuopre e soffoca tutti i melodici sospiri per tutte le Laure dei cento *Canzonieri italiani*.

Se la parte scolastica e scientifica della *Divina Commedia* ci apparisce un po' come natura morta, tutta la parte umana e poetica è immortalmente giovine e viva: perchè la scienza è progressiva, e perciò ha sempre un valore relativo, - ma la Poesia (la vera Poesia) è assoluta, e perciò inalterabile. Copernico offusca Tolomeo, Cuvier eclissa Buffon, Darwin eclissa Lamarke, - ma Dante non scema d'un raggio l'aureola sfolgorante d'Omero - nè Shakespeare attenua di un grado la gloria sovrana di Eschilo. Nè tutti gli splendori del Rinascimento, dal Petrarca all'Ariosto, nè tutta la grande poesia moderna da Goethe al Leopardi, offusca minimamente la gloria *trascendentale* della Divina Commedia.

VI.

Il Savonarola è una grande anima, e un vero poeta - ma è più gran poeta in molte sue prediche, che nelle vere e proprie *Poesie*. Nonostante, anche in queste, benchè scorrette, neglette di forma, circola un'aura, un soffio potente, come un'eco ancor calda delle sue ardenti perorazioni, delle sue tragiche visioni, delle sue formidabili apostrofi: ma talvolta, e non di rado, vi son note semplici, fresche, quasi festose, come in questi versi sul *Natale*, che sembran preludere nella loro ingenuità ai due inni immortali del Milton e del Manzoni.

Venite, Angeli santi.
E venite suonando;
Venite tutti quanti
Gesù Cristo laudando,
E gloria cantando
Con dolce melodia;
Ecco il Messia - ecco il Messia
E la madre Maria.

Venitene, Profeti
Che avete profetato,
Venite tutti lieti;
Vedete ch'egli è nato,
Il picciolin Messia!

Pastor pien di ventura,

Che state voi a vegghiare?
Non abbiate paura;
Sentite voi cantare?
Correte ad adorare
Gesù con mente pia.

I Magi son venuti
Dalla stella guidati,
Con lor ricchi tributi.

In terra inginocchiati.
Quanto son consolati
Adorando il Messia!

Altre volte, nell'ardore della preghiera, ha qualche cosa di petrarchesco come in questa strofa:

Apri, Signore, il tuo celeste fonte;
Quella tua dolce vena
Che Maria Maddalena
Trasse di basso loco all'alto monte,
Con l'anima serena
Piena di raggi e di splendor divino.
Pietà, Signor, di questo peregrino!

Amor giovine, deplorò le umane rovine della Chiesa e le morali rovine del Mondo, con versi potenti. La Chiesa di Cristo,

Povera va con membra discoverte,
I capei sparsi e rotte le ghirlande:
Scorpio la punge ed angue la perverte.
E così va per terra
La coronata, e le sue sante mani....
Bestemmiata dai cani
Che van truffando sabbati e calende....

Le Poesie sacre del Savonarola, a differenza di quelle di Feo Belcari e del Benivieni, accennano o confermano il concetto d'una *Riforma*

Cattolica, già prenunziata da Dante. E in alcune strofe si mostra anche artista. Nonostante il *falò* delle vanità, nel quale è a deplorarsi l'eccesso che pur vi fu, egli aveva vivo il sentimento dell'Arte. Fondò una scuola di pittura nel suo stesso Convento, ove lavorò Fra Bartolomeo, fu agli artisti e ai letterati consigliere e ispiratore, fu intimo amico di Pico della Mirandola e inaugurò con lui gli studi ebraici e orientali - e il genio dei Profeti e di Dante che era in lui, lo comunicò a Michelangiolo, e palpita ancora immortale alla volta e alle pareti della *Sistina*. Non facciamo dunque del grande oratore e del grande riformatore, un Erostrato selvaggio e un frate ignorante.

Egli fu in Italia la più gran coscienza *morale* del secolo XV, come Dante lo era stato del XIV, e come Michelangiolo lo fu del XVI. L'ardore con cui il santo monaco fuse insieme i sentimenti di patriottismo e di morale nel popolo di Firenze, non si spense con lui - e i suoi migliori effetti si videro rifulgere nel memorabile Assedio degli anni 1529-30. Il soffio vulcanico del grande oratore che ispirò il poema della *Giustizia* dipinto nella Sistina da Michelangelo, animò egualmente la tragedia della *Libertà* combattuta a Gavinana da Francesco Ferruccio.

La sua *fede* eccitava il suo entusiasmo, il suo entusiasmo faceva la sua forza. Nessuno, o Signori, è diventato martire per una *opinione*: la *fede* sola fa i martiri. Egli credeva e vedeva, e tuonava dal pergamo le sue visioni. Chiamatelo pure un fanatico. Era fanatico come Ezechiello, come Geremia, come Arnaldo, come Demostene, come Dante, come Mirabeau, come O'Connell - come tutti quelli che hanno comunicato l'elettricismo d'una parola di fuoco. Era un malato?... Forse. Ogni vera creazione produce uno spostamento, un disequilibrio. Se gli eroi, i martiri, i grandi poeti son tutti *malati* - consoliamoci - non c'è mai stata tanta salute come oggi, in Europa!

Le più ammirabili prediche del Savonarola, come ben nota l'illustre Villari nel suo classico libro, son quelle su i *Salmi*: e quella dove l'impeto lirico è sommo ed unico, dove il Savonarola è veramente poeta, e gran poeta, è la *predica-visione* dei flagelli d'Italia. Il Cielo stesso combatte; i Santi, gli Angeli spingono i barbari vendicatori. Son loro che li hanno chiamati, che hanno messo le selle ai cavalli, e affilate le spade. E il diluvio degli stranieri, il gran gastigo italico, comincia. Dove andiamo? San Pietro grida: A Roma! a Roma! San Giovan Battista e Santo Antonino: a Firenze! E San Marco: là verso la città superba e voluttuosa, che inalza le sue cupole d'oro sovra le acque!

La impressione che riceviamo anche oggi, dopo quattro secoli, e alla semplice *lettura*, da questa predica, è solo paragonabile a ciò che proviamo al primo ingresso nella Cappella Sistina. Vi ricordate? Un fremito, un tumulto, corre sulle pareti. Non si sa dove riposare lo sguardo. Da tutte le parti, visi minacciosi, e pianti disperati. Ezechiello si volta impetuosamente, in furiosa disputa con un Angelo. Geremia appoggia l'enorme testa sulle mani, come schiacciato dal peso di tutti i dolori di Gerusalemme. La Libica si alza terribile, con in mano il gran libro dei fati. La Persica legge con occhi ardenti. Daniele scrive tremando. Qua, il tronco di Oloferne versa una fiumana di sangue; là, gli adoratori degli idoli si contorcono, ignudi, sotto i morsi dei serpenti divoratori. Madri spaventate urlano e fuggono, stringendo al seno i bambini. Un altro vede passare in uno specchio visioni così terribili, che indietreggia atterrito, e batte la spalla nella muraglia. Par di sentir ruggire di lontano il tuono della vendetta divina. La Giustizia e il Giudizio - riparatore e vendicatore - respirano da ogni angolo della tremenda Cappella.

In quegli anni tragici e sinistri di saccheggi e di incendi, di orgie e di tradimenti, Michelangelo, che doveva assistere ai funerali della libertà e dell'Italia, si ricordò soprattutto del Savonarola, e leggendo assiduamente i Profeti, Dante, e le Prediche e le Liriche del Ferrarese, dipinse i Profeti, e scolpì la *Notte*, la *Notte d'Italia*.

In una delle sue ultime prediche, il Savonarola, presago dello imminente martirio, disse queste parole: "O Signore, io non tengo modi di cercar gloria umana. Io non voglio cappelli, nè mitrie piccole o grandi. Non chieggo se non quello che tu hai dato ai tuoi Santi - la morte. Un cappello rosso, un cappello di sangue, questo desidero."

E l'ebbe. E prima, le agonie dell'infame processo, i dubbi e i terrori, la fune che gli slogò tutte l'ossa, le tenebre della segreta, le smanie e gli scoramenti, e i sudori di sangue dell'eterno Getsemani....

Fu allora che in un momento di tregua, in un'ora di grazia e di respiro, - fra la tortura e il rogo - compose un salmo sublime, che il Tommaseo ammirava tanto, e tradusse.

Eccone alcuni versetti:

Conoscerò dunque, fra poco, Voi, o mio Dio, conoscitore di me.
mio consolatore, mostratevi a me finalmente;
Siatemi adiutore - non mi lasciate.
Perchè il padre e la madre mia mi lasciarono....
Ma il Signore misericordiosamente mi assunse.
Non mi date alle animosità di quei che mi tribolano,
Poichè insorsero contro me testimoni iniqui - e l'iniquità mentì a sè
medesima.

Sospeso dal laccio infame sul rogo, e non ancor morto, il Savonarola potè forse vedere le mani impazienti e furiose del popolo, appressare le torce accese alla catasta già sparsa d'olio e bitume; mentre altre mani scagliavano una pioggia di sassi su quel volto tante volte illuminato dalla luce del genio e dalla santità della vita.
Ah! da quando insultò Socrate, e preferì ad alte grida Barabba a Gesù; al giorno in cui sputò in faccia a Bailly e imprecò a Madama Roland moritura - la plebe ingannata e pervertita, o abbandonata al cieco istinto bestiale, ha sempre applaudito all'eccidio dei suoi più insigni *benefattori*.

VII.

Come il lato sofistico del Paganesimo era stato il consacrare la natura umana anche nella sua parte cattiva - il lato sofistico del Cristianesimo medievale fu di gettare un anatema troppo assoluto su la Natura, di vivere come lo Stilita sospesi tra il Cielo e la Terra, guardando a quello con estasi, a questa con un sacro terrore. Il centro della Idealità fu spostato nel *Rinascimento*; e al culto del Dolore spirituale, successe l'apoteosi della plastica Bellezza e della Euritmia. Ma tra le voci armoniose e pagane, dura anche nel *Quattrocento* qualche eco della grande, triste e patetica poesia del Cattolicismo. Oltre il Savonarola, vanno ricordati il Benivieni e il Belcari. Il primo essenzialmente lirico, drammatico e trovatore di patetiche situazioni, efficaci, nella loro ingenua espressione. Basti rammentare le parole d'*Isacco* al padre che sta per sacrificarlo.
Nella lirica satirica si distinsero il Cammelli e il Burchiello: ma il loro più gran merito consiste forse nella visibile influenza che

ebbero sull'ammirabile genio del Berni.

Un soffio veramente lirico spira in alcuni canti epici del rude e possente poeta Luigi Pulci. La sua *morte di Orlando* è semplice, patetica, e tocca il sublime. E forse Alfredo Tennyson l'ebbe in mente, quando descrisse, negli *Idilli del Re*, la *Morte di Arturo*.

Nelle stanze narranti la catastrofe cavalleresca, Roncisvalle, e la morte del gran Paladino, è commisto in modo mirabile l'elemento *lirico* all'epico:

Così tutto serafico al ciel fisso
Una cosa parea trasfigurata,
E che parlasse col suo crocifisso....
Il cielo certo allor s'aperse....
E come nuvoletta che in su vada,
In exitu Israel, cantar, de Egipto
Sentito fu, dagli Angeli solenne
Chè si conobbe al tremolar le penne.
Poi si sentì. . . . .
Certa armonia con sì soavi accenti,
Che ben parea d'angelici istrumenti.

Versi che certo rammentava l'Ariosto quando cantò con la magia che gli è propria:

E voci e suoni d'angeli concordi
Tosto in aria s'udîr che l'alma uscìo
La qual, disciolta dal corporeo velo,
Fra dolce melodia salì nel cielo.

Arriva Carlo Magno e benedice al morto Paladino e gli richiede la spada Durlindana.

Io benedico il dì che tu nascesti,
Io benedico la tua giovinezza.
Io benedico i tuoi concetti onesti,
Io benedico la tua gran prodezza.
E se tu hai di me nel ciel mercede,
Come solevi al mondo, alma diletta,

Rendimi se Dio tanto ti concede,
Ridendo, quella spada benedetta.
. . . .

Come a Dio piacque, intese le parole,
Orlando, sorridendo, in piè rizzossi;
Con quella reverenza che far suole,
E innanzi al suo Signore inginocchiossi,
E poi distese, ridendo, la mana,
E resegli la spada Durlindana.

. . . .

Carlo tremar si sentì tutto quanto
Per maraviglia e per affezione,
E a fatica la strinse col guanto....

Ma il personaggio più magneticamente poetico del *Quattrocento*, quello la cui *vita* è una vera *lirica* di bellezza, di aspirazioni e di entusiasmi, è Pico della Mirandola: e non vi dispiaccia, o Signori, che io *concluda* col suo simpatico nome, questi miei rapidi cenni su la poesia del Quattrocento.

Marsilio Ficino ci ha narrato come lo vide la prima volta in Firenze. Era il 1480, l'anno in cui il Ficino aveva compiuto la sua grande opera, la traduzione di Platone. Una bella giornata di settembre, verso l'ora del tramonto, il dotto ellenista meditava nel suo studio. La lampada votiva che egli teneva accesa dinanzi al busto di Platone brillava vivace nella languente luce vespertina. Entrò un giovane alto e bello, dagli occhi grigio-cerulei, dai capelli di un biondo acceso, scendentigli sulle spalle sotto un berretto di velluto nero: vestiva una cotta di raso violaceo, listato d'argento: aveva al collo la collana d'oro di Principe. Era Giovanni Pico della Mirandola.

Parlarono di filosofia - di Platone, naturalmente. E il giovine Principe suggerì al vecchio filosofo di tradurre Plotino, il mistico panteista dell'Antichità. Parlò dell'Oriente; *il mio Oriente*, diceva, l'*alma mater* d'ogni scienza e poesia. Parlò della Bibbia e del Cristianesimo, di un Cristianesimo eterno, indistruttibile, conciliabile col Platonismo. Parlò dell'Uomo, che è un piccolo Mondo, una sintesi portentosa e divina, "dov'è, diceva, l'essenza angelica e il senso del bruto, e la vegetale anima delle piante, e il fuoco e il mercurio". Disse al Ficino di un Commento che intendeva fare alla Canzone del Benivieni su l'*Amor divino*: e ne discorse con una stupenda profusione di immagini colorite e poetiche, prese dall'Astrologia, e dalla Cabala, da Salomone e da Omero.

E la notte calava sulle grandi vetrate dello studio, e la lampada votiva illuminava il marmoreo volto di Platone e i capelli d'oro di Pico.

Era allora poco più che ventenne: ma avea già provato le tempeste della passione e n'era restato disilluso, e abitualmente un po' mesto.

Aveva scritto molti versi d'amore, e gli aveva, un giorno, tutti bruciati. (Grande e raccomandabilissimo esempio!...) Aveva viaggiato, visto uomini e cose. Veniva ora a Firenze, attratto dalla fama del Magnifico Lorenzo, e dall'amicizia per il Ficino.

Una bellissima bruna, una ardente *Savonaroliana*, soprannominata la *profetessa*, Camilla Rucellai, s'innamorò perdutamente di lui.... ma non fu corrisposta. La irrequieta curiosità teologica e scientifica, la triste sazietà dei piaceri, preservarono Pico da nuove passioni. La Rucellai gli predisse che sarebbe morto *al tempo dei gigli*.... E il giorno che Pico della Mirandola spirava tra le braccia del Savonarola, Carlo VIII entrava in Firenze preceduto dalla bandiera con li aurei gigli di Francia. Fu sepolto in San Marco. Aveva 32 anni.

I contemporanei lo chiamarono la *Fenice* degli ingegni. Per noi è una Fenice soprattutto in questo, che fu un *Erudito poetico*. Non si è visto ancora il secondo.

Sapeva e scriveva il greco, l'arabo, l'ebraico, il caldaico. All'età di ventisette anni, trasse dai suoi immensi studi novecento tesi di fisica, filosofia, teologia, astronomia, magia naturale, comprendenti quasi tutto lo scibile del suo tempo, e le pubblicò in Roma, proferendosi pronto cavallerescamente a sostenerle contro chiunque osasse oppugnarle. Poeta e filologo, filosofo e mistico, ebbe un'ardente curiosità dell'ignoto, del miracoloso, intravedendo e indagando il *Soprannaturale* nell'intima essenza del *Naturale*; come Leonardo, Paracelso, Fichte, Novalis, Carlyle. Simpatizzava con tutto quello che le morte generazioni hanno sinceramente e passionatamente creduto: e studiava, rievocava, resuscitava le antiche mitologie. Vedeva in esse l'eterno *Io* dell'umanità, vi leggeva un motto del grande Enimma. Egli disse pel primo la feconda parola: in ogni *fede*, è una parte di *verità*.

La sua teoria è essenzialmente poetica e consolante, e rammenta la teoria Browninghiana. - Tutto quello che rettamente si volle e nobilmente si amò sulla Terra, non andrà mai perduto. Dovremo traversare altri mondi - molto avrem da imparare, molto da dimenticare, ma quel momento verrà. Tutto quello che ardentemente aspiravamo ad essere, e non potemmo essere su la Terra, ed a cui pure ci sentivamo chiamati; tutto ciò che era in noi e che il mondo ignorò, la poesia muta, l'amore represso, il momento fatale perduto, tutto avrà un giorno, altrove, sviluppo e trionfo. Pico della Mirandola serbò intatte, nel suo poetico naturalismo, la coscienza individuale, e la libertà morale dell'anima umana. Nel suo trattato *De Hominis dignitate*, scrisse queste belle e memorande parole: "I bruti sono eternamente bruti, gli angeli, essenze angeliche eternamente. Tu solo, o Uomo, puoi degenerare fino a divenire un bruto, e rigenerarti e sollevarti fino a parere un Dio. Tu solo hai un incessante sviluppo; tu solo porti in te i germi di ogni specie di Vita."

Se Pico della Mirandola distrusse i suoi versi, restò poeta nella vita, nel sentimento, nell'intelletto. Nè mi è parso inopportuno parlare di lui, in una lettura su la poesia del *Rinascimento*. Per esserne il più poetico simbolo, non gli è mancato nulla. Ha avuto l'ingegno, la dottrina, la bellezza, la gioventù, la nobiltà, l'entusiasmo, la morte precoce; e finalmente *un certo mistero* che avvolge il suo nome, la sua vita, e tutti i suoi scritti.

L'ORLANDO INNAMORATO
DEL BOIARDO
DI
PIO RAJNA

Scommetto, signore e signori miei, che se fossi mago - che pur troppo non sono - e avessi la virtù di far qui comparire a un vostro cenno tutti i poeti che vi venisse la curiosità di vedere, la sala correrebbe un gran rischio di essere stipata prima che a Matteo Maria Boiardo fosse concesso di trovarsi in mezzo a un'accolta di persone, tale da richiamarlo a' suoi giorni più belli. Gli è che il nome suo vi s'offrirebbe offuscato da un altro: quello di Lodovico Ariosto. E c'è di peggio. Il Boiardo della tradizione comune ha come l'aria di un somarello dal pelo arruffato, pieno di guidaleschi, che se ne va trotterellando alla meglio, indegno di attirare gli sguardi, finchè un buffone - Francesco Berni mi scusi, - non è còlto dal ghiribizzo di balzargli sul dorso, e, messolo a corsa a forza di scudisciate, non si dà ad eseguire su quella cavalcatura ogni sorta di smorfie e capestrerie. O chi mai deve dunque impacciarsi di richiamare dall'eterno riposo un'ombra cosiffatta?

Chi? - Voi per l'appunto: dopo che vi siate presi la cura di conoscere meglio cosa sia per davvero l'*Orlando Innamorato*, o *Innamoramento d'Orlando* che si voglia dire; una cura che, avendo me a guida, riuscirà forse una fatica e una noia; ma che fatica e noia non sarebbe, se, mandato a farsi benedire l'incomodo mediatore, apriste il libro voi stessi e vi deste a legger senz'altro.

Per il momento son qui, e bisogna che mi tolleriate. Ed io dal mio canto, volendo adempiere coscienziosamente l'ufficio a cui mi son sobbarcato (povera coscienza, come si strazia in tuo nome!), son costretto a risalir molto indietro. L'*Orlando Innamorato* - dicono i barbassori - non si può giudicar bene senza essere prima informati della sua schiatta; e questa schiatta è disgraziatamente antica assai.

Sicuro: ci si perde in un lontano passato, e in un passato non nostro. Tutti sanno oramai di una epopea rigogliosa fiorita nella Francia del medio evo e dissepolta pietosamente da sessant'anni in qua. Essa accompagnò la vita francese dai primordi fino a un'età molto tarda. Nata di sangue germanico, ma fattasi presto romana, cantò i fatti e gli eroi del periodo merovingio, poi quelli del carolingio, e serbò ancora abbastanza fiato perchè, due e più secoli dopo, al tempo delle crociate, potesse mettersi alla bocca la tromba.

Quanti personaggi si trovò così a celebrare! Ma tra gl'infiniti, taluni, per motivi interni ed esterni, vennero a prevalere. Primo fra tutti Carlo Magno, il sovrano per eccellenza. E accanto a lui Orlando, del quale la morte stoicissima al passo di Roncisvalle fece l'ideale del guerriero valoroso e del vassallo devoto. In Rinaldo invece e in certi altri si possono veder personificate le doti meno corrette, ma spesso più simpatiche, del barone ribelle; ribelle nondimeno ai soprusi, non all'esercizio legittimo dell'autorità.

Nella sua forma schietta e genuina questa epopea francese è poesia severa, profondamente patriottica, ardentemente cristiana, fieramente guerresca. Ma se il patriottismo, la religiosità e lo spirito bellicoso eran troppo connaturati con essa per venir a mancare, la severità invece dovette via via ceder terreno di fronte al bisogno di andar a sangue a un pubblico mano mano più desideroso di svago: simile al pubblico d'una conferenza! Così l'epopea si veniva convertendo in romanzo: metamorfosi da non poter mai riuscire perfettamente, nel territorio almeno a cui l'epopea appartiene per nascita. Getti pur lontano quanto vuole la sua tonaca, poco o tanto il frate resterà sempre frate. Quindi, se le *chansons de geste* continuarono ad appagare esuberantemente il gusto, facile sempre, delle classi popolari, il palato dei signori trovò col tempo maggior piacere in altri cibi. E i cibi furono svariati; ma il più gradito fra tutti fu quello offerto in gran copia dalle narrazioni costituenti la cosiddetta Materia di Brettagna, o il Ciclo d'Artù e della Tavola Rotonda. Straniero di origine, e però non vincolato o frenato da nessun obbligo o tradizione, questo ciclo potè volgersi liberamente a sodisfare ogni tendenza e desiderio di quella società cavalleresca alla quale s'indirizzava, parte, svolgendo gli elementi portati con sè della patria, e più assai trasformando e introducendo di nuovo. Ne uscì un mondo fantastico, nel quale il meraviglioso - prima causa, se non erro, della fortuna brettone - s'incontra a profusione; dove i guerrieri se ne vanno errando soletti, o quasi, per regioni solitamente boscose, sconosciute affatto a loro medesimi, incontrando di continuo l'inaspettato; dove al posto della guerra s'ha il duello, il torneo e l'"avventura"; dove insieme col valore regna la cortesia; dove la donna, relegata in un cantuccio dall'epopea carolingia, è messa in trono, e con essa - occorre mai dirlo? - è messo in trono l'amore; un amore che cura ben poco le istituzioni sociali, sicchè si compiace segnatamente delle due coppie adultere di Tristano ed Isotta, di Lancillotto e Ginevra.

Dalla Francia così l'epopea nazionale come la materia di Brettagna si propagarono all'Italia. L'epopea se ne dovette venire fino da un'età molto antica; oserei quasi dire già in quella stessa di Carlo Magno. Quanto alle narrazioni brettoni, giunsero a noi più tardi; eppure, lasciando stare certi indizi che ci riporterebbero nientemeno che al cadere del secolo XI, è certo che nel XII si divulgarono largamente. La fortuna dell'epopea fu senza confronto maggiore. Essa trovò qui una seconda patria; e non già solo in questa o quella regione, bensì oramai in tutto il paese. Ciò non toglie che la vallata del Po fosse il terreno più disposto ad accoglierla. Colà prima che altrove mise salde radici e si rivestì di nuove frondi. Agli abitatori di quelle provincie che avessero qualche poco di coltura, la favella francese sonava famigliare; sicchè ivi accadde che si rimaneggiasse e s'arricchisse con nuove invenzioni ciò che s'era avuto d'oltralpe servendosi del linguaggio della Francia e senza dipartirsi dai ritmi originarii. Linguaggio e ritmo non rimasero; invece, nè potevano rimanere, al di qua dell'Appennino; l'uno cedette il posto ai volgari nostri, l'altro all'ottava rima o alla prosa. Ma di quaggiù il mutamento ebbe poi ad essere comunicato di rimbalzo all'Italia stessa del settentrione, ridottasi a poco a poco ancor essa ad accogliere un sentimento più vivo d'italianità nell'ordine altresì della lingua e della letteratura.

Quanto alla materia di Brettagna, è naturale che anche presso di noi se ne avessero a compiacere specialmente quelle classi per cui s'era venuta foggiando. Ciò viene a dire che dovette certo aver voga maggiore nella Lombardia, intesa nel suo vecchio ed ampio significato, nella Marca di Treviso, nella Romagna, così ricche di signori feudali e di piccole corti. Però non a caso Dante pose il romanzo di Lancillotto tra le mani de' "duo cognati", con quell'effetto che troppo ben sapete. Nondimeno e Artù e Tristano e

Galvano e tutta la brigata non mancarono di esercitare vive seduzioni anche qui nella Toscana sulle fantasie di una gioventù, cui il nascere per la più parte di popolo non toglieva d'essere amante del "donneare", della prodezza del lusso, e di ogni gentil costume. Quindi sulle pareti del palazzo della sua Madonna il poeta dell'*Intelligenza* - o perchè non dirò io Dino Compagni? - darà luogo alla rappresentazione di questo mondo leggiadro con parole che lasciano intendere quanto fosse caro al suo cuore (St. 287-288):

E sonvi i pini, e sonvi le fontane.
. . . .
E sonvi tutti i begli accontamenti
Che facevan le donne e' cavalieri:
Battaglie, giostre, be' torneamenti,
Foreste, roccie, boscaggi e sentieri.
Quivi sono li bei combattimenti,
Aste troncando e squartando destrieri.
Quivi sono le nobili avventure;
E son tutte a fino auro le ligure:
Le caccie, e corni, valletti e scudieri.

Lungi da me l'idea di parlarvi, sia pure rapidissimamente, di ciò che da un lato il ciclo carolingio, dall'altro il brettone, produssero presso di noi nel lungo periodo che precede al mio soggetto, ossia fin verso il declinare del Quattrocento. Questo solo dirò, che il brettone riuscì poco prolifico, e si limitò quasi sempre a tradurre e verseggiare. Il carolingio invece fu di una fecondità conigliesca, e mise alla luce una serie interminabile di romanzi in prosa e in verso, attraenti dapprima, fino a che in generale si contentavano essi pure di ripetere in forma schietta ed ingenua narrazioni antiche, ma via via più stucchevoli. Ci si domanda come la gente del secolo XV - ed anche del XVI - potesse trovar diletto nel leggere o sentir recitare casi tanto uniformi, narrati prolissamente e senza grazia. Ci si domanda: ma quando si vede un fanciullo trastullarsi ore ed ore con quattro fuscellini, e gli stessi pettegolezzi far le spese della conversazione universale per una intera settimana, e i cuori di migliaia e migliaia di persone (osservo, non critico) stare in ansia per veder risolto il gran problema se quattro zampe di cavallo arriveranno alla mèta un minuto terzo prima di altre quattro, e rimanersene per questo ore ed ore sotto la sferza solare, si conchiude che per divertir l'uomo, grande e piccino, molto poco può essere sufficiente. Vero che non ci vuol troppo più nemmeno per annoiarlo.

Questa nostra letteratura pareva giunta alla sera - e che squallida sera! - senza aver avuto un vero meriggio; quando le nubi si squarciarono e il sole prese a sfolgoreggiare. Esso, par bene, ebbe prima a mostrarsi a Firenze, dove, secondo le conclusioni di studi recenti, il *Morgante* di quella bizzarra creatura che fu Luigi Pulci era già composto per tre quarti nel 1470. Il valore di questo poema è tuttavia più scarso che non si pensasse in addietro. D'invenzione non è da parlare che per pochi episodii, dacchè del resto l'amico del Magnifico non fece oramai che rintonacare le mura rustiche elevate da un rimatore popolaresco, sovrapponendovi un tetto costrutto con travi e tegoli di cui possiamo determinare la provenienza. Il pregio maggiore dell'opera sta nella vivacità, davvero mirabile, dello stile e della lingua, e nel riso che guizza per ogni dove. Ma insomma, col Pulci, il romanzo popolare carolingio si riveste di nuovi panni, si raggentilisce, si abbandona alla gaiezza, senza punto mutare sostanzialmente. I cantambanchi che in San Martino ed altrove raccoglievano dattorno a sè un uditorio composto sopratutto di bottegai e di artefici, potevano ancora riconoscere in messer Luigi uno dei loro. Che le cose seguissero a questa maniera nella democratica Firenze, è un fatto più che naturale.

E il Boiardo? - Qui la scena cambia. Ma prima di vedere il come, bisogna pure che noi si faccia un po' d'amicizia col nostro personaggio.

Matteo Maria Boiardo nasceva di una famiglia feudale che nel 1423 aveva ceduto al marchese Niccolò d'Este l'avita signoria di Rubiera, tra Modena e Reggio, ricevendone in cambio la vicina Scandiano ed altre ville, con titolo di contea. Venne al mondo nel 1434, o giù di lì; verosimilmente in Scandiano stessa, residenza abituale de' suoi. Perdette il padre nel 1452; il nonno, Feltrino - uomo insigne - nel 1455; la nonna due anni appresso; e si trovò così arbitro di sè medesimo in età affatto giovanile. La vita sua, nota a noi in modo per verità manchevolissimo, trascorse per la massima parte tra Scandiano, Reggio, Ferrara. Caro agli Estensi, com'era stato loro carissimo l'avolo, accompagnò nel 1471 Borso nel viaggio intrapreso a Roma, quando Paolo II gli concedette anche per Ferrara quel titolo di duca, che l'imperatore Federico gli aveva conferito già da oramai vent'anni per Modena e Reggio. Sotto Ercole poi, succeduto poco appresso al fratello, fu nel 1481 e nel 1486 al governo di Modena. E più lungamente ebbe quello di Reggio: chè, lasciando stare qualcosa che s'afferma e non si prova per un tempo antecedente, rimase in ufficio dal 1487, o al più tardi dal principio del 1488, fino alla morte, seguita nella notte dal 20 al 21 dicembre del 1494.

Educato senza dubbio alcuno all'esercizio delle armi fin dagli anni suoi teneri, Matteo Maria ebbe scarse occasioni di menar per davvero le mani. Qualche parte è verosimile che prendesse alla difesa contro i Veneziani, che nel 1482 mossero ad Ercole una fiera guerra, durata fino al 1484. Come reggitore, certe voci, posteriori alquanto, lo accusano di fiacchezza; e non dirò che l'accusa sia sbugiardata trionfalmente in tutto e per tutto dall'esame di quel tanto che ci è rimasto del suo carteggio col duca. Certo l'animo suo era profondamente inclinato alla benevolenza. Non meno che a questa tuttavia alla giustizia. E il carteggio dà insieme chiaramente a vedere com'egli fosse largamente dotato di senno pratico, e rotto agli affari.

Agli uffici pubblici par che Matteo fosse spinto da ragioni private; probabilmente da strettezze pecuniarie, ben conciliabili anche colla signoria di Scandiano, toccata propriamente a lui nelle divisioni con un cugino. Ma occupazione più gradita che le faccende amministrative, conditegli spesso di fiele da altri ufficiali, gli riuscivano di sicuro lo studio e la poesia.

Tre libri di liriche amorose contengono soprattutto gli sfoghi della sua passione giovanile per una diva reggiana, che non tardò a mostrarsi maestra di lusinghe, simulatrice, volubile, capricciosa. Grazie alla provvida costumanza degli acrostici, ne conosciamo nome e cognome: si chiamava Antonia Caprara. Ma Antonia non domina sola qua dentro. Buon numero di poesie, scritte durante il viaggio a Roma del 1471, inclino a credere indirizzate da Matteo a Taddea Gonzaga dei conti di Novellara, divenuta l'anno dopo sua moglie. Ed altre rivendicazioni dovremmo ammettere (nè dico ciò senza ragioni specifiche), se alle ossa che furono donne gentili e leggiadre negli Stati estensi durante la seconda metà del Quattrocento fosse consentito di venir qui a far valere i loro diritti. Chè l'amore fu il sentimento predominante nel Boiardo. E sia poi stata fatta eseguire da lui medesimo, oppure invece da altri in suo onore, la medaglia che nel 1490, quando egli s'avvicinava alla sessantina, ce ne tramandò - e autentiche - le fattezze, il suo rovescio, rappresentante Vulcano intento a foggiare sull'incudine strali per Cupido, lì presente con Venere, e il motto virgiliano che accompagna la rappresentazione, *Amor vincit omnia*, ci rendono davvero secondo verità i lineamenti interni del Conte di Scandiano. Quel motto - si badi - in una forma o in un'altra, noi lo raccogliamo direttamente dalle sue labbra non so quante volte.

Il canzoniere del Boiardo è uno dei più notevoli del secolo XV; e io mi domando, se mai, non ostante una certa povertà di tavolozza, non fosse il più notevole addirittura. Attrae e colpisce la sincerità della passione, di cui noi seguiamo agevolmente la storia nelle sue vicende liete e tormentose; l'efficacia e la bella semplicità delle espressioni via via che essa riceve; la vivezza e soavità delle immagini; la delicata sensitività per la natura; l'armonia squisita dei congegni ritmici. Se i convenzionalismi e le ricercatezze non mancano (specialmente, badiamo, nel libro terzo, forse ordinato da altri che dal poeta), quanto difficilmente potrebber mancare dopo l'esempio del Petrarca! Ma l'ispirazione petrarchesca, che qui pure può assai, non soffoca nient'affatto l'originalità. Tra Antonia e Laura, tra il modo di sentire di Matteo e quello di messer Francesco, c'è una differenza profonda. Quasi più che a Laura direi che Antonia rassomigli alla Lesbia di Catullo; ma le assomiglia come una donna somiglia ad un'altra donna, poichè essa è propriamente persona viva. Il poeta, trascorsa la prima fase dell'estasi, ce la rappresenta colle sue pecche; e in causa di lei accusa, più spesso e più acerbamente che il Petrarca non faccia, tutto il sesso femminile:

Fede non più: non più v'è de honor cura
In questo sexo mobile e fallace,
Ma volubil pensier e mente oscura.

(Son. 79).

Ma anche quando soffre, e non potrebbe più dire di certo, come in un tempo di beatitudine,

Amore ogni tristezza a l'alma toglie,

(Son. 23)

non sarebbe alieno dal ripetere le altre parole che faceva allora tener dietro:

E quanto la natura ha in sè di bene
Nel core inamorato se raccoglie.

E infatti dell'Amore egli prende una volta le difese in un leggiadro contrasto col suo proprio cuore che lo viene accusando:

Non sei tu per Amor quel che tu sei?
Se in te vien ligiadria,
Se honor e cortesia?
Ah, pensa pria se lamentar te dei!
Lamentar di colui che l'armonia
Infonde a i vagi ocei!
Che infonde a' tygri humana mente e pia,
E fa li homini Dei

(Canzone V, st. 3).

No, l'amore può tormentarlo quanto si voglia: dopo d'aver imprecato, Matteo si riconcilierà con lui, e rimarrà tra' suoi più devoti.

Col Canzoniere hanno scarsa attinenza le altre opere minori. Dieci egloghe latine furono composte, secondo me, tra il 1460 e il 1462; dieci italiane spettano manifestamente la più parte al tempo della guerra con Venezia. Perfino nel numero portano scritta in fronte l'imitazione virgiliana! Qualche sprazzo di luce non vale davvero a conciliarci con codesti pastori, che non hanno nulla di schiettamente rustico, neppur quando l'allegoria non ne succhia il sangue. E meno ancora ci seducono cinque capitoli, quattro dei quali hanno per soggetto il timore, la gelosia, la speranza, l'amore, e il quinto il trionfo delle virtù sui vizi. Quanto copiosi di una non recondita erudizione mitologica e storica, altrettanto son poveri, e peggio, di poesia. A un posto senza confronto più onorato, segnatamente per ragion di tempo, può pretendere il *Timone*: commedia in terza rima, che non vuol essere se non traduzione e adattamento scenico del dialogo omonimo di Luciano, e che è qualcosa più. Traduzioni vere sono quelle che il Boiardo fece, dal greco, dell'*Asino d'oro* di Luciano stesso, delle *Storie* di Erodoto, della *Ciropedia*; dal latino, dell'*Asino d'oro* di Apuleio. Quanto alla *Istoria Imperiale*, ossia degl'imperatori, prima romani, poi romano-germanici, che si dà essa pure come versione di un testo di Riccobaldo ferrarese, ancora non s'è ben chiarito cosa sia; ma par da ritenere un raffazzonamento del Boiardo stesso, a cui Riccobaldo non dette se non molta parte del materiale.

Tale, in brevi termini, l'uomo e lo scrittore, venuto ancor esso nell'idea di metter mano a un poema cavalleresco. Quando l'idea nascesse, non so dire; so bensì che nientemeno che sessanta dei sessantotto canti e mezzo che il poeta ci ha lasciato, erano già scritti al tempo della guerra con Venezia, e probabilmente anche proprio avanti che nel 1482 la guerra scoppiasse. Chè, tra le armi, il poeta, smarrito e addolorato, non per la sua provincia soltanto, ma per l'Italia, non ha cuore di attendere all'opera, e ne rimette a giorni migliori la continuazione:

Non saran sempre e tempi sì diversi,
Che mi tragan la mente di suo locho.
Ma nel presente e canti mei son persi,
E porvi ogni pensier mi giova poco;
Sentendo Italia de lamenti piena,
Non che hor canti, ma sospiro apena[98].

Però il principio della composizione vorrà riportarsi indietro Dio sa di quanto; nè con essa ha dunque assolutamente che vedere la pubblicazione del *Morgante*, seguìta essa pure solo nel febbraio di quel medesimo anno 1482. E per me credo assai poco che vi abbia che vedere nemmeno in altra maniera il poema fiorentino, del quale la voce, od anche qualche esemplare manoscritto o qualche saggio, fossero arrivati fino al Nostro. In ogni modo, se da Firenze fosse venuto qualcosa, non si tratterebbe che di un semplice impulso, di cui poco capisco che ci potesse esser bisogno.

---

[98] Questi versi appartengono alla penultima stanza dell'edizione che si pubblicò dei primi due libri nel 1486: stanza omessa nelle edizioni successive.

Sicchè dobbiam fare direttamente i conti col nostro Matteo Maria. Cosa ci saprà e vorrà egli dare? - Se ci mettiamo ad argomentare dalle altre opere, il Canzoniere ci inspirerà una certa fiducia; ma tutto il rimanente ci farà scuotere il capo in atto di diffidenza. Che razza di poema cavalleresco dovrem noi aspettarci da un erudito, da un traduttore, da un imitatore, dal coltivatore assiduo di un genere letterario quale è l'egloga virgiliana, falso in sè medesimo e più falso ne' suoi riflessi?

Diffidiamo; ma se invece di baloccarci fantasticando ci daremo a guardare, saremo presi da un sentimento analogo a quello da cui sarebbe colto chi per la prima volta s'accorgesse che l'autore del *Convivio*, del *De Monarchia*, del *De Vulgari Eloquentia*, è ad un tempo l'autore della *Divina Commedia*. Contemplando, siamo indotti a riconoscere che se l'Italia produsse mai un uomo a cui la materia cavalleresca potesse convenire, fu per l'appunto il Boiardo. E quest'uomo era in pari tempo un esperto maneggiatore di affari grossi e piccini. Davvero, per quanto si deva sentir ritegno a lodarsi di sè medesimi, non si può trattenersi dal notare come sia dote caratteristica dell'ingegno italiano la moltiplicità delle attitudini. Rassomiglierei questo ingegno al cubo, che, adagiato su sei facce diverse, è sempre stabile ed equilibrato ad un modo.

Erano due, come sapete, i cicli che il Boiardo si trovava dinanzi: il carolingio ed il brettone. Entrambi gli erano ben famigliari; ma a lui la schiatta e il costume signorile, e ancor più l'animo amoroso, rendevano tra i due molto più grato il secondo:

> *gloriosa Bertagna la grande,*
> *Una stagion per l'arme e per l'amore,*
> *Onde ancor hoggi il nome suo si spande.*
> *Sì ch'al re Artuse fa portar honore:*
> *Quando e bon cavalieri a quelle bande*
> *Mostrarno in più battaglie il suo valore*
> *Andando con lor dame in aventura;*
> *Et hor sua fama al nostro tempo dura.*
> *Re Carlo in Franza poi tenne gran corte,*
> *Ma a quella prima non fo sembïante,*
> *Ben che assai fosse ancor robusto e forte*
> *Et havesse Ranaldo e 'l sir d'Anglante.*

Perchè tenne ad amor chiuse le porte,
E sol se dete a le battaglie sante,
Non fo di quel valore o quella estima
Qual fo quell'altra ch'io contava in prima.

(Orl. Inn., II, XVIII, 1-2).

Si direbbe dunque che il Boiardo dovesse correre difilato al mondo arturiano: porre in esso la scena, togliere di lì i personaggi, per quel tanto che non li foggiasse di nuovo. Invece a questo partito egli non s'appigliò punto; e anche con ciò dette prova di un criterio rettissimo. Intanto, le selve della Brettagna, per quanto vaste, erano sempre un terreno troppo angusto perchè ei ci facesse muovere liberamente il suo popolo un intelletto italiano devoto al senso del reale, e però non disposto a rappresentarsi ed a rappresentare gli spazi troppo difformi dal vero; ben altra comodità offriva il ciclo carolingio, condottosi via via ad estendere il suo dominio su tutta quanta la terra! Poi, appunto perchè gl'ideali del Boiardo venivano già ad essere attuati nella Tavola Rotonda, poco rimaneva qui a fare per una mente creatrice. E c'era una ragione anche più grave d'assai. Mentre Tristano, Lancillotto, Galvano, mantenevano non so che di aereo anche per coloro che gli avevano in maggior domestichezza, i loro rivali carolingi presentavano alla fantasia una concretezza, da non potersi immaginare la maggiore: gli uni rassomigliavano come a gente vista in sogno; gli altri parevano uomini conosciuti nella vita. Però, parlare ad italiani di Carlo, d'Orlando, di Rinaldo, di Malagigi, era un parlar loro di persone così prossime al cuore dei più, che mai non si sarebbero stancati di udirne i fatti. Nè si creda che la famigliarità con costoro, se non forse l'affetto, fosse nei signori troppo minore che nel volgo. Di ciò fornisce la prova la conoscenza che il Boiardo stesso dà a vedere incidentalmente, ora dell'una, ora di un'altra narrazione tradizionale, e quella, meglio ancora, ch'egli suppone a volte in un uditorio, che da luoghi non so quanti ci è rappresentato come essenzialmente aristocratico. Ma non voglio neppur tacere una testimonianza, istruttiva per più di un verso, fornita da documenti storici dissotterrati di recente; tanto più che essa si riferisce a una principessa estense, e propriamente a colei che tutti s'accordano nel riguardare siccome l'esemplare più perfetto di quello splendido fiore, che fu la donna del nostro Rinascimento.

Quando, al principio del 1491, Isabella, la figliuola del duca Ercole, già marchesana di Mantova, fu a Milano per accompagnarvi la sorella minore Beatrice, che andava sposa a Lodovico il Moro, s'accese una disputa tra lei e Galeazzo Visconti, gentiluomo milanese, se fosse da anteporre Orlando, oppure Rinaldo. Isabella (chi non sa che i ribelli e gli scapigliati attraggono sempre le simpatie femminili?) stava per Rinaldo; Galeazzo sosteneva le parti d'Orlando. La disputa dette luogo, un giorno che s'andava per acqua a Pavia, oppure si ritornava di colà, a una specie di lotta, nella quale Galeazzo costrinse la sua avversaria a dichiararsi vinta, ed a gridare essa stessa: "Rolando, Rolando!" Ciò, beninteso, non le impedì punto di inalberare poi subito di nuovo la sua bandiera e di tenercisi aggrappata anche dopo la partenza da Milano; donde uno scambio curioso di lettere, tra le quali, disgraziatamente, noi abbiamo solo - e non tutte - quelle di Galeazzo. La disputa (ciò che ho detto della lotta lo avrà fatto intender di già) era sostenuta in tuono umoristico. Importa poi rilevare, dacchè senza di ciò la testimonianza perderebbe qui per noi ogni valore, che questo contrasto, per quanto vediamo, non prese punto materia dall'*Innamorato*, sebbene i primi due libri avessero visto la luce per le stampe cinque anni innanzi.

Sicchè il ciclo carolingio era il solo donde si potesse muovere opportunamente. Ma questo ciclo, qual era ridotto, presentava l'aspetto di un vecchio castello, dalle mura decrepite, dove lasciate rovinare, dove rifatte alla peggio, dalle sale sterminate e buie, dalle pareti squallide, dall'arredamento poverissimo e consunto dal lungo uso. Non era lì dentro davvero che un uomo dei gusti del conte di Scandiano avrebbe mai voluto mettersi ad abitare, ed invitar cavalieri e dame avvezzi allo splendore delle nostre corti. Perchè il castello gli apparisse degno albergo di lui medesimo e di ospiti siffatti, bisognava rimetterlo a nuovo da cima a fondo.

L'impresa era ardua quanto mai; e non so chi altri sarebbe riuscito a condurla a buon termine. Restaurare è facile; ma è difficile in sommo grado che ciò che s'è restaurato non si trovi poi essere la negazione dell'armonia. Il Boiardo squarciò dovunque i fianchi alle mura risaldate, e fra quelle tetraggini fece penetrare fiotti di luce; rintonacò, dipinse e addobbò le pareti; senza dare lo sfratto al vecchio mobigliare in quanto fosse ancora servibile, lo allogò convenevolmente, e ne aggiunse uno copiosissimo di meravigliosa ricchezza e d'impareggiabile svariatezza. Insomma, egli trasformò quella miserabile dimora in un palazzo incantato.

Il rinnovamento consistette soprattutto (e si troverà ben naturale dopo quanto s'è visto) in un grande raccostamento al ciclo brettone. Un'azione di questo ciclo sul carolingio s'era cominciata a vedere nella Francia stessa da ben tre secoli; ed aveva continuato ad esercitarsi qui da noi. Ma sempre s'era trattato di fatti parziali, compiuti senza impulso profondo, col semplice scopo di dilettar maggiormente. Gli effetti erano stati per lo più tutt'altro che felici; nè c'è da meravigliarsene. La vera e propria fusione del mondo d'Artù e di quello di Carlo Magno non era possibile se non ad un uomo per il quale quei due mondi avessero cessato di rappresentare qualcosa di distinto e si confondessero in un'unità superiore: il mondo cavalleresco. Allora soltanto Orlando e Rinaldo e quanti mai li circondino potranno legittimamente convertirsi in cavalieri erranti; e starà bene che anche i boschi del loro tempo sian pieni d'avventure; e che le donzelle se ne vadan solette in cerca di un prode che osi arrischiarsi a qualche arduo cimento, invochino con alte grida un soccorso che le strappi a un pericolo, sian causa di combattimento tra chi le accompagni e chi in loro s'incontri e pretenda di impossessarsene; e che il passaggio tranquillo de' ponti sia impedito da giganti e altri campioni; e che ai castelli si mantengan coll'armi fiere usanze; e che le fate s'inframmettano nelle faccende degli uomini, e li attraggano nelle loro dimore, e faccian sorgere giardini e palazzi maravigliosi, che in un attimo vengan poi a dissiparsi. Queste e molte altre cose troviamo nel poema del Boiardo per via de' romanzi della Tavola Rotonda. Sennonchè insieme troviamo anche roba non so quanta di provenienza diversa, e segnatamente classica. Ma poi, prenda il Boiardo di dove mai si voglia, egli tutto trasforma e rifoggia, e a tutto dà l'impronta sua propria. E dalla sua stessa fantasia trasse tanto, quanto assolutamente nessun altro poeta italiano, all'infuori di Dante. Però, al pari di Dante, di uno studio di fonti che, punto per punto, riconduca alle sue origini quel che paia in qualsivoglia maniera derivato d'altronde, egli non ha da temere. Ciò che per altri produce troppo spesso l'effetto di una spennacchiatura, per lui si risolve in una riprova di originalità. Così si capisce come, pur risultando da elementi disparati, il poema non dia alcun sentore di raffazzonamento, e nemmeno abbia la più lontana attinenza con un mosaico, per quanto abilmente congegnato. Esso è lavoro di getto; e nel suo autore è da riconoscere il creatore di un nuovo mondo poetico. Quanti sono mai gli uomini, e nella nostra e in qualsivoglia letteratura, a cui sia lecito di attribuire un vanto siffatto? Guardiamo un poco addentro in quest'opera singolare. Vi sentiremo in ogni parte strepito d'armi: qui abbiamo il cozzo di moltitudini, come nel ciclo carolingio, là, e più spesso, semplici duelli, come nel brettone. Ma alle armi s'accompagna qualche altra cosa. Dalla bocca stessa del poeta s'è udito, non è molto, come la corte di Carlo (quella, s'intende, di cui s'era narrato fin allora) fosse rimasta al di sotto della corte d'Artù "Perchè tenne ad amor chiuse le porte". Chiuse del tutto, per verità, non le aveva tenute di sicuro; e Matteo Maria lo sapeva benissimo; ma certo in essa l'amore aveva sempre avuto l'aria di un intruso, e in ogni modo poi il valore non gli aveva obblighi di nessuna specie. Per il Boiardo invece

Amore è quel che dona la vittoria
E dona ardire al cavaliero armato.

(II, XVIII, 3).

Senza di esso il cavaliere quasi non si concepisce, e

Se in vista è vivo, vivo è senza core.

(I, XVIII, 46).

Nè, mancando l'amore, potranno fiorire neppur l'altre virtù, e in primo luogo la cortesia, che è tanta parte nella morale cavalleresca. Così si pensa e parla nel poema (I, XII, 12); e qui noi subito ci s'accorge dell'intimo legame che lega questo col Canzoniere; ossia veniamo a conoscere come il poema, lungi dall'essere un'opera concepita ed eseguita per mero sollazzo o per studio d'arte, abbia radice nella regione più profonda del sentimento. Ciò costituisce la massima tra le differenze che distinguono il conte di Scandiano da quant'altri si dettero fra noi al poema cavalleresco, non escluso nient'affatto l'Ariosto.

Supremo pensiero del Boiardo dovrà essere dunque di redimere il mondo carolingio da quella vita vegetativa in cui aveva languito così a lungo, e di stabilire anche su di esso la signoria dell'Amore. Ed ecco che un Trionfo d'Amore sarà ciò che verrà ad offrirsi sulla scena ai nostri sguardi subito al levarsi della tela.

Siamo di maggio, verso la pasqua di rose, e in Parigi, per occasione di una giostra bandita da Carlo, troviam raccolta una solennissima "corte reale", che più che alle solite corti del nostro imperatore rassomiglia a quelle d'Artù. Insieme colla moltitudine de' signori cristiani, sono accorsi di Spagna anche molti Saracini; chè le barriere del mondo cristiano e Saracino, se non son tolte, son cadute più che a mezzo in isfacelo. Quel giorno tutta l'infinita baronia è stata chiamata a un gran convito. Carlo va lieto a porsi sopra una sedia d'oro "a la mensa ritonda"; (la "Tavola Rotonda" è trasportata qui, come vedete, non solamente in idea); accanto a sè ha i paladini, dirimpetto gli ospiti spagnoli.

Mentre si sta in allegrezza, all'estremità della sala si presenta una donzella, che sapremo poi chiamarsi Angelica, in mezzo a quattro giganti, seguita da un cavaliere e non più:

Essa sembrava matutina stella,
E giglio d'orto e rosa di verzieri;
In somma, a dir di lei la veritate,
Non fu veduta mai tanta beltate.

(St. 21).

A quella vista non un cristiano, non un Saracino, sa rimanersene seduto; tutti cercano di accostarsi alla donzella, la quale si fa ad esporre all'imperatore certe sue fanfaluche, il cui succo si è che il fratello suo (il cavaliere che l'accompagna) domanda giostra a quanti son qui convenuti, e che ella stessa sarà premio per chi riesca ad abbatterlo. Il fascino esercitato da questa bellezza impareggiabile è tanto, che l'amore s'accende di subito nei petti. Innamora Namo, "ch'è canuto e bianco", e si scolorisce in viso; innamora Rinaldo, e si fa "rosso come un foco"; il Saracino Ferraguto, che ha l'argento vivo addosso, a gran fatica si rattiene dallo slanciarsi contro i giganti, per impadronirsi colla forza della fanciulla, e frattanto

Hor su l'un piede, or su l'altro si muta;
Grattasi il capo e non ritrova loco.

(St. 34).

Insomma, a farla breve,

.... *ogni barone*
Di lei se accese, et ancho il re Carlone;
(St. 32)

il quale profitta della condizione sua privilegiata, e tira in lungo la risposta alla donzella. "Per poter seco molto dimorare"(St. 35).

Ma il trionfo dell'amore non parrebbe al poeta pieno abbastanza, se alla testa dei devoti non fosse ridotto a camminar dietro al carro per l'appunto chi era parso più restio a questo culto, o a questo servaggio: il casto e severo Orlando, il futuro martire di Roncisvalle:

Non vi para, signor, maraviglioso
Odir cantar de Orlando inamorato,
Che qualunque nel mondo è più orgoglioso
È da Amor vinto al tutto e subiugato;
Nè forte braccio, nè ardire animoso,
Nè scudo o maglia, nè brando affilato,
Nè altra possanza può mai far diffesa,
Che alfin non sia da Amor battuta e presa.
(St. 2).

E d'Orlando l'amore s'impadronirà a tal segno, da dare lo sfratto ad ogni altro pensiero, da soffocare qualsiasi altro sentimento. Non contento di trascinarlo in remotissime terre dell'Asia, di darlo del tutto in altrui balìa, di renderlo affatto noncurante di Alda, della quale, dopo una fugace apparizione al principio, non è più questione nel poema, lo muove a calpestare l'amicizia e la parentela, ed a combattere ferocemente, pur sapendo di far male, contro il cugino Rinaldo (I, XXV-XXVII). E tanto può, da renderlo perfino sordo al tremendo pericolo a cui Carlo e la cristianità tutta intera sono esposti per il passaggio che sta per fare Agramante (II, XIII, 50-51). Quando poi, per volontà della sua dama, non già per sua propria, il paladino sarà tornato in Francia, l'annunzio delle orde nemiche che sono in procinto di rovesciarsi sull'esercito cristiano, invece che a sfoderar Durindana, porterà questo campion della fede a ritrarsi in un bosco:

E là pregava Dio devotamente
Che le sante bandiere a zigli d'oro
Siano abbattute, e Carlo, e la sua gente.

(II, XXX, 61).

Ciò perchè la sconfitta servirebbe a' suoi scopi! all'amore per una pagana!

Facendo innamorare Orlando, il Boiardo s'è guardato bene dall'alterarne sostanzialmente le fattezze. Ciò che egli si studia di rappresentare son precisamente gli effetti che la nuova passione deve produrre sul personaggio che tutti conoscevano da tanto tempo. Non è di certo un rendergli servigio l'operare in cosiffatta maniera: non si rende servigio ad un uomo di molto merito, ma senza alcuna pratica della società e delle sue usanze, trascinandolo in un ritrovo elegante. Guardatelo questo povero paladino, quando ritorna ad Albraccà, tutto pesto e malconcio, dopo aver compiuto imprese incredibili. Angelica lo disarma, lo spoglia per ungerlo "d'un olio delicato - Che caccia de la carne ogni livore" (I, XXV, 38), e senza tante storie lo vien baciando. Che il Conte all'accostarglisi di quel volto si senta in paradiso, non potrebbe non essere; ma invece di prendere ardimento, se ne sta "quieto e vergognoso". E timido compagno - timido, beninteso, come amante - sarà ad Angelica nel lunghissimo viaggio dal Cataio alla Francia (II, XIX, 50). Questa sua imperizia egli ce la dà a vedere anche più aperta, quando - guai a incominciare! - si lascia vincere dai vezzi di un'altra donna: di Origille. Con lei, che lo stimola e gli fa animo, parlerà d'amore, "come insonnïato" (I, XXIX, 47), e le si mostrerà "mal scorto e rozzo amante" (II, III, 66). Quanto rozzo e mal scorto, altrettanto credulo, sì da lasciarsi dar a bere che salendo in cima a una certa roccia e guardando in una specie di pozzo vedrà "l'inferno e tutto il paradiso" (I, XXIX, 50). Vero che qui il Boiardo lo vuol scusare, dicendo che al pari di lui sarebbe stato ingannato chiunque, "che di leggier si crede a quel che s'ama" (St. 52); ma io mi permetterò di domandare a Matteo Maria se avrebbe mai fatto gabbare a quel modo Rinaldo, o qualcuno della sua tempra. Sicchè il protagonista mascolino del poema è volutamente un personaggio nel cui volto c'è qualcosa di ridicolo; un personaggio del quale, a proposito del viaggio con Angelica ricordato dianzi, è possibile dire che

Turpin, che mai non mente di ragione,
In cotale atto il chiama un babione.

Non so cos'altro mai possa volerci per accorgersi che il poeta si atteggia di fronte alla materia sua in ben altra maniera che non facciano gli autori delle *chansons de geste* e quelli di tutti i romanzi del ciclo brettone. Non già che l'elemento comico sia escluso di colà. Basterebbe rammentare, per una parte il cosiddetto *Voyage de Charlemagne a Costantinople* e certe scene dei *Quatre fils Aimon*, ossia della storia di Rinaldo e de' fratelli, per l'altra la figura di Keu, il siniscalco di Artù, così simile per più d'un verso al nostro Astolfo. Per sè stesso il comico non disdice nemmeno all'epopea più schietta; o non vediamo nell'Olimpo dell'*Iliade* lo zoppo e barbuto Vulcano andare attorno ansimando in ufficio della vezzosa Ebe, suscitando negli dei una ilarità inestinguibile? Ma Omero non si sarebbe mai sognato sicuramente di rappresentare Ettore o Achille come fa Orlando il Boiardo; nè gli sarebbe passato per il capo di mettere in bocca ad Agamennone parole analoghe a quelle, tali ch'io non potrei qui tutte ripeterle, che il Conte di Scandiano pone sulle labbra di Carlo Magno, quando nella giostra di Parigi vede la sua baronia sopraffatta dai campioni saracini (I, II, 63-65); e nemmeno, crederei, di farlo scendere nell'arena a metter rimedio a un tradimento,

Dando gran bastonate a questo e quello,
Che a più di trenta ne ruppe la testa.
(I, III, 24).

Qui il ridicolo non penzola dai rami: esso si stringe dattorno al tronco stesso; sicchè alla tragedia ed al dramma si sostituisce la farsa.

Ma il ridicolo s'incontra nel poema del Boiardo anche in una forma che specialmente importa di rilevare: quale umorismo. Cosa propriamente sia l'umorismo secondo il concetto moderno, tutti più o meno intendono; eppure nessuno riesce a spiegar bene a parole. Permetterete dunque che ancor io tenti una definizione mia propria, e che lo dica "un riso interiore". Esso è un riso che si vela, senza per questo volersi celare, sotto apparenze di serietà. Da questo riso dissimulato alla sghignazzata più chiassosa, non c'è soluzione alcuna di continuità. Si passa dall'uno all'altra per gradi insensibili, soliti comprendersi sotto un certo numero di varietà, come a dire il riso a fior di labbra, il riso aperto, e che altro so io. Però si capisce come le specie non siano nettamente distinte, sicchè a volte non si riesca a veder bene se s'abbia a fare con questa o con quella. E dato l'umor gaio, esso tende a manifestarsi, salvo condizioni e propositi speciali, or con una specie or coll'altra, non già sempre alla medesima maniera.

E le varie forme di riso s'incontrano nell'*Orlando Innamorato* ben diverso anche in ciò dal *Don Chisciotte*, dove invece l'umorismo informa tutta l'opera. Ma nemmeno nel nostro poema l'umorismo scarseggia. È umorismo, per esempio, quando subito alla terza ottava si dice:

Questa novella è nota a pocha gente,
Perchè Turpino istesso la nascose,
Credendo forse a quel Conte valente
Esser le sue scritture dispettose.

Qui l'umorismo intacca proprio, come vedete, l'azione fondamentale del poema. E umoristici sono in genere tutti appunto i riferimenti a Turpino, che occorrono numerosi, ivi specialmente dove se n'è sballata qualcuna di grossa; e umoristici diventano in particolar modo allorchè il Boiardo assume dirimpetto al suo autore una certa quale aria di diffidenza, o rovescia comunque su di lui il peso dell'asserzione, come segue a proposito delle dame che assistono in Cipro da un gran palco al torneo che s'è bandito per maritare Lucina:

Mostravan poche il viso naturale,
Le più l'havean dipinto e colorato;
Turpino il dice, io nol scio per expresso,
Benchè sian molte che ciò fanno adesso.

(II, XX, 13).

Questo umorismo non è se non una varietà di quello che consiste nell'assumere tuono di storico veritiero, cauto, accurato, e che porterà, per esempio, a mettere in rilievo qualche circostanza perchè serva a giustificare qualcosa di molto straordinario:

Al fin de le parole un salto piglia
(Vero è che indietro alquanto hebbe a tornare
A prender corso), e, come havesse piume,
D'un salto, armato, andò di là del fiume.

(II, VIII, 23).

La farò finita cogli esempi dell'umorismo boiardesco col menzionare il desiderio che il poeta manifestò di aver assistito a una certa battaglia contro un esercito di diavoli evocati da Malagigi,

Sol per veder se il demonio è cotale
E tanto sozzo come egli è dipento;
Che non è sempre a un modo in ogni loco:
Qua maggior corne, e là più coda un poco.

(II, XXIII, 1).

Il Boiardo non prende adunque la materia cavalleresca propriamente sul serio; ma andrebbe mille miglia lontano dal vero chi immaginasse per ciò che la volesse volgere in canzonatura. Le virtù cavalleresche, vale a dir la prodezza, il coraggio, la lealtà, la cortesia, la generosità, la sete di gloria, il disprezzo delle ricchezze, e insieme con esse l'amore, che le inspira e rinfoca, egli le ammira dal profondo dell'animo. Quindi per esaltarle può anche continuare lungamente a cantare a occhi chiusi con un abbandono propriamente epico. Ma il senso della realtà è troppo vivo in lui, perchè, se appena apre le palpebre, non abbia ad accorgersi che ciò che gli sta davanti son fantasmi, e non componga il volto ad un sorriso. Ad un sorriso, oppure invece anche al pianto, se rivolge la mente a ciò che gli apparisce la vera grandezza; ad Alessandro, a Cesare, e ad altre figure siffatte:

Fama, sequace de gl'imperatori,
Nympha che e gesti a dolci versi canti,
Che dopo morte anchor gli homini honori,
E fai coloro eterni che tu vanti:
Ove sei gionta? a dir gli antichi amori
Et a narrar battaglie de giganti,
Mercè del mondo, che al tuo tempo è tale,

Che più di fama o di virtù non cale.
(II, XXII, 2).

Del resto importa rilevare che l'atteggiamento del Boiardo in cospetto del mondo della cavalleria non è già qualche cosa di peculiare a lui. In embrione, esso si può cogliere negli stessi rimatori popolari, ai quali, per esempio, non sono estranei nient'affatto i richiami scherzevoli all'autorità del famoso arcivescovo; portato all'estremo, per via d'una speciale conformazione dell'ingegno e dell'animo, ci dà il *Morgante*; e che del pari come agli scrittori fosse comune anche al pubblico cui essi si rivolgevano, può mostrare l'intonazione del contrasto tra Isabella d'Este e Galeazzo Visconti, a proposito del quale la parola "umoristico" mi è già dovuta uscir di bocca. Si tratta dunque di qualcosa, che è dell'ambiente italiano d'allora. Da questo qualcosa, se si va bene al fondo, il nostro romanzo cavalleresco ripete in generale quel suo temperamento capriccioso, che rende naturali, nonchè ammissibili per esso, tutte quante le capestrerie di pensiero e di forma.

Esaltatore dei sentimenti cavallereschi, il Boiardo può ridere nondimeno dei personaggi in cui egli stesso li incarnò; grande araldo dell'amore, lo troveremo, o non lo troveremo noi, in atto di adorazione devota, al piede della creatura da cui questa passione si diffonde? Cosa sono le sue donne quando egli ha la libertà di foggiarle a piacimento?

Protagonista femminile dell'*Innamorato* è Angelica. L'importanza sua non è uguagliata da quella di nessun altro personaggio, compreso lo stesso Orlando. In lei principalmente s'accentra l'azione; l'amore che da lei s'ispira è il motore più potente di tutto quanto il meccanismo. Quali effetti essa produca col suo semplice apparire, avete visto voi stessi. E il Boiardo ha immaginato un modo ingegnosissimo di complicare il giuoco dei sentimenti, facendo che, per virtù di due fonti, l'una delle quali accende, l'altra spegne le fiamme del cuore, Angelica sia aborrita da Rinaldo mentre ella arde per lui, e lo abbia in avversione non appena egli ha mutato d'animo. Che sia incantatrice, mi spiace; una donna è sempre maga abbastanza per il semplice fatto dell'esser giovane e bella! Ma il poeta è troppo avveduto per non accorgersi ottimamente di ciò egli medesimo; quindi di cotale prerogativa fa un uso assai parco, e finisce poi oramai per dimenticarla del tutto. Bensì Angelica rimane sempre una lusinghiera; questo il tratto in cui s'assomma l'indole sua. Che moine sa usare con Orlando, per il quale non prova alcun affetto, e che solo le desta rimorso quando è stato mandato da lei a un'impresa da cui non crede che possa uscir vivo (I, XXVIII, 40)! E al tempo stesso ella tiene a bada altri adoratori, che le giova di avere a suoi comandi. Ce la redimerebbe l'amore non corrisposto per Rinaldo, che dà luogo a scene d'una passionatezza commovente, se non fosse l'effetto d'una forza soprannaturale, e se non ci rappresentasse, molto tempo prima che l'Ariosto potesse pensare a Medoro, come una punizione di quel farsi giuoco degli amanti:

Chè amor vol castigar questa superba.
(I, III, 40).

Insomma, all'infuori che per la bellezza, Angelica non ha somiglianza alcuna colle Laure, e meno che mai colle Beatrici.
I difetti che si scorgono nella figliuola di Galafrone toccano il colmo in Origille:

Era la dama di estrema beltate,
Maliciösa e di losinghe piena;
Le lachryme teneva apparecchiate
Sempre a sua posta com'acqua di vena:
Promessa non fè mai con veritate,
Mostrando a ciaschedun faccia serena;
E se in un giorno havesse mille amanti,
Tutti li beffa con dolci sembianti.
(I, XXIX, 45).

Angelica in fondo al cuore non è malvagia: Origille invece è tutta impastata di perfidia, a segno tale da trastullarsi anche colla vita de' suoi disgraziati adoratori.
Possiamo dir buona Tisbina. Amata da due, non frascheggia: riama Iroldo e sente compassione di Prasildo. Che disperazione è la sua quando una promessa a cui Iroldo stesso imprudentemente l'ha spinta, la mette nella necessità di concedere a Prasildo sè medesima! Iroldo vuol morire, ed essa morrà con lui. E i due inghiottono diffatti

insieme una bevanda, che credono veleno. Ma veleno non è; e la conclusione della storia viene ad essere, che, dopo una gara mirabile di generosità, Tisbina, mentre è immersa nel sonno per effetto di ciò che ha bevuto, rimane a Prasildo. Che farà essa mai al risentirsi, quando le sarà detto che il suo Iroldo se n'è andato lontano per sempre? È piena di dolore e tramortisce; ma poi, considerando che non c'è rimedio, prende "altro partito":

Ciascuna dama è molle e tenerina
Così del corpo come della mente,
E simigliante della fresca brina,
Che non aspetta il caldo al sol lucente;
Tutte siam fatte come fu Tisbina,
Che non volse battaglia per nïente,
Ma al primo assalto subito se rese,
E per marito il bel Prasildo prese.

(I, XII, 89).

"Tutte siam fatte": gli è che queste parole, insieme col racconto a cui servono di conclusione, son poste esse pure in bocca ad una donna. Ma se Fiordalisa modestamente parla così, mettendo sè medesima in mazzo con tutte l'altre, in lei almeno avremo finalmente un esemplare di perfetta lealtà femminile. Chi non ha presente quel suo pietoso andar di continuo in traccia di Brandimarte, che via via ritrova per poi riperderlo di bel nuovo? Se c'è donna amante, quella è lei di sicuro. Ma, ohimè, che ancor essa dà qualcosa a ridire! È troppo, per verità, il compiacimento col quale contempla il bel Rinaldo addormentato (I, XIII, 50), perchè un certo sospetto che il poeta s'è permesso poco prima (st. 48) abbia a parer calunnioso.

Sicchè in conclusione le donne dell'*Innamorato* son tutt'altra cosa che le Isotte e le Ginevre. Si capisce che nell'animo del poeta c'è una persuasione analoga a quella che ispira al Leopardi l'Aspasia. Gl'idoli a cui si brucian gl'incensi sono, pur troppo, ben lontani in generale dall'essere quali l'immaginazione li rappresenta. L'amore, maschile e femminile, riposa sopra una continua illusione; ciò che s'adora è un fantasma della propria mente; sennonchè per il Boiardo - e tutti saremo con lui - una volta che l'illusione riesce gradita e feconda di bene, merita di essere tenuta nel medesimo conto in cui si terrebbe la realtà. Questo concetto, mentre ci porta lontano dalle tradizioni consuete dei romanzi cavallereschi, ci riconduce alla vita del nostro Matteo Maria. Si rammenti il Canzoniere; si ricordi Antonia Caprara. Così ci si verrà sempre più persuadendo che l'*Innamorato* è altra cosa che una semplice opera d'arte.

Della tela del poema non crederei indispensabile di farvi, sia pur rapidissimamente, l'esposizione, quand'anche al punto in cui sono non dovessi rammentarmi che tra le virtù del Boiardo ce n'è una nella quale giova che io mi specchi: il saper fare i conti colla pazienza di chi sta ad ascoltare. L'orditura ha qui assai poca importanza; l'importanza sta nelle molteplici narrazioni particolari. Queste s'intrecciano, spesso interrotte, più tardi riprese. Il procedimento per cui parecchie azioni camminano di conserva, dando luogo a continue spezzature, viene all'Innamorato dai romanzi della Tavola Rotonda, e segnatamente dal *Tristano*, dal *Lancillotto*, dal *Girone il Cortese*. Ma ciò che in questi è un mero e impaccioso portato della necessità, nelle mani del Boiardo si converte in un procedimento artistico, mediante il quale la curiosità è stuzzicata, e si consegue una varietà che mai l'uguale.

Ciò che assai mi duole si è che mi sia impedito di mostrarvi le ricchezze meravigliose della poesia del Boiardo, paragonabili a quelle della sua grotta di Morgana,

Che solo a dir di lor seria un volume;
E non ha tante stelle il ciel sereno,
Nè primavera tanti fiori e rose,
Quante ivi ha perle e pietre preciose.

(II, VIII, 19).

Che attitudine a concepire figure caratteristiche e a metterle in moto! che intuizione degli uomini e delle cose! che fecondità di concepimenti! che sentimento delle bellezze naturali! che musicalità di ritmo! che amabile semplicità di forma! È una poesia fresca che noi qui abbiamo: la poesia d'un prato fiorito, in un bel mattino di maggio. E nelle nostre tazze la fantasia vien mescendo a profusione vini scintillanti, che parrebbero spremuti da altre uve che dalle terrene.

Sicuro che anche nel Boiardo ci son le sue pecche. Di certe

particolarità non è opportuno che discorra, una volta che ai particolari devo qui rinunziare anche per il resto. E non gli farò colpa alcuna del molto intrattenersi a descriver colpi di lancia e di spada, non di rado uniformi. Queste descrizioni, che a noi paion monotone e stucchevoli, tali non parevano a uditori diversamente disposti che noi non siamo; alla maniera come non riesce monotono per una signora elegante il minuto ragguaglio dei cento vestiti e delle cento acconciature che si son sfoggiati a una festa. Bensì non è dubbio che nell'*Innamorato* c'è difetto di lima, sicchè aguzzando gli occhi si scorgono a ogni tratto piccole mende, che si vorrebber corrette. Quanto alla lingua, il vizio è quasi tutto alla superficie, ossia nella fonetica; e bisogna non conoscere la nostra storia letteraria per muoverne al Boiardo la più piccola colpa. Esso può rendere per il più dei lettori necessaria una spolveratura, non altro; ma certo non giustifica la manomissione commessa dal Berni. Sennò dovrà esser lecito ad un pittore moderno di ridipingere un Giotto, un Beato Angelico, un Botticelli, per la ragione che il disegno non vi è propriamente corretto.

Vi farò forse meravigliare, terminando, col dire che il poema del Boiardo ha ai miei occhi un alto valore morale. In quell'Italia perfida che gli storici soglion descriverci - l'Italia di Lodovico il Moro e di Alessandro VI -, una voce che esalta col più sincero convincimento le virtù cavalleresche, e prima tra esse la lealtà, significa mi par bene, qualcosa. E più significa perchè non è voce che scenda da un pulpito, nè voce di popolo. Sicchè l'*Innamorato* viene a indicare che il marcio non era poi tanto profondo come in generale si afferma e si crede.

Certo tuttavia non era più questa la poesia che propriamente convenisse all'Italia, una volta che su di essa venne a rovesciarsi quella sequela di bufere, che al finire del secolo XV prese a devastare i campi, a sradicar gli alberi, ad abbattere case e palagi per tutto il bel paese. Di quella bufera il Boiardo non vide che i prodromi; ma essi bastarono per strozzargli il canto in gola e dissipare le immagini ridenti che gli danzavano davanti alla fantasia. L'opera fu interrotta; ed è legittimo il supporre che il poeta non l'avrebbe ripigliata nemmeno se al passaggio delle genti di Carlo VIII, avviate verso il regno di Napoli, non fosse tenuta dietro quasi subito la sua morte. Quanto differenti le guerre ch'egli aveva vagheggiato e rappresentato da quelle che allora si vennero a combattere! Ma io mi rallegro che gli ultimi versi di questo poema, tutto letizia e apparente spensieratezza, gli ultimi probabilmente che il Boiardo abbia scritto, siano rivolti alla patria:

Mentre che io canto, o Iddio redentore,
Vedo la Italia tutta a ferro e a foco,
Per questi Galli che con gran valore
Vengon per disertar non scio che loco.

Son parole condite d'ironia, alle quali servono di efficace commento quelle che si sono raccolte dalle labbra del poeta in un'altra occasione, consimile, ma a saper leggere nel futuro, assai meno lagrimosa[99]. E noi da questa interruzione ci si sente attratti verso il poeta e l'opera sua più che non saremmo dal più splendido dei coronamenti.

---

[99] Vedi pag. 321.

IL SAVONAROLA e la PROFEZIA
DI
FELICE TOCCO.

Signore e Signori,

Dall'argomento della mia conferenza altri di me più degno avrebbe dovuto tenervi parola. Ma per sfortuna mia e vostra chi scrisse a giudizio unanime la migliore storia del Savonarola, è lontano da noi, e per il bene della cosa pubblica dobbiam tutti sperare che non faccia sollecito ritorno[100]. Un altro scrittore avrebbe potuto degnamente tenerne il luogo, il nostro Gherardo che intorno al Savonarola seppe scoprire nuovi documenti e dottamente illustrarli. Ma poichè anche a lui non fu dato di accettare il difficile còmpito, eccomi di nuovo innanzi a voi, per riprendere a così dire il filo della conferenza, che ebbi l'onore di tenere: or sono due anni sull'eresia del Medio Evo. Giacchè io non intende parlarvi soltanto del Savonarola e dell'opera sua, ma ben piuttosto del modo come il frate ferrarese si ricolleghi coi profeti medievali, che lo precedettero. Escludo dal mio discorso le leggendarie o apocrife profezie del mago Merlino, della Sibilla Eritrea o del Carmelitano Cirillo, e di quei profeti solo vi terrò parola, dei quali abbiamo sicure testimonianze. E per non risalire più in su fino a san Nilo o santa Ildegarde, comincerò da quell'abate Gioachino, a voi ben noto, che a giudizio di Dante sarebbe stato realmente di *spirito profetico dotato*. Parecchi in verità revocarono in dubbio codesto dono della profezia, e san Tommaso glielo negò addirittura. Ma i più erano dell'avviso di Dante, specie gli spirituali francescani, che consideravano le principali opere di Gioachino come cosa sacra; e già sapete che ripubblicandole e chiosandole non dubitarono di dirle Evangelo eterno. Le loro chiose furono condannate solennemente dalla Chiesa, le profezie stesse di

---

[100] Pasquale Villari, che nel marzo 1892, quando si leggeva questa conferenza, era ministro dell'istruzione pubblica. Ma poche settimane dopo, il 5 maggio, cadeva il ministero Rudinì di cui egli faceva parte.

188

Gioachino smentì l'anno fatale 1260; ma ad onta di ciò la fede dei Gioachimiti non venne meno, e parecchi altri seguitarono a profetare, come l'abate Calabrese. La differenza tra questi nuovi profeti e gli antichi del Vecchio Testamento sta in ciò, che questi si sentivano in contatto diretto con la Divinità e ne udivano le voci, e sotto dettato, a così dire, ne scrivevano le rivelazioni; invece quelli a tanto non arrivano, e non a torto la maggior parte di essi, da Gioachino al Savonarola medesimo, dichiarano spesso di non essere nè profeti nè figli di profeti. Per quanto a loro non facciano difetto nè i sogni nè i rapimenti dei profeti veri, per quanto possano vantare anch'essi quella forza divinatrice, che squarcia il velame del tenebroso futuro, pure indarno cercate in loro la vena larga e potente dell'ispirazione diretta; poichè non le proprie visioni essi interpretano, ma le altrui. Non sono profeti, bensì commentatori di profezie, e le più oscure come il libro di Daniele e l'Apocalisse preferiscono.

Si conserva ancora inedita nella nostra Laurenziana la postilla sull'Apocalissi di uno dei più famosi seguaci di Gioachino, minorità, ben s'intende, e capo degli spirituali di Provenza, fra Giovanni di Piero Olivi, nato nel 1248, morto cinquantanni dopo. Negli ultimi tempi della sua vita, benchè avesse vedute tutte le speranze del suo partito dileguarsi, e l'eremita Celestino cedere la tiara a Bonifacio VIII, avido di potere e di gloria mondana, pure non ismise la sua fede, nè dubitò che l'ora della tremenda vendetta fosse per scoccare. In una lettera ai figli di Carlo II di Napoli, scrive: "Orsù, generosi soldati, preparatevi alla pugna. Il tempo della potatura è venuto, e si è udita sulla nostra terra la voce della tortora che sospira e che ha il gemito per canto. È d'uopo che nell'aprire il sesto suggello il sole e la luna s'oscurino, e che cadendo le stelle dal cielo, la terra ne tremi così, che tutte le montagne e le isole siano svelte dalle loro sedi.... Poichè a quel modo che sul secentesimo anno della vita di Noè si ruppero le fonti dell'abisso, e le cateratte del cielo si apersero a segno che nessuno potè salvarsi all'infuori dei ricoverati nell'arca fatta per comando di Dio; così fa d'uopo che l'empia Babilonia nel profondo del mare si sommerga." L'empia Babilonia è la Chiesa carnale, conculcatrice della povertà evangelica, e il ministro della vendetta divina sarà l'Anticristo.

La fede nel prossimo avvento dell'Anticristo è così radicata nei circoli dei beghini e degli spirituali, che Arnaldo di Villanova, celebre medico e studioso delle scienze occulte, non dubita di scrivere un trattato *De adventu Antichristi*, che gli fruttò le persecuzioni del vescovo parigino. Il trattato, ancora inedito, fu scritto nel 1297, come dice l'autore stesso, e non è se non un commento di alcuni luoghi delle Profezie di Daniele. Eccovene un saggio: "Compiuti i mille duecento anni dal tempo, in cui il popolo ebreo perdette il possesso della sua patria, entrerà nel luogo santo l'abbominio della desolazione, o l'Anticristo, il che sarà circa nel settantottesimo anno del secolo futuro. Non posso determinare con maggior precisione, ma certo intorno al 1378 si compirà quello che il Profeta predisse." E più appresso contro i suoi contradditori aggiunge: "Senza dubbio questa conclusione non segue dalla parola di Daniele in modo certo e necessario; ma ha l'evidenza di una grande probabilità, in quanto che con questa interpretazione concordano altri luoghi della sacra scrittura." Era tanta la fede di Arnaldo nelle divinazioni sue, che uno scritto sul medesimo argomento ardì leggere al papa Clemente V; e non solo noi, ma i contemporanei stessi, a cominciare da Filippo il Bello, non sapevano più di che cosa meravigliarsi, se dell'audacia del lettore o della benignità soverchia di chi l'ascoltava. Ai medici di gran grido, che si crede abbiano in mano la vita nostra, sono permesse molte cose; e un papa meno docile e mansueto di Clemente V, lo stesso Bonifacio VIII, si mostrò indulgente col Villanova, e lo assolse dalle censure del vescovo di Parigi, purchè non s'impacciasse più oltre di teologia. Non meno audaci sono le predizioni di frate Ubertino da Casale, l'eloquente difensore dell'Olivi, le cui dottrine segue, lievemente modificandole, in quel libro intitolato *Arbor vitæ crucifixæ*, che finì la vigilia di San Michele Arcangelo del 1305 nella solitudine dell'Alvernia, dove i suoi superiori l'aveano esiliato, perchè non predicasse più oltre nello stile degli esaltati spirituali. Nulla di nuovo egli dice sui sette stati o periodi in cui va divisa la storia della Chiesa o dell'Umanità, che secondo questi frati sono tutt'uno; poichè anch'egli, come l'Olivi, risale a Gioachino, e fa gli stessi calcoli e pone a confronto gli stessi passi scritturali per argomentare prossima la fine del sesto periodo. Quando esso abbia cominciato, o dalla rivelazione fatta dall'abate Gioachino, come dicono alcuni, o dalla conversione di san Francesco, come dicono altri, o infine dalla protesta che i frati spirituali levarono contro i trasgressori della regola francescana, non importa decidere; perchè tutte queste date possono essere vere secondo che si consideri tutto il periodo ora da un aspetto, ora dall'altro. Quel che monta è constatare che si affretta alla sua fine. La qual cosa non può mettersi in dubbio; perchè scorsi 1293 anni dalla morte di Cristo, s'è veduta quell'orribile novità dell'abdicazione di papa Celestino e dell'usurpazione del suo successore. E come se questo segno non bastasse, ecco pullulare nuove eresie, come alla fine d'ogni periodo; e molti sostenere non essere la povertà evangelica il nocciolo della perfezione cristiana, e alcuni filosofi di Parigi andare più oltre, e proclamare con Aristotele che il mondo fu "ab eterno" ed in eterno durerà. Le quali eresie mostrano chiaramente essere già nato il mistico Anticristo, vale a dire il precursore e il simbolo di quel vero Anticristo, che sorgerà più tardi alla fine del settimo stato. L'Anticristo mistico non è nè un imperatore nè un pontefice, ma bensì quel pseudo-cristiano che condannerà lo spirito di Cristo nella povertà evangelica. E di questi pseudo-cristiani al tempo di Ubertino non facea difetto.

Se non che la fine del mondo non ebbe luogo in tutto quel secolo, sul cui cominciare Ubertino scriveva, e nuove tribolazioni non mancarono. Rinacquero sotto Giovanni XXII le lotte coll'Impero, non chetate neanche sotto i successori Benedetto XII e Clemente VI, e la Chiesa, infeudata ai re di Francia, travagliarono mali e scandali siffatti, che Avignone fu detta non pure dagli spirituali francescani ma dal Petrarca medesimo: *l'avara Babilonia, fontana di dolore, albergo d'ira, scuola d'errori, tempio d'eresia.* Non è meraviglia che in questa età procellosa rifiorisse la Profezia. Anche i poeti, quindi, come il cantore di Laura, prendono il tono di veggenti, e minacciano e rampognano e predicono imminente lo scoppio dell'ira divina.

Fiamma del ciel su le tue trecce piova,
Malvagia, che dal fiume e dalle ghiande
Per l'altrui impoverir sei ricca e grande....
Nido di tradimenti, in cui si cova
Quanto mal per lo mondo oggi si spande....
Ma pur novo Soldan veggio per lei
Lo qual farà, non già quando io vorrei,
Sol una sede, e quella fia in Baldacco.

*Gl'idoli suoi saranno in terra sparsi
E le torri superbe al ciel nemiche,
E suoi torrier di for, come dentro, arsi.*

Ma dopo la tempesta verrà il sereno, e il Petrarca anche lui vede in nube quel Papa, da questi profeti concordemente chiamato angelico, che sbalzerà di seggio gl'indegni ministri:

*Anime belle e di virtude amiche
Terranno il mondo; e poi vedrem lui farsi
Aureo tutto e pien dell'opre antiche.*

Non diversamente canta frate Stoppa dei Bostichi, che non può essere vissuto dopo il papa Clemente VI, a cui rivolge le più fiere rampogne, chiamandolo *specchio evidente, nel qual potrà mirare ogni superbo*, e nell'impeto dell'ira esce in questa profezia:

*Sarà la Chiesa de' pastor privata;
Fie beato qual potrà negare
Il chericato, e rifiutar l'entrata,
Fiane cagion la terra d'oltremare.
Invidia, gola al chericato guata
Superbia, simonia, lussuriare;
Poi fie la Chiesa ornata di pastori
Umili e santi, come fur gli autori.*

Intorno allo stesso tempo sarà probabilmente sorta quell'altra profezia, attribuita a Jacopone da Todi, ma che certamente non gli appartiene, dove par che si confidi più in un potente imperatore che in un papa angelico:

*Da poi che seran structi li tiranni
Et li preti cacciati alli lor danni,
Verrà cului che di terra di lor mani
                     Serà alevato....
Costui serà segnor de tucto 'l mundo,
Facendo della terra el quadro e 'l tundo:
Sposo d'Italia, questo non abscundo,*

Imperatore....
Costui farà far pace in ogne lato,
Descacciarà del mundo ogne peccato,
Non si trovarà chi sia superchiato
Dal suo vicino.
Costui convertirà alla fede Saracino
Et Tartaria con tucto quil camino;
Poi intrarà ad quil luoco divino
Sacrificato.
Poi tornarà Roma nel suo stato
De tuctu quanto el mundo repusato:
Li sancti preti di novello Stato
Predicaranno.
E tucti l'infidel convertiranno,
Tucti vestiti d'un aspero panno,
Et sensa proprio sempre viveranno
Im povertade.

In simili profezie credono anche gli uomini politici, specie quel Cola da Rienzi, che da oscuro popolano assunto ai primi poteri dello Stato, ebbro della sua insperata fortuna, prende pubblicamente il bagno nella vasca Costantiniana, perchè dalle macchie dell'ignobile origine appaia deterso il nuovo cavaliere dello Spirito Santo. Sembra che anche nei giorni del suo trionfo Cola abbia avuto sogni e visioni. Almeno egli stesso racconta che pochi giorni prima della cruenta sconfitta dei Colonnesi, gli apparve in sogno Bonifacio VIII per incitarlo alla vendetta contro gli autori della sua cattura. Quando poi, dimessa la dignità tribunizia, si ritrasse nel silenzio di Monte Sant'Angelo presso i romiti della Majella, le sue fantasie apocalittiche ebber nuovo alimento. Ed uno di quei fraticelli, a nome Angelo, gli predisse dovere fra non molto risorgere tale, che morì fra le persecuzioni (forse fra Pietro di Giovanni Olivi?), e che alla sua voce nascerebbe grande confusione e terrore tra i maggiorenti della Curia, ed il Papa stesso correrebbe pericolo, finchè brillerebbe la nuova luce. Allora sarà fatta la riforma della Chiesa, e non pure tutti i Cristiani, ma i Saraceni con essi, formeranno un popolo solo, e a capo di tutti si porrà il Papa angelico. A queste profezie il tribuno prestava ascolto, tanto più che egli stesso doveva aver non piccola parte nella futura rinnovazione del mondo. E per infondere nell'imperatore e nell'arcivescovo di Praga la propria fede, si fa a sua volta commentatore ed interprete di profezie, e fra tante sceglie la più recente, che, nata senza dubbio sullo scorcio del secolo decimoterzo, fu attribuita ad un profeta Cirillo, contemporaneo di Gioachino, del quale non si sa nulla all'infuori della profezia medesima; e che non sarà meno apocrifo di essa. Comunque sia, Cola sa ben torcere l'oscuro oracolo al senso che più gli torna; e sotto il sole che entrerà nelle viscere dello scorpione e sarà lacerato dai figli dello scorpione medesimo, intende proprio lui, Cola, che andrà glorificato da Dio e posto al governo di Roma, e poscia dal Papa e dai cardinali sarà perseguitato, e nell'anno del giubileo chiuso nella squallida spelonca del carcere imperiale. Frate Angelo da Monticelli aveva ben insegnato la sua arte al credulo tribuno!

Un altro minorita, non meno credente di frate Angelo, ardiva divulgare le medesime profezie nella sede stessa della corte papale in Avignone. Avea nome fra Giovanni di Roquetaillade, latinamente *de Rupescissa*; ed oltre che per le sue profezie è noto per lo studio che, al pari di Arnaldo da Villanova, faceva dell'alchimia. Le sue predizioni risalgono, come dice egli stesso, al 1356, l'anno avanti che cominciassero le secolari guerre tra Francia e Inghilterra. La sua voce fu inascoltata; anzi Clemente VI, lo stesso papa così avverso a Cola, lo chiuse in prigione, e ve lo rimise il successore Innocenzo VI, tenendovelo per tutta la vita. Una profezia, che costui compose nelle carceri ad istanza di un suo correligionario, comincia così: "Le rendite ecclesiastiche sappiate che fra breve andranno tutte perdute, poichè molti popoli della terra spoglieranno il Clero dei beni temporali, lasciandogli appena da vivere. La Curia romana fuggirà da questa città peccatrice di Avignone, e non sarà più dove è ora. Prima che si compiano sei anni da questo presente, che è il 1356, la superbia clericale sarà prostrata nel fango, e distrutta ogni malvagità. La città delle delizie sarà convertita in lutto, e il mondo si perderà per l'avarizia; ma dopo innumerevoli tribolazioni scenderà la misericordia alla gente desolata, perchè un angelo, vicario di Cristo, spargerà tutte le virtù evangeliche, e convertirà gli Ebrei e i Tartari e i Saraceni e i Turchi distruggerà." Come vedete questo profeta anche a costo di andare crudelmente smentito dai fatti predice le cose a termine fisso ed a breve distanza. E non muta stile in un altro libercolo intitolato *Vade mecum in tribulatione*, composto l'anno dopo, dove riassume tutte le predizioni sue sparse negli altri libri, che cita e magnifica come annunziatori di fatti da poi verificatisi, quale la cattura del re di Francia. Anche nel *Vade mecum* vuol essere preciso più di quel che convenga a un profeta. "Pria che il mondo arrivi all'anno 1370, egli dice, prima che corrano altri tredici, da questo che abbiamo ora compiuto, 1356, avrà principio la restaurazione del mondo, e sarà palese quello che ora annunzio. Nel 1365 sorgerà l'Anticristo orientale, e gli Ebrei ingannati da codesto falso Messia infiniti danni recheranno al popolo cristiano. E nello stesso anno i veri seguaci del santo mendico di Assisi saranno di nuovo tribolati, come al tempo di Michele da Cesena; ma ben presto si rifaranno dei loro danni, e l'ordine loro si dilargherà per l'universo ed i loro conventi si moltiplicheranno come le stelle del cielo. Ma non vale la pena di riferire più oltre i sogni del povero prigioniero, che aspetta prossima la liberazione sua e dei suoi compagni. Dirò solo che anche egli adduce a prova delle sue profezie il versetto di Daniele, che soleva citare Arnaldo; ed anche lui, facendo cómputi sottili, arriva all'anno 1370 nello stesso modo che un secolo prima Gioachino di Fiore arrivava al 1260.

Al di sopra di questi, sarei per dire, computisti della Profezia, si eleva una donna di alto sentire e di nobilissimo sangue, santa Brigida di Svezia. Nata intorno all'anno 1302, a sedici anni sposò il diciottenne principe Wulf di Nerik, da cui ebbe otto figliuoli. Alla morte del marito, dato un addio agli splendori principeschi e diviso il patrimonio tra i suoi figli, vestì le ruvide lane del pellegrino e venne a Roma, dove scrisse le sue *Revelationes*. A differenza di tutti i vaticinatoli precedenti la santa svedese non s'indugia a commentare le altrui profezie; ma come i profeti antichi conversa direttamente con Dio, che le svela il segreto dell'avvenire. "Io non disdegno di parlare con te, le dice Gesù, e benchè la mia umanità sembri essere dentro di te e parlar teco, pure è più verisimile essere la tua anima e la tua coscienza con me e in me, poichè a me nulla è difficile nè in cielo nè in terra." Una volta in una chiesa di Roma la Vergine stessa le apparve, e in tuono di comando le disse: "Tu devi mandare da parte mia questa parola al legato del Papa." Al che la donna rispose: "Egli non mi crederà e volgerà i miei detti in derisione." E di rimando la Vergine: "Benchè io conosca l'intimo animo di quel prelato, pure è d'uopo che tu gli faccia sapere che le fondamenta della Chiesa vacillano, e la vôlta è screpolata in più parti, e le colonne piegano e il pavimento si avvalla così, che i ciechi che v'entrano sono per cadere." Questo ardito linguaggio osava tenere la santa al cardinale Albornoz, legato di Clemente VI, che, per riacquistare il sacro patrimonio, riempiva l'Italia di sangue e di rovine. Di Urbano V, il successore di Clemente, la Vergine stessa le dice: "Io condussi Urbano papa da Avignone a Roma senza alcun pericolo suo. E che cosa fa egli? Mi volge le spalle e intende partirsi da me. Il maligno spirito lo guida colle sue frodi. Ma se accadrà che egli faccia ritorno alla terra dove fu eletto, sarà colpito nella guancia così che i suoi denti scricchioleranno, e il suo volto diverrà caliginoso e fosco, e tutte le membra del suo corpo tremeranno." La profezia si avverò nel modo più tragico; che il Pontefice, non appena tornato in Avignone, vi morì. Nè meno energiche sono le ammonizioni, che Maria manda per mezzo della santa a Gregorio XI. "Come la pia madre, ella dice, che stringe al petto il suo bambino nudo e tremante di freddo per riscaldarlo del suo calore e nutrirlo del suo latte, così io farò di Gregorio, se vorrà tornare a Roma con animo di rimanervi e di riformare la Chiesa tutta. E perchè in avvenire non adduca la scusa dell'ignoranza, io gli annunzio che, se non obbedirà alle ingiunzioni mie, proverà la verga della mia giustizia e l'indignazione del mio figliuolo." Tutte queste visioni, ed altre non meno terribili sulla regina Giovanna, ebbe la santa donna in Napoli, dove sostò per qualche tempo tornando dal faticoso pellegrinaggio di Palestina. A lei non era dato vedere il frutto delle sue coraggiose ammonizioni, poichè, tornata a Roma, vi morì grave d'anni il 23 luglio 1373.

L'opera da santa Brigida lasciata a mezzo fu continuata da un'altra santa, che anch'ella ha estasi e visioni, anch'ella talvolta cade in tale anestesia, da poterlesi conficcare nella pelle un grosso ago, senza che si riscuota od avverta alcun dolore; ma forse più ancora della Svedese, ha un tatto finissimo per guidare gli uomini e riuscire nelle imprese più scabrose. Intendo parlare di Santa Caterina da Siena, che nata nel 1347 da un agiato popolano, e pur digiuna di lettere, seppe levarsi a tanta altezza di concetti, a tanta squisitezza di forma, che la sua prosa è anche oggi tenuta in grandissimo pregio. A quindici anni, vinte le opposizioni della madre, che la voleva sposa ad un ricco congiunto, entrò nelle Mantellate, terziarie domenicane, che non professavano voti solenni, e dopo tre anni passati nella sua cella tra preghiere e digiuni e torture d'ogni sorta, che ella infliggeva al delicato suo corpo, escì all'aperto ministra di pace e di carità. Nella peste del 1374 ella sola mostrò tale coraggio, tale abnegazione nell'assistere gl'infermi più gravi, da parere agli occhi di tutti un essere superiore. E ben si comprende come questo miracolo di sacrifizio, dovunque mostravasi, sapesse imporre la pace ai più riottosi, e comunicasse agli altri quell'ardente carità, che le bruciava il petto; talchè non pure a Siena, ma nella maggior parte delle terre toscane era chiamata come paciera, e la sua fama saliva tant'alto, che i più consumati uomini di Stato non disdegnavano d'entrare in relazione con lei; come, per citarne un solo, Bernabò Visconti. E a tutti teneva un linguaggio fermo e di gran buon senso. Al cardinale d'Ostia, legato pontificio, grida: "Pace, pace, pace, padre carissimo. Ragguardate voi e gli altri, e fate vedere al Santo Padre più la perdizione dell'anima che quella delle città; perocchè Dio richiede l'anime più che le città." Allo stesso papa Gregorio XI, non appena scoppiata la guerra con Firenze, scrive, ribadendo il concetto della santa svedese: "Andate innanzi e compite con vera sollecitudine e santa quello che per santo proponimento avete cominciato, cioè dell'avvenimento del santo e dolce Passaggio (vale a dire il ritorno della Santa Sede in Roma). E non tardate più, perocchè per lo tardare sono avvenuti molti inconvenienti.... Pregovi che coloro che vi sono ribelli, voi gl'invitate ad una santa pace, sicchè tutta la guerra caggia sopra gl'infedeli." "Ma pare che la somma ed eterna Bontà permetta che gli stati e delizie sieno tolti alla sposa sua, quasi mostrasse che volesse che la Chiesa santa tornasse nel suo stato primo poverello, umile e mansueta come era in quello tempo, quando non attendevano altro che all'onore di Dio e alla salute delle anime, avendo cura delle cose spirituali e non temporali. Che poi che ha mirato più alle temporali che alle spirituali, le cose sono andate di male in peggio." Mandata dalla repubblica Fiorentina in Avignone per trattare la pace col Papa, Caterina vi si adoperò con tutte le sue forze; e se non riescì a comporre il dissidio, ottenne però quello che più le stava a cuore sovra ogni altra cosa, il ritorno della Santa Sede a Roma. Questo è il suo pensiero dominante, che il felice passaggio, come diceva lei, avrebbe posto riparo a tutti i mali della Chiesa. E la sua fede invitta seppe trasfonderla in Gregorio: "Andiamoci, Ella scriveva, andiamci tosto, babbo mio dolce, senza veruno timore; se Dio è con voi, veruno sarà contro di voi. Dio è quello che vi move, sicchè gli è con voi. Andate tosto alla sposa vostra, che vi aspetta tutta impallidita, perchè gli poniate il colore." "E io vi prego da parte di Cristo Crocifisso, che voi non siate fanciullo timoroso, ma virile. Aprite la bocca e inghiottite l'amaro, per lo dolce.... Spero.... che voi sarete uomo fermo e stabile e non vi moverete per verun vento nè illusione di dimonio, nè per consiglio di dimonio incarnato." E fermo fu Gregorio. Non valsero le preghiere calde e insistenti di suo padre e delle sue sorelle, non valsero le opposizioni dei cardinali e le rimostranze del re di Francia. Su tutti e contro tutti vinse la fanciulla di Siena; e lo stesso giorno che ella lasciò Avignone, anche il Papa ne partì per non ritornarvi più mai. Singolare tempra di donna, a nessun'altra pari, fuorchè in parte ad un'altra vergine, nata non meno umile della Benincasa, Giovanna d'Arco. Anche questa fanciulla, pochi anni dopo Caterina, apparisce nel mondo come dotata di una potenza misteriosa. E al re di Francia e all'esercito suo disfatto ed avvilito, ella, la povera fanciulla d'Orléans, sa ridare il coraggio e la confidenza in sè e li conduce alla vittoria. Diverso fu il destino delle due profetesse: l'una levata sugli altari, l'altra dannata al rogo: ma entrambe operarono prodigi, perchè prodigi erano elle stesse di fede, di amore, di sacrifizio.

Il ritorno del Papa a Roma, secondo la veggente Sienese, doveva essere il principio di quella riforma della Chiesa, a cui ella come tutti i profeti aspiravano, e che avrebbe dovuto portar seco la pacificazione degli animi in Italia e l'unione di tutte le forze cristiane contro l'irrompere dei Maomettani. Il Signore stesso in una fatidica visione le commette di dire al Papa: "che levi la croce santissima sopra gl'infedeli, e levila sopra dei sudditi suoi.... in perseguitare e' vizii e difetti loro. Divelto il vizio è piantata la virtù, ponendo questa croce in mano di buoni pastori e rettori nella santa Chiesa". E in un'altra, ancor più notevole, le svela il segreto delle tribolazioni della Chiesa, che egli permette per divellere le spine della sua sposa che è "tutta imprunata". "Sai tu come io fo? Io fo come feci, quando io ero nel mondo, che feci la disciplina di funi e cacciai coloro che vendevano e compravano nel tempio, non volendo che della casa di Dio si facesse spelonca di ladroni, Così ti dico che io fo ora.

Perocchè io ho fatta una disciplina delle creature, e con essa caccio i mercanti immondi e avari ed enfiati per superbia vendendo e comprando i beni dello Spirito Santo." Sfortunatamente queste profezie non si avverarono, poichè la Chiesa, non che riformarsi e rinvigorirsi, ebbe a subire nuovi travagli dal lungo scisma, che tenne dietro alla morte di Gregorio. E indarno la vergine Sienese s'adoperò a soffocarlo sul nascere, scrivendo lettere di fuoco a principi e cardinali. Ormai la battaglia era impegnata, ed ella, accorsa al fianco di Urbano VI, si preparava a sostenerla virilmente, quando la morte sopraggiuntale nell'aprile del 1380 le risparmiò nuovi e più cocenti dolori.

Un altro profeta, certo molto da meno della santa di Siena, non si faceva invece alcuna illusione. Era costui il frate terziario francescano, Tommasuccio da Foligno, che nato nel 1319 dicono morto nel 1377; ma certo avrà vissuto ben oltre quell'anno, perchè dell'elezione di Urbano VI è testimone, e di tutte le sciagurate conseguenze dello scisma tra Urbano e Clemente che tristamente descrive, se pure le strofe, ove di ciò si tratta, non s'abbiano a dire interpolate nel suo rozzo componimento, che fu oltremodo popolare:

> *Urbanu et Chiomento*
> *Faran nova quistione*
> *Et l'uno in Vengnone*
> *Forte terà sua sysma.*
> *In fede et in bactisma*
> *Crescierà suo podere,*
> *Mectendo grande herrore*
> *Nella cristiana gente.*
> *In Italia primamente*
> *Ne seguirà strazio,*
> *Che ne sarà ben sazio*
> *El sangue de oltramontani.*
> *. . . . .*
> *Serà fra li dui munti*
> *In Roma grande divisa,*
> *Ogni cosa provisa*
> *El caso mino offende.*

Però ongne omo che intende
Ol mio parlar diverso,
Che no sarà somerso
El bel castello Ursinu;
Poi ad priesso ad Marinu
La jente oltremontana
Fra monti valli e piani
Fugerà e sarà presa.

Qui sono accenni e fatti determinati, come la presa del castello
Orsino e la battaglia di Marino, accaduti nel 1379. E nessun profeta
nè antico nè nuovo entra in particolari, se non è contemporaneo dei
fatti che annunzia. Comunque sia, fra Tommasuccio crede anch'egli
nel papa angelico:

Verrà poi nello strimo
Dalla benigna stella
Uno che renovella
El mundo in altra forma.
Darà la bella norma
Ad nostra vita activa,
Et farà la terra priva
De vitii fallace.
Per lu universo pace
Serà da cielo in terra
Et follia e guerra
Serà nello inferno remessa.

Ahimè! Pur troppo la triste realtà era ben lontana da questo roseo
sogno; poichè le condizioni della Chiesa peggioravano ognor più, e
se Urbano poteva vantare della sua parte e santa Caterina e Giovanni
dalle Celle, neanche a Clemente VII faceano difetto uomini d'insigne
pietà, come a dirne uno, san Vincenzo Ferrero, teologo e profeta egli
pure. Ormai non si sapeva più da qual parte stesse il diritto, e peggio
ancora a quale fra i combattenti sarebbe per arridere la vittoria:
talchè i profeti stessi, parteggiando chi per l'uno chi per l'altro, in
questo solo s'accordavano: nel credere prossima la fine del mondo. E
vi credè il suddetto Giovanni dalle Celle, che, pur avendo

combattuto per tutta la sua vita contro i Fraticelli, non teme ora d'imitarne il linguaggio, e di risalire anche lui allo stesso abate Gioachino, dai Fraticelli tenuto per suprema autorità. "L'abate Gioachino, egli scrive, fu nel 1138 e fece un libro il quale si chiama el Papa, dove egli infino all'avvenimento di Anticristo dipinse tutti i papi.... Ma questo papa Gregorio (XI) pone che è l'ultimo papa e pone che fugge in forma di fraticello. E dopo di questo papa dipinse una terribile bestia, che colla coda avvinghia molte stelle, e dalla punta della coda esce una spada. Gli uccelli del Cielo sono i religiosi e questa bestia è l'Anticristo...." Il libro che il Vallombrosano crede composto intorno al 1138, quando probabilmente Gioachino era ancor fanciullo, non è se non quello che racchiude gli apocrifi vaticini intorno ai Pontefici, vaticini dei quali, come delle profezie di Merlino, di Cirillo e delle varie Sibille, si fecero tratto tratto nuove edizioni con aggiunte ed interpolazioni per adattarle ai nuovi fatti. Su questi libri, sfacciatamente bugiardi, e sopra un creduto vaticinio tradotto, dicevasi, dall'ebraico in latino per opera di un Dandolo Ilerdense, e intitolato *Oroscopo*, fonda altresì le sue congetture l'eremita calabrese Telesforo o Teoforo o Teleoforo da Cosenza. Per parte mia credo che questo profeta faccia il paio col supposto Cirillo; e parmi non poco probabile che sotto il pseudonimo di un conterraneo di Gioachino si nasconda qualcuno, che non vivea molto lontano dalla Curia avignonese e ne divideva le speranze. Comunque sia, racconta il nostro eremita che vivendo nelle solitudini di Tebe presso Cosenza, dopo avere sparse molte lagrime e durati parecchi digiuni per divenir degno di conoscere il principio e il termine dello scisma; finalmente addormentatosi in sull'aurora della Pasqua del 1386, gli apparve un angelo dal volto verginale, dall'ali lucenti e dell'altezza di due cubiti, che lo invitò a raccogliere i libri di Gioachino e di Cirillo, se voleva conoscere il segreto che tanto l'affannava. Destatosi l'eremita si mise a cercare insieme con un suo compagno, Eusebio Vercellese, le opere dei due profeti, e non solo quelle trovò in gran copia, ma tutte le altre che vi ho testè citate. Come si vede, il Cosentino, benchè gli appaiano gli angeli dalle bianche vesti, non è neanche lui un profeta, ma piuttosto uno studioso delle altrui profezie. E resta altresì molto indietro ai predecessori suoi; poichè non nelle sacre carte cerca di leggere l'avvenire, ma nelle profezie più recenti, e non nelle autentiche, ma nelle spurie, come a dire i falsi vaticini sui Pontefici, che egli conosce sotto il nome di *Fiore*, e il falso commento alla pretesa profezia di Cirillo. La sua ingenuità arriva anzi a tal segno, da credere in buona fede che Gioachino, morto nel 1202, abbia potuto commentare la profezia Cirilliana, la quale, secondo Telesforo, sarebbe apparsa nel 1264. Ma i profeti, che vedono tanto bene nel futuro, non hanno l'obbligo di conoscere per filo e per segno il passato. Alla luce di queste pseudo-profezie al nostro eremita si rischiarano tutti i dubbi; ed ora legge nell'avvenire come in un libro aperto. "Il presente scisma, ei scrive, è nato dai vizi e dalle colpe della Chiesa, che dei beni terreni apparve più sollecita che degli spirituali; e non avrà fine se non al tempo dell'angelico pastore, che seguirà immediatamente alle presenti tribolazioni, e rinunzierà spontaneamente a tutti i suoi possessi." Dicevano in Avignone che la ragione del ritorno della Santa Sede in Italia dovevasi ricercar nel desiderio di riconquistare quel dominio temporale, che i principi e le città collegate con a capo Firenze stavano per togliere alla Chiesa. Ed aggiungevano che sarebbe stato molto meglio subire tale spogliagione, che mettersi allo sbaraglio di uno scisma. Anzi l'antipapa Clemente di una gran parte del patrimonio di San Pietro avea costituito un ducato in favore dell'Angioino, per riceverne aiuto e difesa nelle presenti strettezze. Telesforo, andando più oltre, aggiunge che il successore di Clemente, o il Papa Angelico, non ad una parte sola dei possessi suoi rinunzierebbe, ma bensì a tutti. Se non che prima che spunti questo avventuroso giorno nuove calamità sovrasteranno ai fedeli, e dalla Germania sorgerà, secondo un'antica leggenda tedesca, un terzo Federico, della semente del secondo, il quale, non meno infesto alla Chiesa, pugnerà contro la Francia, come un tempo Manfredi contro Carlo d'Angiò, e più fortunato di lui riuscirà a menare prigione il re francese. Ma non tarderà molto, che le sorti della guerra muteranno e l'imperatore tedesco sarà sconfitto e l'impero stesso passerà nelle mani di re Carlo di Francia, il quale, stretto in intimo accordo col Papa Angelico, dominerà tutto il mondo cristiano, sconfiggerà i Saraceni, convertirà i Tartari, e la Chiesa greca unirà con la latina. Nel qual tempo si verificherà l'antica profezia di un solo ovile e di un solo pastore, e per lunga pezza la pace sorriderà agli uomini. Nè qui si arresta l'incauto profeta, ma discorre ancora dei successori del Papa Angelico, che saranno in

numero di tre, dopo i quali il Diavolo sarà sciolto di nuovo, e verrà
l'ultimo Anticristo, che con doni ed incanti sedurrà il popolo dei
credenti; dopo di che seguiranno la finale catastrofe e il giudizio
universale. Di tutti questi avvenimenti, dei quali neppur uno si è
verificato, è così certo il nostro eremita da snocciolarvene le date
con precisione matematica. Lo scisma avrebbe fine nel 1417, e nel
1432 sarebbe legato Satana, e tra altri 420 anni dal 1386, vale a dire
nel 1806, sarebbe accaduto il giudizio universale. Siamo, come si
vede, in piena decadenza della profezia. Telesforo è un
commentatore di commentatori; e non si contenta se non quando ha
colmate tutte le lacune, assegnate tutte le date. La sua profezia è un
libro di partito, scritto per rincorare i suoi, ed accertarli che, non
ostante i rovesci e le sconfitte, la vittoria finale non sarà per
mancare. Non gl'importa che di lì a poco tempo il fatto possa
smentirlo. Quel che preme ora, è non perdersi d'animo; e nulla giova
tanto ad assicurare la vittoria, come la piena fiducia di doverla
conseguire.
Il libro di Telesforo ebbe un grande ed immeritato successo; e sei
anni dopo che fu pubblicato, vale a dire nel 1392, Enrico di
Langstein ne scrisse una confutazione stringente. Ed Enrico era uno
dei più dotti teologi del tempo e vice-cancelliere dell'Università di
Parigi, e nello scisma ebbe una parte importantissima; perchè
sostenne validamente non potersi comporre il conflitto, se non a
patto che entrambi i papi deponessero il loro potere e lasciassero ad
un Concilio la cura della nuova scelta del pontefice e della sospirata
riforma della Chiesa; idee che, svolte poi dal Gerson, trionfarono nel
Concilio di Costanza. Orbene quest'uomo, così dotto e così pratico,
non ebbe disdegno di combattere le profezie del preteso Telesforo. E
la ragione sta in questo, che tutti in quel tempo erano inclinati ad
accogliere le voci profetiche. Lo stesso Enrico, se non presta fede a
tutte le puerilità dell'Eremita, se gli rimprovera di attingere a sorgenti
impure e non approvate dalla Chiesa, crede però anch'esso nella
prossima venuta dell'Anticristo; e di Arnaldo di Villanova fa tanto
conto che lo mette a pari di santa Ildegarde, la Sibilla tedesca come
ei la chiama, e rimprovera Telesforo di non averne conosciute le
opere.
Parimente nella prossima venuta dell'Anticristo crede un altro
teologo, Niccolò Oresme, precettore del re Carlo V di Francia.

Mandato dal re francese alla Curia pontificia in Avignone, vi tenne un ardito discorso predicente lo scisma, e liberatosi poscia dall'accusa di eresia con tale vantaggio da meritare il vescovato di Lisieux, seguitò a meditare sui destini dell'umanità, e pur combattendo le dottrine gioachimite intorno alle tre età e all'Evangelo eterno, si fece a dimostrare in un libro *De Antichristo*, scritto, a quel che sembra, allo scoppiare dello scisma, che fra non molto si verificherebbero le terribili profezie dell'Apocalisse, stando almeno a parecchi indizi, tra i quali è da contare il pressochè compiuto annichilamento dell'Impero, la tepidezza della carità, la dissolutezza e la simonia dell'alto clero, il pullulare di nuove eresie, e più che tutto l'apparizione di quei falsi profeti che sono i Gioachimiti. Ed enumerati ad uno ad uno questi segni precursori, il dotto prelato si fa a descrivere il futuro Anticristo, che nascerà in Giudea e coll'apparenza della santità e con larghi donativi si guadagnerà molti cristiani, allontanandoli dalla vera fede, e fattosi eleggere loro re, perseguiterà a morte gli ortodossi, e con alterna vicenda di sconfitte e vittorie travaglierà tutto il mondo, finchè Cristo stesso non scenderà in terra per levarlo di seggio e cacciarlo in inferno con tutti i suoi seguaci.

Non meno convinto della vicina catastrofe era quel Domenicano spagnuolo ricordato più sopra, Vincenzo Ferrer, che nelle sue predicazioni e in una lettera indirizzata al papa avignonese Benedetto XIII il 27 luglio 1412 affermava dover coincidere la venuta dell'Anticristo con la fine del mondo, ed essere imminenti e l'una e l'altra; poichè già da cento anni ai beati Domenico e Francesco era stato rivelato che tre spade percuoterebbero la terra, vale a dire la persecuzione dell'Anticristo, la conflagrazione, e il giudizio universale. Inoltre nell'Apocalisse è detto che Satana, dopo mille anni dacchè fu legato, sarà sciolto di nuovo e sguinzagliato contro i fedeli. E Satana fu legato non alla venuta di Cristo, come dicono alcuni, ma ben piuttosto al tempo del beato Silvestro, quando l'Impero Romano si convertì alla nuova fede e il paganesimo fu vinto. Da quel tempo i mille anni sono già trascorsi, e l'estrema ruina si appresta *cito et bene cito ac valde breviter*; e gli stessi ordini religiosi, il Domenicano e il Francescano, istituiti per ritardarla, sono pressochè distrutti, poichè è venuta meno la rigida osservanza delle loro regole. Le opinioni apocalittiche erano state fino allora proprie del sodalizio francescano, e della parte più esaltata degli spirituali; ora penetrano nell'ordine domenicano; e dopo Vincenzo Ferrer un altro predicatore, Manfredo di Vercelli, le va spargendo per l'Italia settentrionale, traendo seco le turbe atterrite.

Ma questi tetri pronostici fallirono alla lor volta del tutto; anzi composto a Costanza il grande scisma, e vinto senza fatica l'altro che vi tenne dietro a Basilea, il papato parve sorgere a nuova vita e riprendere il prestigio goduto ai giorni d'Innocenzo III e di Gregorio IX. Senonchè l'attento osservatore sotto l'apparenza ingannatrice non tardava a scoprire i segni di nuovi mali. La Curia non era più, come in Avignone, alla mercè del re di Francia; ma la corruzione, tanto rimproverata alla Corte avignonese, non era scomparsa sotto altro cielo. E per un certo rispetto pareva si andasse di male in peggio; poichè ora con cinico sorriso si mettevano a nudo le proprie brutture, e le facezie di Poggio Bracciolini trovavan lieta accoglienza nelle stesse sale del Vaticano. Aggiungi che al cessare degli scismi lo spirito cristiano non che informare uomini ed istituzioni, pareva invece soffocato dal rifiorire della cultura pagana e dalla ognor crescente miscredenza, e la stessa Curia pontificia aveva a segretari uomini, che eglino per i primi non prestavano fede ai brevi ed alle bolle da loro distesi come saggio di elegante latineggiare. Infine un'altra piaga si riapriva nel seno della Chiesa, e più maligna delle precedenti, il nepotismo, che da Paolo II a Sisto IV divenne sempre più minaccioso, e con Alessandro VI non conobbe più modo nè misura.

In queste condizioni, quando le sorti della Chiesa parevano disperate, e lo stesso Vicario di Cristo era accusato a torto o a ragione delle tresche più scandalose, tonò potente la voce di Gerolamo Savonarola. In lui la profezia dal basso loco, in che era caduta, assurge novamente a sublimi fastigi. Al pari dei suoi predecessori egli lavora d'interpretazioni e di commenti sui libri profetici del Nuovo e del Vecchio Testamento; l'Apocalisse, i Profeti e il libro dei Salmi sono i suoi testi prediletti. Se non che non parla più, come i predecessori suoi, della prossima venuta dell'Anticristo e della fine del mondo, ma solo dell'imminente rinnovazione della Chiesa. E i suoi vaticini trae, come l'Oresme, da diversi indizi, che ha cura di enumerare ad uno ad uno nella famosa predica del 14 gennaio 1494. "Hora, egli dice, cominciamo dalle ragioni che io t'ho alleghate da parecchi anni in qua, che dimostrano et pruovano la renovatione della Chiesa. Alchune ragioni sono probabili, che gli si può contradire, alchune sono demonstrative, che non se gli può contradire, perchè son fondate nella scriptura sancta. La prima è *propter pollutionem prelatorum*. Quando tu vedi un capo buono, dì che il corpo sta bene. Quando el capo è captivo guai a quel corpo. Però quando Dio permecte che nel capo del reggimento sia ambitione, luxuria et altri vitii, credi che il flagello di Dio è presso.... La terza *per exclusionem istorum*. Quando tu vedi che alchuno Signore o capo di reggimento non vuole e buoni et onesti appresso, ma gli cacciano, perchè non vogliono che gli sia dicta la verità, dì che il flagello di Dio è presso.... La *sexta propter multitudinem peccatorum*. Per la superbia di David fu mandata la peste. Guarda se Roma è piena di superbia, *luxuria et avaritia et simonia*. Guarda se in lei multiplicano sempre li captivi et però dì che il flagello è presso.... Tu dirai: O egli c'è tanti religiosi e tanti prelati più che ne fussi mai. Chosì ce ne fussi mancho. O cherica, per te *orta est hæc tempestas*! Tu se' cagione di tucto questo male et oggidì ad ogni uno gli pare essere beato chi ha el prete in casa; et io ti dico che verrà tempo che si dirà: *Beata quella casa che non ha cherica rasa*. La decima è *propter universalem opinionem*. Vedi ognuno che pare che predichi et aspecti el flagello et le tribolatione.... Lo abbate Joachino et molti altri predicano et annunziano che in questo tempo ha advenire questo flagello."

Il Savonarola adunque non diversamente dai suoi predecessori è un profeta più di riflessione che d'ispirazione, e nelle previsioni sue l'ermeneutica biblica e le dottrine teologiche hanno la parte preponderante, come in quelle dell'abate Gioachino, che egli stesso cita. Ma ciò non pertanto a scoprire nelle sacre carte il senso, che agli altri sfuggiva, occorrevagli una singolare attitudine o un'illuminazione dall'alto. E questo dono singolaro nessuno più del Savonarola è convinto di averlo. "Chi dubiterà - egli scrive - che il giglio sia bianco se non il cieco?... Le cose avvenire appariscono tanto chiare nel lume della prophetia, che colui il quale ha tal lume non può avere dubitatione alcuna". "Et dicoti che si verificherà ancora il resto che non fallirà una iota et io ne so certo più che non sei tu che due e due fanno quattro, et più che io non so certo che io toccho questo legno di pergolo, perchè quello lume è più certo che non è senso del tacto. Credimi, Firenze; tu dovresti pur credermi, perchè di quel che t'ho decto non ne hai veduto fallire una iota fino a qui, et anco per l'avenire non ne vedrai manchare niente". A lui non sembra come a santa Brigida e a santa Caterina di avere diretti colloqui con Cristo o con la Vergine, nè la sua fantasia sa levarsi alle grandiose rappresentazioni di Ezechiello e dell'autore dell'Apocalisse. Anzi talvolta l'arte gli fa tanto difetto, che cade nel trito e nel minuto, come in una descrizione del Paradiso inserita nel compendio delle Rivelazioni. Ma senza dubbio lampi di vero genio guizzano talvolta nelle sue prose e nelle sue poesie. E talune delle visioni sue colpirono talmente i contemporanei, che furono riprodotte in molte incisioni, come quella apparsagli nell'anno MCCCCLXXXXII, "la nocte precedente all'ultima predicatione che fue in Sancta Reparata, quando vide una mano in cielo con una spada sopra la quale era scripto: La spada del Signore colpirà tosto e veloce. E da poi questo la mano rivolse la spada verso la terra et subito parve che si rannugholassi tutto l'aere et che piovessi spade et gragnuola con grandi tuoni et saette e fuochi et fu in terra facto guerra pestilenza et carestia". Non c'è nulla di strano che queste visioni ei l'abbia avute realmente. La sua fantasia, piena di ricordi biblici, non posava mai, il suo corpo estenuavano i digiuni e le fatiche della predicazione, il suo animo combattevano speranze e timori senza fine. Non erano fredde lucubrazioni le sue, ma sensazioni potenti che sentiva nel più profondo dell'essere suo prima di comunicarle agli altri.

Se non che il Savonarola non era soltanto un mistico ed un veggente, ma possedeva altresì uno squisito senso della realtà; e gran parte delle previsioni sue, come quelle intorno alla discesa di Carlo VIII ed all'espulsione dei Medici, si dovevano, più che alla sua natura profetica, alla conoscenza profonda, che egli aveva degli uomini e delle cose. Certo nessuno meglio di lui seppe consigliare ai Fiorentini, tornati liberi, la forma di governo più opportuna. E nessuno vide meglio di lui che la repubblica non sarebbe durata se non ad un patto, che si fossero rappaciati gli animi e scordate le antiche offese. Nella sua grande anima il Savonarola riunisce le doti e le tendenze più disparate. E se nei suoi vasti disegni pensava alla Chiesa tutta, che avrebbe dovuto tornare alla severità degli antichi costumi, non trascurava le sorti degli Stati, non meno bisognosi di riforme della Chiesa stessa, a cominciare da Firenze, la patria di adozione, che esercitava su di lui, come su tutti noi, il suo fascino irresistibile. Ed a Firenze avea consacrata non piccola parte dell'opera sua fin da quando, chiamato al letto del morente Lorenzo, non volle, a quel che raccontano, udirne la confessione se prima non avesse promesso di ridare la libertà alla sua patria. Le due riforme andavano, secondo lui, strettamente congiunte, perchè si potesse ritornare a quel tempo glorioso, quando i più rigidi e intemerati papi stavano al governo della Chiesa, e la Chiesa stessa era l'anima dei liberi comuni. Senonchè quella età era ben lontana, e la storia, per sforzi che si facciano, non torna indietro. Le due riforme, che il frate di San Marco congiungeva nel suo pensiero, si recavano vicendevole impaccio, come i fatti dimostrarono ben presto. Secondo l'austero riformatore Firenze, conquistata la libertà e il governo di sè, dovea ora rinnovare la sua coscienza, e da pagana che era, in gran parte, rifarla cristiana. Nè aveva a tollerare più a lungo quei canti e quelle feste carnescialesche, onde fu celebre il governo di Lorenzo, e lo Stato, prendendo il luogo della Chiesa, dovea punire come infrazioni delle leggi sue quelli che la Chiesa condannava come peccati. Cristo dovea assere il re di Firenze, e in suo nome aveasi a riformar la città. Le quali idee del frate tornavano ostiche, non solo ai partigiani dei Medici, ma ben anche ad una parte degli aderenti all'ordine nuovo, che mal pativa la città si governasse dal pergamo, con metodi e con idee fratesche. E quando il Savonarola concepì l'infelice disegno di fare accendere in piazza della Signoria un gran fuoco per bruciarvi quanti oggetti di lusso o di vanità fosse dato raccogliere, le loro rampogne non conobbero misura, e l'odio contro il frate crebbe a tal segno, che la parte dei repubblicani, a lui ostili, fu detta degli Arrabbiati. Dall'altro lato se la religione, secondo la mente del Savonarola, dovea informare lo Stato fiorentino così da dargli sembianza di teocrazia, lo Stato alla sua volta aveva da esercitare un'azione non meno potente sulla religione; poichè da Firenze, che è, come egli dice, l'ombelico d'Italia, doveva sprigionarsi la scintilla del grande incendio della Riforma. Ed anche da questo lato non potevano tardare i disinganni; perchè la parte politica del Savonarola avea da sostenere l'urto non pure dei nemici interni, ma di un avversario ancor più potente, qual era il Papa, che impersonava la gerarchia. Nè ci voleva molto a prevedere che nell'impari lotta contro la doppia potestà temporale e spirituale, ne andrebbe fiaccata. E il Savonarola stesso lo sa, e con mirabile divinazione predice che la prima vittima sarà lui; ma un fato lo trascina ed egli non sa resistere.

Non è dubbio, dicemmo, che la propaganda del mistico profeta dovesse recare non poco danno all'opera politica da lui intrapresa, e non è dubbio altresì che danno non minore dovesse recare l'inframmettenza politica al disegno di riforma religiosa. In che stesse codesta riforma è manifesto. Il Savonarola, al pari dei profeti che lo precedettero, non intende di toccare nessun punto del domma, e quelli che, a cominciare da Lutero stesso, ne vogliono fare un precursore della Protesta, s'ingannano di gran lunga. Ei voleva solo che la Chiesa si lavasse dalle brutture presenti, che sulla cattedra di San Pietro sedesse un papa santo, non diverso dal Papa Angelico vagheggiato dalle età precedenti, e che la corruzione provenuta dall'avidità di ricchezze e di potere cedesse il campo alla povertà e alla semplicità primitiva. La prima riforma che il Savonarola intraprese in piccolo, quando ottenne che il convento di San Marco, sottraendosi alla giurisdizione del provinciale lombardo, si ponesse a capo della nuova provincia toscana, fu appunto questa d'introdurre nell'interno del chiostro domenicano la stretta regola della povertà evangelica, presso a poco come la intendevano i Francescani spirituali. Ma la conseguenza logica di questo indirizzo più severo sarebbe stata appunto di vietare che gli uomini di Chiesa si mescolassero nelle cose dello Stato. Il che mal s'accordava col fatto che un frate fosse a capo di una parte politica, qual era quella dei Piagnoni. Evidente contraddizione questa che ebbero ben cura gli avversari di mettere in piena luce. Invano il Savonarola adduceva l'esempio del cardinale Latino, di santa Caterina da Siena e di sant'Antonino arcivescovo di Firenze. Indarno protestava non essersi delle faccende dello Stato in particolare mai impacciato, e solo le norme generali del governo aver suggerito per la salute temporale e spirituale dei Fiorentini. Le sottili distinzioni non gli giovavano. E per vincere l'ardua prova di condurre a buon fine le due riforme, che mal s'accordavano insieme, sarebbe occorsa a Firenze maggiore forza e più robusta fede di quella che avesse in realtà. Per fermo era un sogno, che questa piccola repubblica, stretta intorno da tanti e così diversi nemici, potesse alla lunga resistere alle minacce di

Roma. Oltre a che il Savonarola avea da combattere contro un pontefice, che, se dava ogni giorno nuova materia a scandali e maldicenze, vinceva tutti in scaltrezza, e che anche questa volta non si smentì. Non appena Alessandro sente che un frate fiorentino osa dal pergamo sparlare di lui e del suo governo e predicare l'imminenza della Riforma, lo chiama a Roma con lettera affettuosa e allettatrice. Scusatosi il Savonarola di non potersi muovere e per lo stato di sua salute e per le condizioni della città, gli vieta di predicare più oltre. Fallitogli per insistenza della Signoria fiorentina anche questo provvedimento, delibera di distruggere l'autonomia, da lui stesso concessa, del convento di San Marco, e di assorbire la nuova provincia toscana in una più larga, che prende il nome di tosco-romana, il che voleva dire mettere San Marco e il guardiano suo nelle mani di una creatura del Papa. Nè il Savonarola nè i suoi dipendenti si piegano al duro decreto, ed Alessandro VI alla sua volta non tarda a scomunicarli tutti come ribelli agli ordini suoi, e chiedere al governo fiorentino di assicurarsi del loro capo, se non voleva rendersene complice, ed incorrere nell'interdetto. Queste gravi misure non disanimavano il Savonarola, che dopo breve intervallo di silenzio ritorna sul pergamo e dichiarata nulla e vana la scomunica, ribadisce le sue profezie, sempre più convinto che non un iota, com'ei diceva, ne fallirebbe. "O uomini religiosi, esclama nella predica del 25 febbraio 1497, o Roma, o Italia, e tutto il mondo chiamo, fatevi innanzi. Questo che io dico o è da Dio o no. Se è da Dio voi non potete impugnarlo, e se impugnate, perderete con vostro danno; se non è da Dio mancherà presto per sè medesimo." E più gravemente in quella del 18 marzo: "Dico che quando è guasta la Chiesa, non è potestà ecclesiastica, ma è potestà infernale e di Satanasso. Io ti dico che quando ella adiuta le meretrici, li cinedi et li ladroni et perseguita e buoni et cercha di guastare el ben vivere christiano, allora ella è potestà infernale et diabolica, et hassegli a fare resistenza". Era guerra aperta e a ferri corti, e il Savonarola non disperava di vincerla. In una lettera ad un amico ricorda che i concili di Pisa e di Costanza aveano stabilita la superiorità della Chiesa tutta, rappresentata dal Concilio sul Papa, e il dritto di deporlo, dove si fosse chiarito indegno di tenere l'alto seggio. Dottrina già sostenuta un tempo da Marsilio da Padova e dall'Occam, e più di recente difesa dal Langstein, dal Gerson, dal Piccolomini, dal

Cusano. E al Gerson il Savonarola s'appella, e spera che il re di Francia o l'imperatore dei Romani, o tutti insieme bandiscano un Concilio, che ponga fine agli scandali e alle simonie. E nello stesso collegio cardinalesco si affida di trovare aiuto, specie nel cardinale della Rovere, che fu poi Giulio II, il quale pubblicamente accusava il Papa di aver compra la tiara a contanti.

Ma tutti questi calcoli erano sbagliati. Le teorie di Pisa e di Costanza, se non pubblicamente condannate, furono ferite a morte dopo lo scacco del Concilio di Basilea e la sottomissione dell'antipapa da questo nominato. E gli uomini più eminenti, come il Cusano e il Piccolomini, ebbero a ricredersene anche prima che l'uno fosse fatto cardinale di San Pietro in Vincoli, e l'altro assumesse la tiara col nome di Pio II. Nè era credibile che il disegno fallito a Basilea, d'introdurre nella Chiesa in luogo del monarcato assoluto un governo a larga base, potesse riescire ora che le condizioni vi si prestavano meno. Certo è che quando il Savonarola levò il suo grido contro quel papa, che la Chiesa stessa deplora d'aver avuto a capo, nessuno lo raccolse, e gli Arrabbiati seppero ben cogliere l'occasione delle minaccie papali per sbalzare di seggio la parte politica devota al Frate. Nè solo i politici gli si mossero contro, ma benanche la maggior parte del clero con i frati minori alla testa, i quali sfidarono il Profeta di provare la verità delle predizioni sue coll'esperimento del fuoco. Il Savonarola non voleva accettare la strana sfida, che sapeva bene non essere se non un tranello; ma il suo fido compagno fra Domenico, convinto della bontà della loro causa, l'accettò e sarebbe certo entrato nel fuoco, se il Minorita si fosse fatto innanzi. Costui però, come era da prevedere, non si presentò, il truce spettacolo non ebbe luogo, e la gran folla adunata in piazza della Signoria per assistervi, a tarda sera si sciolse indispettita e minacciosa. Da quel giorno la sorte del Savonarola era decisa. Ben presto fu dato l'assalto al suo convento, e vinta facilmente la debole resistenza, che una parte dei Piagnoni ancora opponeva, fu tratto in prigione, come volgare malfattore, quell'uomo dalle cui labbra pochi giorni innanzi pareva che il popolo tutto pendesse. La Signoria non volle consegnarlo al Papa, ma dopo lunghe trattative ottenne che il processo fosse fatto in Firenze e vi prendesser parte i magistrati fiorentini.

Potrebbe sembrare strano come il Governo tanto tenesse ad istruire un processo, senza dubbio più ecclesiastico che civile e per la qualità delle persone e per l'indole stessa dell'accusa di ribellione al Papa, i cui ordini non furono eseguiti, le scomuniche sprezzate. E la Signoria stessa ebbe a ricorrere ad una menzogna per giustificare l'opera propria, asserendo, nell'intestazione degli atti processuali, che i giudici da lei scelti procedevano per conto e per mandato del Papa, mentre questi non avea potuto avere il tempo di manifestare la volontà sua. Perchè tanta insistenza? La ragione è chiara. La Signoria, sotto al processo ecclesiastico, ne ordiva uno politico, e non solo il Savonarola voleva colpire, ma tutta la sua parte. E sperava che il Profeta, innanzi al quale fu visto allibire lo stesso Lorenzo dei Medici, smentisse sè stesso, perchè, non solo scomparisse dalla scena politica, ma ne fosse per sempre macchiata la fama, e passasse appo i posteri quale impostore, nè fosse possibile che la parte, della quale egli era anima e mente, riprendesse lena e del di lui nome si giovasse. A tale scopo non fu risparmiato nessun mezzo. Furono somministrati all'infelice in un solo giorno tre tratti e mezzo di fune, che gli slogarono le ossa e sconciarono la mano destra, furono alterati i verbali delle sue risposte, mandati in giro con glosse, che, guastando il senso, rivelavano con la nequizia l'inabilità del notaio che le stese. Ed i Signori ottennero in parte l'intento loro. Il Savonarola già nel pieno trionfo della sua carriera non è sempre sicuro di sè. Dice bene spesso che le sue rivelazioni le ebbe da Dio, e ribatte tutti gli argomenti degli avversarii che il dono profetico gli volevan contrastare; ma talvolta dichiara di non essere nè profeta nè figlio di profeta, e che tutto quel che dice lo ha ricavato dallo studio attento delle sacre carte, che ogni uomo di qualche levatura può fare. In lui, come in tutti i presaghi dell'avvenire, non di rado con la fiducia piena s'alterna il profondo scoraggiamento. Non è dunque strano che davanti ai suoi giudici, dopo aver sofferte le più atroci torture e i più cocenti disinganni, sconfessi il suo dono profetico. Talvolta il primo uomo risorge e si ribella alle sue stesse confessioni, come in queste memorabili parole pronunziate il 20 maggio 1498 nell'apparecchiarsi ancora una volta alla tortura: "Hor su uditemi: Dio, tu m'hai colto, io confesso che ho negato Christo, io ho detto la bugia. Signori Fiorentini, siatemi testimoni, io l'ho negato per paura di tormenti; s'io ho a patire, voglio patire per la verità; ciò che io ho detto l'ho havuto da Dio; Dio tu mi dai la penitenza, per averti negato per paura di tormenti, io lo merito." Ma questo ritorno fu un lampo. Dimandato in sulla fune sconfessò le dichiarazioni sue e nel giorno seguente confermò di aver detto "come huomo passionato, e che voleva sbrigarsi da una gran briga". Il 23 maggio 1498 egli ed i suoi compagni, fra Domenico e fra Silvestro, furono degradati e consegnati al braccio secolare, e alle dieci del mattino le livide fiamme del rogo ne accolsero i cadaveri.

I pensieri dominanti del Savonarola furono questi due: la rinnovazione della Chiesa e la libertà del popolo fiorentino; l'una da promuovere, l'altra da stabilire e difendere. E i principi della Chiesa e i signori del popolo si strinsero insieme per darlo al rogo, vittima espiatrice delle sue grandi aspirazioni. Con la morte del Savonarola la Profezia ammutisce, nè più si ode, fuorchè a un secolo di distanza negli insipidi vaticini dello pseudo-Malachia, e nella debole eco di un altro domenicano, uomo politico anch'esso, fra Tommaso Campanella. Negli anni che seguono al martirio del Ferrarese, l'ora del tremendo giudizio non s'attende più, è già suonata. Ma nessun profeta l'annunzia, e quando più fervono le lotte religiose, e torrenti di sangue dilagano per l'Europa, nessuna voce risuona a confortare gli animi con la promessa di giorni migliori. Simili ai dannati danteschi, i profeti di cui vi ho ricordate le strane visioni, a furia d'aguzzar gli occhi nel futuro, brancolano come ciechi nelle tenebre, quando si tratti del presente:

Noi veggiam, come quei c'ha mala luce,
Le cose, disse, che ne son lontano,
Cotanto ancor ne splende il sommo Duce;
Quando s'appressano, o son, tutto è vano
Nostro intelletto, e s'altri noi ci apporta
Nulla sapem di vostro stato umano.

LA PITTURA DEL 400 A FIRENZE
DI
DIEGO MARTELLI.

Donne gentili, onorandi signori,

Nell'anno passato mi presentavo a voi con somma trepidazione; giacchè un pubblico fiorentino e specialmente un pubblico come il vostro, è uno dei più imponenti giudici avanti ai quali si possa presentare colui che ha in animo di perpetrare una conferenza. Pur tuttavia uno stimolo forte mi ha mantenuto saldo al mio posto. La vecchierella che portava i suoi 76 anni come un giocondo fardello di serene rimembranze, mi stava allora vicina; quella povera donna era mia madre, quella vecchierella racchiudeva in un corpo esile e sottile, lo posso dire con orgoglio, l'anima d'un eroe. Quindi nessuna debolezza mi era permessa, io doveva fare la mia conferenza e la feci, la vostra gentilezza l'accolse, ed eterna ne rimase in me la gratitudine. Quest'anno con vento fresco da poppa avrebbe dovuto volare verso i suoi ponenti gagliarda la navicella dell'ingegno mio; ma fu colta dalla bufera: quella povera vecchia non è più qui, e voi non avete che gli avanzi d'un triste naufragio davanti agli occhi. Questo mi raccomandi alla vostra benevolenza. Io mi sento stretto dappresso dalla immagine d'una quantità di cari estinti e l'arte pure ne perse di recente, e dei grandi, voglio dire del nostro Barabino e del nostro Cassioli, e fra i colleghi della società, delle letture, io più non veggo in questa sala quell'attento Dogliotti, il quale veniva qui con l'animo ingenuo d'un giovane discepolo. Quell'uomo così grande, così buono, che aveva tutte le fidanze di un fanciullo, voi lo sapete, sta nella storia italiana col core d'un Baiardo.

Ciò posto, cercherò alla meglio di svolgervi l'argomento che mi sono proposto, accennando ai principali pittori del 400 fiorentino. È da avvertire però che tra le peripezie che incolsero gravi alla società delle letture nell'anno passato, vi fu anche quella della malattia del nostro egregio amico Enrico Panzacchi.

Così voi sentiste parlare dell'arte pisana, di quei grandi scultori, pittori ed architetti da me; de' primordi dell'arte veneta splendidamente da Pompeo Molmenti; ma fu passato sopra al nome di Giotto, il quale veramente appartiene al secolo XIV e non al secolo XV di cui dobbiamo ora parlare. E io comincierò la mia conferenza rammentandovi qualche cosa delle opere e del grande nome di lui; questo mio rammentare sarà come bandiera che si inchina riverente passando davanti ad uno dei santi padri dell'arte italiana.

I.
GIOTTO.

Nel 1265 nasceva Dante; a pochi anni di distanza nasceva il pastore di Bondone, Giotto. Il Guerrazzi, commentando alcuni dei lavori di Giotto, con quella sua splendida ed immaginosa facondia, dice che le nostre preghiere, le preghiere degli umani, quando salgono dalla terra al cielo vanno su faticosamente e tremanti, in modo che arrivano all'empireo stanche e rovinate dal lungo cammino; là sono raccolte dagli angeli della misericordia che le presentano al Signore. Egli quando le vuole esaudite abbassa il ciglio alla terra e guarda una madre; e con quello sguardo, dice il Guerrazzi, infonde tale una virtù nell'alvo materno che cotesto felice portato ritraendo in sè parte grandissima della divinità esce a suo tempo al mondo per conforto ed onore della specie umana.

In questo modo e per questa causa nacquero Dante e Giotto. E infatti Giotto, che fu di Dante amicissimo, col quale certamente s'incontrò mentre l'uno peregrinava per le sue sventure, e l'altro peregrinava chiamato dai grandi a decorare sontuosi edifici, fu di conforto all'esule che potè rivedere l'amico pittore e parlare con lui di cose divine d'arte e di patria. Giotto, non occorre dirvelo, ha lavorato immensamente come pittore, ed ha decorato monumenti a Napoli, ha lavorato nella chiesa di Assisi, ed un gioiello ha pure lasciato nell'alta Italia, nella cappella degli Scrovegni.

Io credo che si possa dire di Giotto, che come Dante, dagli sparsi conati del volgare italiano, seppe col suo potente ingegno formulare quella cantica divina che resta come il primo, più grande e impareggiabile monumento del nostro idioma; così, tenuto conto dei tempi e delle circostanze, Giotto dalla eredità dei Bizantini, dall'eredità dei primi pittori italiani, portò l'arte a una tale perfezione che veramente si può dire ch'egli determinasse il principio del vero, del grande risorgimento italiano. Fu colto ed arguto, perchè è impossibile che un uomo di ingegno non senta il bisogno di estendere le proprie cognizioni all'infuori della tecnica del mestiere che esercita; e fino dai tempi di lui noi vediamo caratteristica principale dell'artista la universalità dell'opera sua, inquantochè se Giotto fu pittore eminente, se principalmente nella pittura si esercitò il sapere suo, pur tuttavia il campanile che ammirate nella piazza del Duomo, dice quanto egli fosse un architetto valente. Ora essere un architetto valente per me vuol dire essere artista per eccellenza, imperocchè se nella fatica della specializzazione, tutte le arti hanno dovuto dividersi e suddividersi in modo che oggi si abbiano non più, come un tempo, artisti, sempre universali, i quali principalmente erano pittori, o principalmente architetti, o principalmente scultori, pur tuttavia l'arte resta sempre una cosa unica e sola, e per conseguenza ha il carattere della universalità.

Ora questo carattere di universalità sopra tutte lo ha l'architettura che è l'arte madre, l'arte che si serve dei colori dei vari materiali per ottenere i suoi effetti; e di che splendida tavolozza si giovi ce lo dice il Duomo di Firenze; essa è l'arte essenzialmente delle linee, l'arte essenzialmente delle proporzioni e del chiaroscuro. Dunque se nella pittura di Giotto si possono con poco piacere vedere gli errori che la tecnica, non ancora perfezionata, metteva nell'opera sua, nelle sue architetture perfette allora, perfette ora e perfette fino a quando resteranno in piedi, voi avete l'espressione completa, assoluta d'un ingegno che non ha rivali nel mondo. La provvisione del magistrato fiorentino che lo nomina suo architetto e lo propone alla fabbrica di Santa Maria del Fiore parla così *"che in tutto l'universo, si dice, che non vi sia nessuno il quale a sufficienza sia edotto delle cose dell'arte da superare Giotto da Bondone, e per questa ragione vien creato maestro di Santa Maria del Fiore e delle fortificazioni della città...."*

Voi vedete che non solamente Giotto era un egregio pittore, un egregio architetto, ma era anche, per le cognizioni del tempo, un ottimo architetto di castrametazione, cioè di architettura militare. Visitando a Padova la cappella degli Scrovegni ho avuto la fortuna di vedere uno dei più preziosi ricordi dell'arte sua pittorica, e in cotesto luogo, dove nella parte inferiore di questa cappella, da un lato sono dipinte a chiaroscuro le sette virtù, e dal lato opposto i sette vizi che a quelle si contrappongono, m'è parso vedere quanto, fino da quel tempo e similmente a Dante, Giotto sentisse della pura, della vera arte classica antica. La Speranza effigiata in profilo con delle ali non troppo robuste che vola verso il cielo protendendo le mani ad una corona che gli viene porta da un angioletto, ha tutto l'andamento d'un bassorilievo etrusco, di quelle figure di angioli, che pur gli Etruschi conoscevano, e che mettevano sui loro sarcofagi. La figura della Prudenza colla bocca sbarrata da una specie di lucchetto, con la mano sopra una spada che poggia con la punta in terra, vestita d'un ampio paludamento, con le pieghe mosse a modo di quelle che coprono le statue delle Vestali romane, mi ha richiamato all'idea, che come Dante aveva riconosciuto in Virgilio il maestro suo ed era risalito all'antichità classica per produrre il più classico monumento dell'età moderna, così Giotto avesse dai pochi avanzi che allora si avevano della santa antichità pagana tratto argomento a migliorare l'arte sua, per quanto cristiana, mistica e modernissima.

Giotto ebbe vita molto fortunata, imperocchè torno a ripetere quanto avvertii nell'anno passato, che le discordie intestine, laceranti in Italia le varie repubbliche, a tale che Firenze bandiva dalle proprie mura Dante Alighieri, non influivano gran cosa sull'arte. L'artista era festeggiato per tutto, e quindi, sia nell'arte della letteratura, sia nelle arti plastiche si formava quel gusto, quella parentela italiana, la quale faceva che Italia, ad onta delle sue immense e deplorabili divisioni, pur tuttavia si formasse un gusto, ed una persona propria; persona tanto grande, tanto splendida di bellezza e di gloria, che ad onta dei vizî e delle sventure mai non doveva perire e ci doveva condurre come oggi siamo, a coacervare le sparse membra, e poter dire: l'Italia è una nazione ed un popolo intiero!

II.
L'ANGELICO.

Salutata così la gran figura di Giotto entro più specialmente a parlare dei pittori del 400. Parlare di tutti è assolutamente impossibile, scegliere i più grandi mi pare anch'essa ardua fatica ed impossibile cosa. È tanto magnifica quella epoca, che perdersi nella quisquilia di mettere quei giganti a rango di altezza è cosa troppo difficile e nella quale mi dichiaro incompetente. Io prenderò a parlare, perchè il tempo incalza e l'ora fugge, di quelli che più mi sembrano caratteristici dell'epoca loro, di quelli che forse maggiormente corrispondono al mio sentimento individuale.

Fra questi primeggia un altro Mugellese, Guido da Vicchio, il quale nel 1407 veniva accolto novizio nell'ordine dei Domenicani e nel convento di San Domenico di Fiesole. Figlio di Pietro da Vicchio questo fraticello, che nell'ordine prese il nome di Giovanni, ebbe poi ad essere chiamato l'Angelico, perchè veramente sembrò ai suoi contemporanei, ed anche ai presenti lo sembra, che l'opera sua fosse opera d'Angelo o di ispirato da celestiali apparizioni. Dei suoi maestri, di come egli entrasse nella carriera della pittura poco o niente si sa; se non che è certo che in quell'epoca nei conventi dei Domenicani vi era una scuola speciale di miniatura per abbellire ed alluminare i salteri ed i codici che servivano per le orazioni della Chiesa. A me sembra che non occorra cercare di più; a coloro i quali ancora si domandano dove e come l'Angelico imparasse a dipingere la gran pittura, io rispondo, che se in quel convento si studiava tanto e così bene da illustrare, come si illustravano, salteri con delle miniature che sotto tutti i rapporti sono quadri e valgono per quadri, è lì che egli ha appreso i rudimenti dell'arte, ed è col suo solo ingegno che li ha sviluppati fino al punto di fare i magnifici freschi che decorano il Vaticano ed il convento di San Marco; e ciò per quella gran ragione che l'arte in quei tempi veniva quasi di getto, da tutte le parti si entrava nell'arte, perchè essa era considerata una cosa sola, e non esistevano quelle per me fatali divisioni, le quali la spezzettano in mille modi, per fare dei mestieranti sempre, degli artisti mai.

Nel 1409 l'Angelico dovette lasciare, insieme coi suoi compagni, il convento di Fiesole, imperocchè per alcune scissure avvenute tra i religiosi, furon costretti da una ordinanza del Pontefice a sloggiare. Visse nove anni lontano da Firenze, su quel di Foligno principalmente, e fu in quell'epoca che probabilmente lavorò al convento dei Domenicani di Cortona, la quale Cortona conserva ancora molte ed insigni opere di lui. Nel 1418 lo ritroviamo nell'Umbria, e questo giova a sapersi, perchè anche in queste peregrinazioni forzate dell'Angelico si cominciano a stabilire dei rapporti di conoscenza e di buon vicinato fra gli artisti toscani e gli artisti dell'Umbria, propagandosi sempre più quelle certe parentele artistiche, quelle inoculazioni per contatto delle varie maniere, le quali poi dovevano dare origine con la scuola umbra alle glorie del Perugino e alle future apoteosi del Raffaello. Ritroveremo più tardi a lavorare in quei paesi con l'Angelico il Benozzo Gozzoli venuto con lui da Firenze come suo scolaro, e lo troveremo insieme a Gentile da Fabiano.

Nel 1418 i frati furono restituiti nel convento di San Domenico di Fiesole e nel 1443 l'arte dei lanaiuoli dette all'Angelico la commissione dello stupendo tabernacolo che oggi si conserva nella Galleria degli Uffizi. Il contratto è stipulato in questa guisa: Fu stabilito *"che fosse dipinto di dentro e di fuori con colori di oro ed argento, variati e migliori e più fini che si trovano, con ogni sua arte ed industria"*, ed il prezzo fu fissato in fiorini 190 d'oro. Io ho ricorso alla gentilezza del dotto economista professor De-Johannis per avere una idea del ragguaglio della moneta d'allora con quella presente per capire se vera è la leggenda che i pittori di quel tempo vissuti con semplicissimi costumi ricevessero per così dire la mercede del bracciante. Invece ho avuto dal mio dotto e carissimo amico questa risposta. Il fiorino di Firenze, la cui prima coniazione rimonta al 1252, e che era d'oro purissimo, a 24 carati, pesava una dramma, cioè 3 grammi e $^2/_{100}$: il rapporto di valore tra l'oro e l'argento fra il 1450 ed il 1500 era come di uno a dieci: con approssimazione si calcola che nella stessa epoca l'argento avesse una potenza di acquisto circa di dieci volte maggiore dell'attuale. Per esempio il frumento si comprava con 10 drammi l'ettolitro ossia occorrevano 100 grammi, ossia 20 lire per la proporzione tra l'argento e l'oro. Ora si avrebbe in conclusione che i 190 fiorini d'oro, coi quali fu pagato all'Angelico quel tabernacolo equivarrebbero a lire 17 226. Ora siccome nel contratto si dice ancora che sarà poi pagato quel meno che alla carità del frate fosse parso opportuno, e questo s'intende che è relativo alle spese maggiori o minori che avesse dovuto sopportare per quei colori fini che si raccomandavano, per quell'oro che si doveva mettere nel fondo e che era una forte doratura, non essendo l'arte dei battiloro tanto perfezionata da formar quel velo che si mette adesso, pur tuttavia voi vedete che 17 226 lire pagate da una corporazione di artieri sono una bella moneta. Se io mi sono trattenuto sul prezzo di questa opera, sulla determinazione sua in rapporto alle mercedi attuali, ho voluto farlo perchè anche il prezzo sta a designare, come lo dice la parola, il valore d'un'opera. Se un'opera si paga cara, vuol dire che si stima assai, e ciò dimostra che a quei tempi si stimava assai l'arte, e si pagava al prezzo del suo vero valore. Dico questo per eccitamento e per esempio affinchè non serva di scusa il dire che Andrea del Sarto un giorno, preso dalla fame e dalla disperazione, per un sacco di grano fece la bellissima Madonna della SS. Annunziata.

Nel 1436 i frati di Fiesole scesero in Firenze aventi seco l'Angelico, e a Priore del convento il celebre vescovo sant'Antonino. Papa Eugenio IV trovavasi allora in Firenze pel concilio colla Chiesa greca: a Firenze era ospitato l'Imperatore greco: a Firenze Cosimo il Vecchio era signore. Voi non avete bisogno che vi dica di quanto splendore fosse ricca la nostra città in quel momento. Quando l'Angelico è venuto e ha dato mano alle pitture del Cenobio di San Marco, già Brunellesco voltava le vôlte della cupola sua, mentre Donatello era in piena fioritura, la cappella Brancacci si copriva con le pitture di Masaccio, insomma era una esuberanza, una primavera dell'arte; come questa primavera dell'arte corrispondesse alla fioritura letteraria, già ve lo diceva con eloquentissima e dotta parola Guido Mazzoni nella sua conferenza sull'Umanesimo, e poi altri ve lo dirà ancor meglio di me. In mezzo a tutto questo lavorio di menti, di scalpelli, di pennelli, di maestri di pietra, di decoratori d'ogni sorta, d'ogni risma, l'Angelico rimaneva fisso nella sua celeste visione. Egli amava l'arte con tutta l'intensità propria dei grandi ingegni, ma non la disgiungeva un momento dal concetto religioso. A parer mio l'Angelico è l'ultimo dei veri mistici, è veramente il pittore che chiude il periodo del Rinascimento pittorico artistico, religioso, iniziato da Giotto.

La pittura dell'Angelico, se si considera in relazione ad altre pitture contemporanee, è una pittura quasi un po' in ritardo, ma è una pittura certamente insuperabile nella evidenza del sentimento.

Io non so se derivi dalla costruzione della sua retina, come direbbe un materialista, o dalla serenità delle sue celesti visioni, ma il fatto si è che mentre l'Angelico, pel modo come dipinge, pare che sia precisamente un miniatore, anche nelle più vaste e più ampie pareti, si appalesa sempre per un colorista di prima forza.

Se vi presentate in una galleria qualunque con lo scopo di vedere o riscontrare un particolare in un quadro dell'Angelico e non sapete precisamente dove questo quadro sia collocato, e gettate un occhio sulle pareti della Pinacoteca, l'Angelico vi si appalesa con una nota così chiara, così brillante, così argentina, che appena entrati filate diritto sull'opera che riconoscete a distanza. Poter avere continuamente dei toni delicatissimi, fare assolutamente dell'aria aperta, non forzare mai i neri, è la sua caratteristica principale. Voi potete riscontrare quante volte vi piace quello ch'io dico guardando la Crocifissione, che è nella galleria dell'Accademia, quadro tutto verità, nel quale sono indietri meravigliosi, cielo luminosissimo senza uno scuro forzato. Ci sono però dei neri apparentemente assoluti, perchè dove mette un domenicano vestito di bianco e nero sembra che quel nero sia un nero assoluto; ma invece quel nero non fa mai toppa, mai buco, e chi conosce un poco la tecnica dell'arte sa benissimo quanta e quale sia la difficoltà di collocar bene un bianco in ombra e un nero al sole, un nero che non faccia toppa, che rimanga al suo piano in mezzo ad una gamma di colori chiari; è una difficoltà di primo ordine per un colorista, e l'Angelico nella sua semplicità la supera perfettamente.

Non bisogna dunque fermarsi solamente a contemplare nell'Angelico il pittore delle sante ispirazioni; non bisogna fermarsi solamente a contemplare nell'Angelico il pittore delle ingegnose trovate, delle dotte composizioni; ma bisogna anche tener conto che fra i coloristi fiorentini l'Angelico è un vero maestro.

L'Angelico, diventato celebre nel 1447, andò a Roma e là forse sentì la grandezza dell'ambiente che lo circondava, perchè le sue composizioni si sviluppano in una maniera più grandiosa e più magistrale che per l'avanti.

Egli fu scritturato da Enrico dei Monaldeschi per andare a lavorare ad Orvieto, ed abbiamo dal contratto fatto in cotesta circostanza, la notizia che Benozzo Gozzoli era con lui, come sappiamo che Gentile da Fabriano, stato poi maestro a Giovanni Bellini, il gran Veneziano, era pure in comunicazione di lavori e d'opere con l'Angelico. Vi richiamo a queste brevi e piccole circostanze per dimostrare come l'arte di Firenze ebbe contatti coll'arte dell'Umbria, come Gentile da Fabriano comunicò coll'arte veneziana, e mi permetto di riportarvi sempre col pensiero a questa catena che circonda l'Italia e la avvince a quegli effetti dei quali oggi noi fortunatamente godiamo il frutto.

L'Angelico che nelle sue composizioni è grandemente ascetico, è anche sottilmente sarcastico e realista nei piccoli quadretti: si vede questo nei gradini dei quadri, che illustrano con varii episodii le vite dei santi superiormente rappresentati. Citerò un gradino che si conserva nella galleria degli Uffizi rappresentante la visita di santa Elisabetta alla Madonna. La Madonna è uscita dalla casa per abbracciare l'amica che le viene incontro, mentre la serva sta dietro la porta origliando per sentire quello che dicono le padrone.

Questo viziarello domestico che si perpetua nella storia del mondo e durerà per un pezzo, era rimarcato dal giocondo fraticello, il quale si permetteva di esprimerlo con la graziosa figurina della serva che ascolta.

Egualmente è comica in un altro quadretto la meraviglia d'un converso il quale uscito dalla cella di san Domenico, sente il Santo, che ha lasciato solo, che parla con altri. Questo è l'episodio della vita del Santo, nel quale san Pietro e san Paolo gli appariscono nella cella e gli danno il bordone del pellegrino e il volume degli Evangeli. La meraviglia del frate è assolutamente comica, rimanendo pur decentissima; con questo si dimostra il buonumore e la serenità d'animo dell'Angelico, e l'attitudine che aveva di osservare nella natura e sul vero anche il lato comico delle cose con una piccola punta di realismo e di verismo non disdicevole in questo gran pittore delle visioni celesti.

Accanto all'Angelico, come vi ho già accennato, abbiamo, fra gli altri, Masolino da Panicale e Masaccio. La cappella Brancacci del Carmine è contemporanea, o presso a poco, alle opere dell'Angelico del San Marco e del Vaticano. Di Masolino da Panicale poco si sa. Certo egli è un grande e robusto pittore, il quale si avanza sicuro dell'arte già ricca di tutti i progressi che la tecnica, la prospettiva han portato nell'arte stessa.

III.
MASACCIO.

Masaccio che gli succede ne è una esplicazione ancora più brillante e più completa, e noi entriamo con lui nel periodo vero del secondo Rinascimento, il quale prende a venerare l'antico, dimentica il sentimento religioso puro dell'età precedente; e se rimane nella religione totalmente pel soggetto che tratta, umanizza, rende di

222

forma meno mistica tutti i suoi concetti e progredisce nella via che oggi si direbbe del realismo. Di fatti in quell'epoca si sente già un grande agitarsi di tutte le menti per la scoperta del vero reale, del vero scientifico, mentre nei fondi dei pittori del 300 la prospettiva è messa là in un modo bambinesco, quasi ad esplicazione del soggetto. Si fa per esempio una torricina, ci si mette accanto una porta molto più piccola delle gambe di un cavallo, e di fuori ci si dipinge una cavalcata di ambasciatori molto più grandi della torre della città (e questo è un errore quasi voluto, perchè dovendo questa prospettiva rappresentare degli ambasciatori che andavano in un certo posto, uscendo da una certa città, si doveva far vedere che c'era una città e che erano usciti da una porta, magari più piccola dei cavalli che la dovevano oltrepassare, e non bastando questo magari ci scrivevano sopra il nome della città dalla quale partivano e quello della città alla quale arrivavano). Ma torniamo a bomba: invece nei primordi del 400 abbiamo le menti che si affaticano per cercare la ragione matematica della proiezione delle ombre. Già sappiamo che il maestro di Masaccio fu Brunellesco, e di questi Paolo Toscanelli dal Pozzo, sul quale sta pubblicando un libro con eruditissime ricerche il professore Uzielli. Toscanelli dal Pozzo fu uno dei più grandi matematici dei suoi tempi, ma però per quella universalità di allora su tutto lo scibile umano, era intimissimo amico del Brunellesco, ed a questo insegnava la prospettiva, la quale poi di seconda mano veniva passata a Masaccio. Voi vedete che le cognizioni negli uomini di quei tempi si accomunavano, si affratellavano, si davano la mano l'una coll'altra, e gli artisti sommi del 400, torno a ripeterlo, erano nel medesimo tempo gli uomini più colti dell'epoca loro. Nel quadro - tutto di mano del Masaccio - della cappella Brancacci, nel quale il Cristo circondato dagli Apostoli è interrogato dal pubblicano per ricevere le decime e dove il Salvatore dà ordine a san Pietro di andarle a pescare nelle branchie di un pesce (cosa che sarebbe oggi molto comoda), abbiamo una pittura limpida, chiarissima e una pittura nella quale i piani vanno dal primo all'orizzonte con una degradazione sicura, scientifica. La prospettiva aerea è bellissima: il paese che circonda le figure è tutto al suo posto, e da questo voi vedete che il progresso è evidente, che la pittura non è più mistica, non è più significativa di una sola idea religiosa, ma la storia, anche del Cristo, diventa soggetto per trattare una storia umana. Le passioni, gli affetti si svolgono umanamente, e le figure per conseguenza prendono una precisione derivante dalla tecnica studiata severamente, dal vero cercato nella osservazione non domandato ad alcuna visione rivelatrice. Masaccio, descritto dal Vasari come persona distrattissima, e che per quanto derivasse dalla celebre famiglia dei Guidi di San Giovanni, pur tuttavia fu chiamato Masaccio per la trascuratezza della sua andatura, non potè finire l'opera sua: chiamato a Roma dove lavorò alla Minerva, morì giovanissimo, ed alla cappella già incominciata da Masolino da Panicale diè finalmente mano Filippino Lippi, figlio di frate Filippo Lippi, dato in educazione alla morte del padre a Sandro Botticelli. Uno di codesti affreschi, quello che rappresenta la risurrezione del nipote dell'imperatore per opera di san Pietro, è un affresco misto, e dipinto in parte da Masaccio, in parte da Filippino; di faccia abbiamo un affresco tutto di Filippino, al di sopra abbiamo l'affresco tutto di Masaccio, e più in alto gli affreschi già compiuti da Masolino da Panicale. Sarebbe difficilissimo oggi trovare tre artisti i quali potessero fare convenientemente la decorazione intiera ed unica d'una cappella facendo ciascuno un quadro per conto proprio: impossibile quasi direi che nel medesimo affresco potessero dipingere due artisti senza darsi noia uno coll'altro. Ora io di questo fatto tengo conto perchè mi sembra importantissimo per spiegare come l'indirizzo degli studi, la buona fede colla quale un artista dava mano all'altro, la comunanza di idee nella quale vivevano, facesse sì che si potesse avere un'opera perfetta, ed un'opera triplice ed una nello stesso tempo.

IV.
ANDREA DEL CASTAGNO.

Un artista strano che mi pare che faccia assolutamente razza da sè è Andrea del Castagno. Egli pure nacque in Mugello come Giotto e come l'Angelico, ma non ebbe nè l'ingegno di Giotto nè il candore dell'anima dell'Angelico. Egli fu uomo viziosissimo ed iracondo, agitato da mille passioni, ma potente ingegno. Egli deve forse al suo cattivo carattere la nota speciale che lo distingue tra quei pittori i quali abbandonando l'ascetismo entrarono nella via che, tanto per farmi capire alla meglio, ho chiamata del realismo, sebbene vi entrassero in un modo intenso come ricerca di forme, come ricerca

224

di luce, come effetto prospettico, senza però quella passione psicologica che va a cercare il pel nell'uovo nelle intime convulsioni del cuore umano. Andrea del Castagno mi pare che segni una nota particolare in questo senso.

Agitato di spirito come egli era, mette una agitazione, una nota potente, una nota moderna, dirò così, nella sua pittura. Di lui ci resta il Cenacolo di Santa Reparata, nel quale sono anche state poste delle belle pitture che decoravano un tempo la villa Pandolfini. Queste sono la rappresentanza di uomini grandi: Dante, Boccaccio, Petrarca, Pippo Spano, Farinata degli Uberti; una Sibilla, una Virtù, ed altri. Ebbene in codesto cenacolo che prende tutta la vastissima parete, è già notevole la ricerca della differenza tra un esterno ed un interno, poichè al di sopra della linea di mezzo della parete si vede la Crocifissione, in aria pienamente aperta, la Risurrezione, e la deposizione nella tomba del corpo del Salvatore, al di sotto in un ambiente chiuso la Cena. Ora questa ricerca fra l'effetto dell'interno e quello dell'esterno era una ricerca poco curata forse dagli altri pittori dell'epoca sua, mentre in lui è accuratissima. Le figure che campeggiano nell'aria aperta, specialmente la figura del Cristo tutto in bianco che esce giovane dalla tomba, sotto la quale sono due figure di soldati addormentati, è una figura di tinta tutt'affatto moderna, di pittura squisitamente chiara, contrapposta colla tetra scena del Cenacolo, che egli ha caricato di tinte oscure e truci, quasi a significare l'orribile tradimento che in quel momento si stava compiendo; e fra tante pitture che rappresentano nei Cenacoli la figura di Giuda, io credo non ci sia una figura così drammaticamente e con forza espressa come la figura di Giuda nel Cenacolo di Andrea del Castagno.

I ritratti poi a gran decorazione, la figura di Farinata specialmente, vestito d'armatura completa, e quella di Pippo Spano di cui tanto si decantavano le gesta in quei tempi, che tiene in mano la spada e ne torce la lama con la robustezza del poderoso suo braccio, sono figure così scultorie, che assolutamente si possono mettere a pari colle grandi creazioni della scultura fiorentina del tempo e specialmente colla figura del San Giorgio di Donatello. Si dice che vivendo egli nello Spedale di Santa Maria Nuova e lavorando con Domenico Veneziano carpisse allo stesso il segreto della pittura a olio la quale tanto doveva influire sulle future sorti della pittura stessa. Questo segreto o questo ritrovato, per meglio dire (poichè nell'arte di mescolar l'olio e specialmente l'olio di lino alle tinte già si erano fatti e si facevano continuamente esperimenti anche dai pittori del secolo precedente), fu attribuito dal Vasari a Giovanni da Brugghia che lo ridusse alla perfezione attuale. Un quadro di lui fatto alla corte di Napoli dette luogo come tutte le novità a un grande agitarsi di quei pittori, e Antonello da Messina finalmente ne indovinò il mistero. Antonello lo rivelò a Domenico Veneziano, Domenico Veneziano venendo a lavorare a Firenze lo comunicò colle buone o colle cattive (questo è difficile a sapersi) ad Andrea del Castagno, donde tutta una leggenda; imperocchè il Vasari asserisce che dopo avere imparato il segreto del suo amico, Andrea del Castagno lo investisse mentre usciva da una casa in via della Pergola, e proditoriamente lo uccidesse. Il nostro Milanesi però con sottile acume di critica crede di potere asserire che di questo delitto Andrea del Castagno non è macchiato, perocchè ritiene che nel 1457 Andrea del Castagno molto probabilmente fosse già morto per la pestilenza che infieriva nella città; e siccome il buon Domenico Veneziano è morto nel 1461, mi pare molto improbabile che lo possa avere ammazzato uno che era già morto qualche anno prima.

V.
PIERO DELLA FRANCESCA.

Emulo nello splendore della pittura, nella chiarezza dei suoi dipinti all'Angelico, dotto in tutto ciò che l'arte dava allora di più pratico e di più positivo, compositore di prim'ordine con una nota tutta sua propria è Piero della Francesca. A Firenze poco abbiamo di lui, tranne i due ritratti in profilo del duca e della duchessa d'Urbino che vediamo nella Galleria degli Uffizi e che al di dietro della tavola portano dei trionfi allegorici. Pur tuttavia questo piccolo esempio è talmente forte che basta a persuadere chiunque dell'eccellenza dell'artista. Piero della Francesca ha profilato le sue figure leggermente di tono su un'aria limpidissima e su un paese che si perde lontano lontano nell'orizzonte. Ora questa potenza di mettere di contro alla luce una figura, di farne vedere tutti i dettagli, non forzando oltre modo nè troppo caricando le tinte e nello stesso tempo facendola risaltare su un cielo immensamente chiaro, e in un paese chiarissimo, è opera precisamente di grande coloritore. Piero della

226

Francesca ha lasciato il più bel testamento artistico che si possa mai immaginare nelle pareti del Coro del San Francesco in Arezzo, e io consiglio chiunque è amatore della buona pittura di non trascurare una gita ad Arezzo per vedere le pitture di Piero della Francesca.

La prima volta che io mi sono trovato costà davanti all'affresco rappresentante la regina di Saba che va a visitare Salomone (affresco nel quale abbiamo il re Salomone sotto una specie di peristilio a colonne bianche di marmo mentre la regina è dalla parte esterna di questo peristilio e comparisce in un paese dove sono alberi verdi su un fondo ugualmente chiaro, in fondo al quale rosseggiano le tinte del tramonto) io mi sono trovato davanti a una pittura così luminosamente fresca, così brillantemente fatta che primo fra gli artisti m'è saltato in testa Domenico Morelli in certi suoi bianchi, in certi suoi effetti luminosissimi e violenti. Io vi dico questo non per dirvi una cosa rara, perchè io nè di cose belle, nè di cose rare fo mestiere, ma per dire una impressione che ho ricevuto; e se un pittore che nasce nella prima metà del secolo XV, se un pittore che nasce a quell'epoca lì, ha tanto in sè da rammentare di primo acchito uno dei più moderni nostri moderni, mi pare che sia sempre un bel gagliardo, e che viva d'una giovinezza assolutamente imperitura. Egli campò vecchissimo; uomo insigne in matematica e prospettico eccellente, scrisse anzi su questa materia dei dotti volumi, i quali forse furono la causa per la quale l'opera sua di pittore non è troppo abbondante. Dicesi che delle opere sue rimanesse erede, per così dire, un fra Luca Pacioli suo discepolo, che alla morte del maestro le dette per sue.

Questa pure è una accusa lanciata dal Vasari; Milanesi l'attenua e la nega in parte. Comunque sia, resta che Piero della Francesca è uno dei più insigni, dei più delicati pittori dell'epoca sua; il che non toglie che fosse al solito un gran maestro in matematica e prospettiva, uomo d'ingegno, e dei più colti dell'epoca nella quale viveva.

VI.
BENOZZO GOZZOLI, ALESSANDRO BOTTICELLI.

Benozzo, discepolo dell'Angelico, è più traverso, più quadrato. Egli non sente molto dell'insegnamento ascetico del maestro, e nelle grandi decorazioni murali del Camposanto di Pisa vi si distende dentro con quella giusta, serena ricerca della verità che io poc'anzi vi descriveva quale nota caratteristica dell'arte del 1400.

Io non posso attardarmi a descrivere l'opera del Gozzoli, opera importantissima e notevolissima, inquantochè troppo è necessario non dimenticare tra i massimi Alessandro Botticelli.

Alessandro Botticelli figlio di Mariano Filipepi nacque nel 1447; ricevette un'educazione abbastanza accurata e classica in un'epoca nella quale il classicismo fioriva rigoglioso. Inquieto di carattere, svegliato, pieno di ingegno, fu posto da suo padre presso l'orafo Botticelli a imparare l'arte dell'orefice. Poi diventò scolaro di fra Filippo Lippi, e alla morte di fra Filippo diventò il maestro al quale fu affidata l'educazione artistica di Filippino, di quel Filippino il quale ebbe a completare, ed è questo il maggior bene che si possa dire di un pittore, l'opera di Masaccio nella cappella Brancacci.

Il Botticelli anch'egli ha una nota sua particolare, ed è il primo che comincia a trasportare la pittura dai soggetti sacri ai soggetti profani. Di fatti si sa di lui che illustrò un soggetto profano del Decamerone, ossia la storia di Anastasio degli Onesti che si vedeva in quattro tavole descritta nelle cose preziose della famiglia Pucci di Firenze e che ora non si sa più dove sia. Di lui è conosciutissima la nascita di Venere, di lui è conosciutissimo il quadro allegorico che si ritiene fatto alla morte della bella Simonetta, come già vi accennava il nostro Ernesto Masi, secondo le induzioni dell'illustre storico dell'arte professor Camillo Jacopo Cavallucci.

Il Botticelli è pittore d'un'eleganza nuova nella forma, un'eleganza che certamente non è quella di Vatteau, o dei pittori fiamminghi del 1600, e nemmanco l'opulenza di Rubens. Egli nella nascita di Venere ci dipinge una Venere che non è neppure parente, neppure biscugina della Venere del Tiziano. Ha dei piedi grandemente sviluppati, delle mani altrettanto, ma se voi davanti ad un contorno di donna del Botticelli vi fissate su un punto qualunque della sagoma, e cominciate a andar su su e ricercarla tutta, voi vi sentite invadere da una delizia simile a quella che si prova se in una bella giornata d'inverno ci si mette a guardare un bell'albero spoglio delle sue fronde e se ne ricercano con l'occhio tutti gli eleganti contorni.

Io non saprei diversamente darvi ad intendere o spiegarmi meglio riguardo alle sensazioni che si provano davanti questo gentile pittore, che chiamato nel Vaticano a lavorare, per la vita disordinata che egli faceva in Roma finì i quattrini e dovette tornarsene a Firenze. Qua per l'amicizia che aveva con Lorenzo il Magnifico e per le cognizioni sue di letteratura e l'affinità che aveva coi grandi dotti dell'epoca si messe a illustrare e illustrò per il Landino la *Divina Commedia*. La edizione del *Commento* della *Divina Commedia* fatta dal Landino colle tavole del Botticelli si può vedere ancora da chi ne ha voglia nelle sale della Biblioteca Marucelliana.

Ma più che quelle illustrazioni che sono poche e, pei mezzi imperfetti del mestiere a quei tempi, abbastanza ordinarie, si può ammirare in quella Biblioteca la collezione fotografica degli schizzi di tutta intiera l'illustrazione del divino poeta, comprata dal gabinetto di Berlino e della quale è stata fatta un'opera magnifica di riproduzione fedele. Sfogliando codeste tavole voi trovate al solito, nelle figure del Purgatorio e del Paradiso, una Beatrice con delle appendici abbastanza pronunziate che una signora d'oggi non amerebbe avere, ma tanta è la potenza di concetto sviluppato dall'artista, sia nell'esprimere i tormenti dei dannati, sia nell'esprimere le gioie del poeta condotto al cielo dalla sua divina fanciulla, che quel sentimento di attrazione e di delizia che ho detto provarsi quando si comincia ad andare su per un contorno del Botticelli, lo si prova egualmente davanti a quei potenti concetti svolti da questo grande in punta di penna. In lui è da notarsi come l'arte di già fa un passo in avanti ed entra ad illustrare un'opera descrittiva. Botticelli che aveva in quattro tavole illustrata e descritta la storia di Anastasio degli Onesti, finisce con una illustrazione completa della *Divina Commedia* e degna del poeta illustrato.

Dire di più di Alessandro Botticelli parrebbemi tempo perso, che l'ora mi dice di andarmene, nè io voglio lasciarvi senza avervi ancora parlato o per *fas* o per *nefas*, abusando della vostra pazienza, di un altro grande ed alto artista del quale tratterò nella Conferenza presente. Questo artista è Domenico Ghirlandaio.

VII.
IL GHIRLANDAIO.

Egli nasce da Tommaso del Ghirlandaio della famiglia dei Bigordi nel 1449, ed arriva a tempo per riassumere i portati della scienza pittorica che si era precedentemente sviluppata. Egli entra nell'arte come c'è entrato il Verrocchio, come c'è entrato il Pollaiuolo, per la via dell'oreficeria. Domenico Ghirlandaio è molteplice, splendido fra tutti i pittori dell'epoca sua; finissimo anch'egli per la potenza del chiaroscuro, finissimo anch'egli per la delicatezza della sua intonazione.

La tavola della Galleria delle Belle Arti nella quale si rappresenta l'adorazione dei pastori, e dove egli stesso ha ritratto la propria effigie, ha un indietro lontano, con una cavalcata di signori, forse i re Magi che vengono all'adorazione dell'infante Gesù, stupendo per prospettiva aerea, per delicatezza di sfondo, per serenità di ambiente. Il coro di Santa Maria Novella è là che parla; esso è un'opera smisurata, colossale. La cappella di Santa Fina a San Gemignano è un gioiello. Il Cenacolo che abbiamo qui in San Marco, è un'altra cosa stupenda come colore perchè il Ghirlandaio è potentissimo nel mettere bene le cose del primo piano, su dei fondi chiari ed ariosi. Nella cappella di Santa Fina in San Gemignano che è di un tono delicato ed argentino, nell'affresco del miracolo della Santa da una finestrella si vede la campagna lontana, a perdita d'occhio, luminosissimo è l'ambiente della stanza interna senza essere sfacciatamente colorito, più che luminoso, scintillante è il paese traveduto dalla finestrella. Tutte le tenuità, tutte le delicatezze, tutte le finezze di un grande artista il Ghirlandaio tiene con sè. Egli ha lavorato alla cappella Sassetti in Santa Trinità, cappella che veramente, sia per la disposizione della luce, o pel modo con cui è fatta, è molto oscura e poco decifrabile.

Ho però il piacere di potervi dare una bella notizia. Nei restauri che si sono fatti adesso in Santa Trinità s'è scoperto l'affresco della parete esterna della cappella, una grande pittura di dieci figure rappresentante la Sibilla tiburtina che indica il monogramma e predice la venuta di Cristo all'Imperatore. La Sibilla colle sue ancelle da un lato accenna il monogramma; l'imperatore dall'altro lo guarda quasi abbacinato. Questa scoperta si deve alla pazienza di Cosimo Conti, il quale si offrì gratuitamente di cercare codesto affresco, e ora dopo avere saputo che l'affresco c'era, ed aver visto che era scoperto, finalmente, *magna degnatione*, il Ministero della Pubblica Istruzione s'è deciso a farlo restaurare e rimettere.

Se avessi voluto parlare di tutti i pittori fiorentini del 400, non solamente avrei seccato moltissimo, ma vi avrei fatto assolutamente addormentare; sono troppi, e troppo grandi, e troppo insufficiente io sono per il cómpito che mi ero proposto. Vi ho accennato dei principali o almeno di quelli che a me sembrano, fra i pari i più eminenti, quelli che maggiormente corrispondono al sentimento che dell'arte ognuno tiene in sè, e quindi al sentimento mio proprio.

Dopo il Ghirlandaio sorge una grande, una splendida figura, che riassume in sè tutte le glorie artistiche del 1400. Questa figura è quella di Leonardo da Vinci, ed io grazie a Dio, non devo occuparmi di lui, perchè nella prossima conferenza sentirete parlare degnamente di Leonardo da Vinci dall'amico Enrico Panzacchi.

LA SCULTURA del RINASCIMENTO

DI
VERNON LEE.

La scultura dell'antica Grecia e la scultura del medioevo italiano sono rami della stessa arte; ma del tutto divergenti: anzi, direi quasi, formano due arti diverse. Ciascuna di esse ha rivelati all'umanità eguali tesori di bellezza, ma l'una copiò mirabilmente una bella realtà; mentre l'altra prese l'imperfetto e il brutto, e riuscì a formarne bellezza. L'una è l'arte meridionale, pagana, del modellatore in creta; l'altra l'arte nordica cristiana, dell'intagliatore di pietra.

Prima di esaminare le opere, esaminiamo il modo di operare. E prima di considerare che cosa l'antico greco e l'italiano del medioevo furono rispettivamente chiamati ad imitare e ad esprimere, guardiamo la necessità e la capacità del materiale in cui ciascuno di essi imitò quel che vide ed espresse quel che sentì.

I Greci primitivi avevano raramente occasione di farsi abili intagliatori di pietra. Gli edifizi loro come quelli che ritraevano le forme di costruzioni primitive e semplicissime in legno, ne avevano anche i rozzi elementari ornamenti, poichè l'ordine Jonico, per quanto povero di ornamenti, non venne che più tardi, e il Corintio, il quale solo dà luogo alla ricerca e all'abilità degli intagli, nacque soltanto quando era pervenuta già alla sua maturanza l'arte di scolpir la figura. Ma i Greci, i quali del resto erano appena entrati nel periodo del ferro (e il ferro è appunto lo strumento per lavorare la pietra) erano grandi modellatori di creta e fonditori di bronzo. Gli oggetti che le età più recenti fecero in ferro, pietra o legno furono da loro foggiati in creta o in bronzo. Stanno a dimostrarlo gl'innumerevoli arnesi, armi e minuti oggetti dei nostri musei: - dagli schinieri accuratamente modellati come le gambe che devono coprire, fino alle bambole di terracotta, piccole Veneri dalle braccia articolate e coi ligamenti di spago.

E veramente quando i Latini applicarono alla scultura il verbo *fingo*, che significa in realtà fare vasi, - e dalla quale ci viene non solo *effigies*, ma anche *fichtlis*, - parrebbe avessero capito che nell'arte di Fidia e di Prassitele poco entrava l'intagliare ed il cesellare, e molto invece il *formare*, il modellare, il plasmare. Poichè, oltre al fatto ogni giorno più confermato dall'archeologia, che, cioè, la maggior parte delle statue antiche ora in nostro possesso, sono copie in marmo di originali in bronzo, fatto rivelatoci anche da puntelli di esse e dal trattamento dei capelli; è evidente che anche le statue destinate ad eseguirsi in marmo, vennero prima modellate, cioè concepite dallo scultore, in creta.

Riassumendo: dai Greci la figura umana s'imitava con un processo, che non fu scultura nel senso letterale della parola. Rivolgiamoci ora a considerare il medioevo, e troveremo uno stato di cose totalmente diverso. Non v'era nella vita quotidiana bisogno di oggetti in metallo fuso, e non essendovi questo bisogno dell'arte del fondere, del far di getto, non vi era nemmeno pratica nell'arte preliminare del modellare in creta. Ma invece gli uomini del medioevo furono meravigliosamente abili nell'intagliar la pietra.

L'architettura, fino dai Romani, aveva dato più importanza all'ornamentazione scultoria: - sempre squisita nei capitelli, nelle ringhiere, dei primitivi tempi Bizantini si manifestò nelle elaborate cornici, negli archi e nelle colonne dello stile Lombardo fino ai complicati gruppi e rilievi del Gotico pienamente sviluppati. E in verità la chiesa gotica, particolarmente in Italia, non era più lavoro di muratore, ma di scultore. Non è dunque fortuita combinazione se quei paesetti, i quali forniscono ancora Firenze di pietra e di scarpellini, hanno dato il nome a tre de' suoi più grandi scultori (Mino da Fiesole, Benedetto da Maiano, Desiderio da Settignano); nè Michelangiolo, allevato in quel paesetto (Chiusi di Casentino) "per tutto pieno" dice il Vasari "di cave di macigni, che son lavorate di continovo da' scarpellini, scultori che nascono in quel luogo", abbia potuto vantarsi d'aver tirato dal latte della balia gli scarpelli e il mazzuolo con che faceva le sue figure.

I Toscani del medioevo, i Pisani del '200, i Fiorentini del '400, facevano certamente modelli in cera delle loro statue; ma le opere loro sono concepite per essere poi lavorate nel marmo; e quest'arte è uscita dal sasso, senza interposizione d'altro materiale, - come le figure che Michelangiolo traeva viventi e gigantesche direttamente dal macigno.

I Greci, dunque, in quel tempo primitivo in cui l'Arte prende il suo abbrivo, erano modellatori di creta e fonditori di bronzo; i Toscani, invece, nel periodo corrispondente, erano cesellatori d'argento, battitori di ferro, ma sopratutto tagliatori di pietra. Ora la creta (e bisogna rammentarsi bene che il bronzo non è che il calco della creta) significa il piano modellato; l'imitazione di tutti i rilievi e di tutte le depressioni delicatamente graduate del corpo umano; la creta non presenta contrasti fra luce e ombra, non permette varietà nel trattamento corrispondente alla varietà dei tessuti. La creta si presta quindi ad imitare non la tessitura del corpo umano, ma la forma; e la forma poi nell'assoluta realtà tangibile della natura.
Tutto l'opposto accade col marmo. Granulato come fibra vivente e capace allo stesso tempo di una delicata spulitura, il marmo può riprodurre la vera sostanza del corpo umano colle sue varietà d'opaco e di lucente. Può riprodurre, sotto ai variati colpi dello scarpello, quelle ombreggiature correnti ora in un senso, ora nell'altro, secondo che la pelle riveste il muscolo o l'osso. Il marmo inoltre è così resistente e insieme così docile al ferro, che può prendere i contorni più squisitamente sottili; e si presta all'incisione più superficiale ed al taglio più profondo, in modo che la luce e l'ombra diventano il materiale dell'artista quanto la pietra stessa. Quindi il marmo consente allo scultore di cercare non solo la forma assoluta, ma la forma relativa; non solo il rilievo, ma anche il chiaroscuro. Tali erano i caratteri fondamentali di quei due generi diversissimi di scultura, la scultura in creta e la scultura in marmo, che in circostanze diversissime di vita e di pensiero, Greci e Toscani trattarono, per produrre opere di indole e di bellezza diversissime.
È inutile che ci dilunghiamo sulla influenza esercitata nell'Arte dalla civiltà antica, coi suoi costumi e caratteri essenzialmente meridionali, colla sua vita all'aria aperta, colla sua perfettissima educazione del corpo, coi suoi atleti nudi, i togati suoi cittadini ed i suoi contadini ed artigiani pochissimo vestiti, e sopratutto colla sua religione di divinità conviventi coi mortali e di semidei dalla poderosa muscolatura; come è inutile che, d'altra parte, ci dilunghiamo sull'influenza della vita assai più complessa del medioevo, vita di tipo nordico anche nei paesi meridionali, vita industriale, sedentaria, che costringeva la gente nelle angustie delle città murate; ed in cui primeggiò sempre, nonostante la sensuale

grossolanità, la preoccupazione dell'anima, l'ideale del patimento, il disprezzo del corpo.

Tutto questo è oramai ovvio ed anche esagerato da tanti scrittori invaghiti della teoria del *milieu* (ambiente o mi-luogo) introdotto da Enrico Taine meno per la sua verità che per l'occasione che porge di tratteggiare pagine colorite. Ma vorrei richiamare la vostra attenzione su di un'altra circostanza storica, che ha influito potentemente sulle differenze tra la scultura medioevale italiana e la scultura antica. Questa circostanza è il primato della pittura nella seconda metà del medioevo italiano. Mentre nell'antica Grecia la scultura fu l'arte dominante e matura, della quale la pittura non fu che l'ombra; nell'Italia medioevale invece la pittura fu l'arte che meglio corrispose ai bisogni della civiltà; fu l'arte che superò i più ardui problemi tecnici e scientifici, e fu quindi quella che dovette primeggiare. Si può asserire in senso quasi letterale che la pittura greca non fosse che l'ombra della scultura. Sui vasi e negli affreschi vediamo infatti le figure modellate con moltissima cura anatomica (al punto, per esempio, di accennare qualche volta la giuntura fra la gamba e la coscia con due linee che non esistono nella visibile realtà, e che sembrano segni di tatuaggio), - ma senza consistenza, vuote, ed allineate simmetricamente l'una accanto all'altra, senza comporsi in un disegno vero, precisamente come se fossero tante ombre di statue tonde proiettate sul piano. Lo scultore non poteva imparare nulla di nuovo da una simile pittura, che non si occupa delle cose più essenzialmente pittoriche, la prospettiva, l'aggruppamento, il contorno lineare, il valore relativo dei colori, il chiaroscuro ed il tessuto degli oggetti. La pittura medioevale, arte positiva, agisce in ben altro modo da quest'arte negativa che fu la pittura antica. Esaminiamo che cosa essa portò di nuovo nel campo dell'osservazione e della pratica artistica. In primo luogo, la superficie piana, muro o tavola, in cui l'arte medioevale mostrò la sua maggiore originalità, insegnò agli uomini a dar valore alla prospettiva, ad ordinare gruppi nei vari piani, ed a studiare l'insieme, sotto il rispetto delle opere intelligibili quanto sotto quello della bellezza, delle figure così raggruppate. Poi li abituò a considerare la forma non più come un insieme di proiezioni, di rilievi, di piani, ma come linea, come alternativa di luce e d'ombra, il cui pregio principale consisteva nella sagoma esterna, nel profilo dell'intreccio di linee, d'angoli e di curve; cosa assai più importante nella pittura, col suo unico, immutabile punto di vista, che nella scultura, dove l'occhio, girando intorno alla forma, si compensa della povertà di un punto di vista colla varietà di tutti gli altri. Di più, la pittura, nata da un interesse più sviluppato di quello che sentisse l'antichità pel colore, la pittura, dico, indusse gli artisti a considerare meglio l'effetto del colore sulla forma lineare.

Poichè, sebbene l'uomo, fatta astrazione dal colore naturale o da una tinta bianca, abbia infatti quella forma larga ed alquanto smussata, quell'indecisione di contorni che caratterizza la scultura; tuttavia quale egli esiste realmente, coi capelli, gli occhi e le labbra fortemente coloriti, ed il resto del viso colorito di tinte diverse, acquista dal colore - il quale dà enfasi alla linea - una maggior precisione, direi piuttosto, una maggiore acutezza di forme lineari. Per ciò, nel modo istesso, in cui la prospettiva e la composizione in pittura dovettero indurre gli scultori ad usare maggiore complessività nel rilievo e maggiore unità nel punto di vista, così pure la nuova importanza del disegno e del colore, dovette suggerir loro un nuovo concetto della forma.

L'uomo cessò dunque d'essere una mera combinazione di piani e di masse, cessò d'essere omogeneo nel tessuto e nel colore. Si accorsero ch'era fatto di sostanze diverse, pelle - pelle morbida dove aderisce al muscolo, dura e lustra dove accenna l'osso, pelle liscia o rugosa o pelosa; pelo poi duro o floscio, nero o biondo; inoltre ch'era pinto in vari colori, e che possedeva ciò che i Greci sembra non avessero avvertito, quella cosa straordinaria e straordinariamente variabile che è l'occhio. Gli scultori del '400 furono spinti dai pittori a riconoscere queste differenze fra l'uomo monocromo dei Greci - monocromo per l'astrazione del vero colore - e l'essere multicolore che è l'uomo vero.

Avvertite queste differenze, vollero significarle nell'opera loro. Ma come avrebbero potuto conseguir l'effetto colla loro arte che tratteggiava il rilievo tangibile, e che ricusava l'aiuto del colore?

Per capirlo bisogna fermarci a considerare di nuovo, e più attentamente, due particolarità capitali, che distinguevano gli scultori medioevali da quelli antichi.

Gli artefici del medioevo, in primo luogo, erano chiamati assai di rado a fare figure da essere poste all'aria aperta su un piedistallo libero. Invece, erano continuamente esercitati a scolpire ornamenti architettonici da porre in alto e profilati su di uno sfondo scuro; e monumenti, tombe, pulpiti, ringhiere, da collocare in locali parzialmente illuminati e spesso oscuri.

Ora, secondo l'altezza dell'oggetto e la direzione della luce, certi particolari acquistano o perdono la loro importanza; per restituire la relazione vera fra linea e linea, rilievo e rilievo, bisogna tener conto della posizione e del punto di luce; bisogna, perchè la cosa faccia lo stesso effetto che al livello dell'occhio e sotto una luce diffusa, alterare le proporzioni, accrescere qua, scemare là, introvertire alle volte il concavo ed il convesso, sacrificare il vero all'apparente.

I monumenti gotici, per esempio quelli di Santa Maria Novella, che sporgono dal muro all'altezza di un primo piano di casa, non presenterebbero che una confusione indecifrabile, se la figura sdraiata ed i suoi accessorî non fossero alterati in modo da sembrare mostruosi a chi s'arrampicasse a vederli da vicino. Lo stesso segue nell'arte sviluppatissima del '400. Il Cardinale di Portogallo - figura del Rossellino a San Miniato al Monte - ha una metà del viso voltata soverchiamente all'insù, in modo da ricevere in faccia la luce; e ciò perchè, essendo visto dall'ingiù, la metà più vicina del viso avrebbe altrimenti un'importanza relativamente troppo grande; mentre, all'opposto, al bellissimo guerriero morto, d'autore incerto, che è a Ravenna, lo scultore ha deliberatamente tagliata una parte della mascella, perchè lo spettatore deve guardare all'ingiù la figura sdraiata su un lettuccio basso di marmo. Se prendiamo i gessi di queste due statue, ponendo sulla tavola quella del Cardinale, ed attaccando sul muro quella del guerriero, la composizione si sfascia completamente: l'espressione cambia affatto, i lineamenti diventano deformi, e mentre l'una testa diventa grossolana, l'altra sembra insoffribilmente manierata.

Per intendere questo sistema, d'alterare la forma a seconda della collocazione e della luce, basta rammentarsi l'aneddoto delle due cantorie di Donatello e di Luca della Robbia, di cui la prima parve brutta nella bottega dello scultore, ma bellissima messa al posto; mentre la seconda, che era piaciuta straordinariamente veduta da vicino, scomparve del tutto nell'altezza buia di Santa Maria del Fiore.

Quest'abitudine di prendere delle licenze col modello, di alterare le proporzioni misurabili all'occhio, abitudine cominciata per ragioni quasi architettoniche, permise agli scultori del '400 d'imitare i pittori, cercando, come questi, la verità apparente, col sacrificio coraggioso della verità assoluta e concreta. Aprì alla scultura il campo vastissimo degli effetti relativi; l'incoraggiò a produrre, colla materia dura ed incolore, l'equivalente della varietà nel colore e nel tessuto.

Ma per secondare questo nuovo indirizzo dell'arte, era necessario che gli artefici del '400 trattassero la parte tecnica in un modo diverso affatto da quello dei Greci.

Gli antichi, a' quali abbondavano ottimi gettatori in bronzo, esercitati nel foggiare armi, utensili e arredi d'ogni genere, dovettero prendere l'abitudine di circoscrivere la loro personale operosità al modello in creta: giacchè questo non richiedeva, come nel Rinascimento, la sorveglianza costante dello scultore. E le liste lunghissime di statue, di cui molte costruite faticosamente d'avorio e d'oro, dànno a credere che gli scultori antichi non perdessero il tempo sbozzando i lavori in marmo, ma invece terminassero soltanto di propria mano le copie che dal modello in creta avevano tratto lavoranti espertissimi. Che ci fossero simili copiatori, lo sappiamo dall'uso di fare riproduzioni in marmo delle statue già fuse in bronzo, uso a cui dobbiamo la maggior parte delle statue antiche pervenute a noi.

Le abitudini erano diversissime da queste nel medioevo italiano. È vero che il Vasari consiglia allo scultore di valersi di modelli grandi quanto le statue che si propone di fare. Ma il consiglio stesso, fatto per scansare i calcoli sbagliati, che spesso rovinano il marmo, fa vedere che prevaleva l'abitudine di sbozzare la pietra senza tener conto di questo pericolo; che anzi, se l'uso dei modelli grandi fosse stato universale, Agostino di Duccio non poteva avere *storpiato*, come dice il Vasari, il marmo da cui Michelangelo cavò più tardi il suo David. Ma questi modelli di cui parla il Vasari più distesamente nella vita di Jacopo della Quercia, erano fatti "di pezzi di legno e di piani confitti insieme, e fasciati poi di fieno e di stoppa, e con funi legato ogni cosa strettamente insieme, e sopra messo terra mescolata con cimatura di pannolano, pasta e colla" onde potevano bensì servire a tenere "innanzi agli scultori l'esempio e le giuste misure", ma era impossibile che servissero mai, come i modelli di gesso *puntati* del giorno d'oggi, a francare l'artista dallo sbozzamento del marmo. Anzi, tutto ciò che scrive il Vasari dimostra chiaramente che il modello vero - quello cioè che veniva copiato non nelle sole misure - era piccolissimo e fatto in cera; e che l'abitudine di sbozzare le figure nel marmo, che a noi sembra cosa maravigliosa nel Buonarroti, era generale fra gli scultori del '400. È frequente il caso di uno scultore che intraprenda, coll'aiuto di un solo uomo, lavori di vastissima mole, porte, archi, mausolei. Nè pare che il Vasari stupisca quando Jacopo della Quercia si mette, solo solo, alla facciata di San Petronio; lavoro che gli costò dodici anni, in cui un Greco avrebbe fatto chi sa quanti bronzi magnifici ed un moderno chi sa quante meccaniche copie di un gesso. Infatti non rimane nulla d'inverosimile in questo sistema di lavorare il marmo interamente e direttamente da sè, quando si rifletta che tra gli scultori del Rinascimento una metà aveva esercitato la professione dell'orafo, e l'altra l'arte dello *scarpellino* o *squadratore di pietre*; e a tali artefici doveva riuscire facile e naturale egualmente qualunque parte - sì rozza che finissima - dell'arte loro.

Gli scultori del '400 avevano adunque dello scarpello una sicurissima pratica, quale non ebbero, nè sognarono pur d'averla, gli antichi.

Nelle mani loro lo scarpello non era semplicemente un secondo stecco da modellare, riproducente nel marmo i delicati piani, le sottili concavità e convessità trovate prima nella creta.

Per questi tagliapietre della collina fiesolana, per questi orafi di Ponte Vecchio, lo scarpello era l'emulo della matita o del pennello; e con esso, a seconda della direzione che gli si dava, potevansi così imprimere nelle forme vigorosi tratteggi, come lasciarle svanire in impercettibili sfumature. O, per meglio dire, lo scarpello era per essi un pennello tuffato nelle varie tinte del bianco e del nero, con cui, secondo che versava nel marmo le luci e le ombre, o variava a guisa di spennellate le ruvidezze e le spuliture e ogni altro modo d'intaglio, potevansi riprodurre nella pietra la sostanza delle carni, dei capelli e delle stoffe - le carni e i capelli biondi e lisci dei bambini - le carni vizze o ruvide dei vecchi - le stoffe di lana, di tela e di broccato.

Nell'antichità greca lo scultore soleva prendere il bel modello - l'adolescente nel fiore dai quindici ai diciott'anni, dalle membra sviluppate armoniosamente nella palestra, all'aria aperta; e, correggendo colla esperienza giornaliera di simili bellezze tuttociò che v'era d'imperfetto nell'individuo, ne copiava quel tanto che la

creta si prestava a riprodurne. Ne riproduceva le squisite proporzioni, la maestosa ampiezza delle masse, la delicata finitezza delle membra, l'armonioso gioco di muscoli, il sereno candore del volto e del gesto; ponendolo in atteggiamento tale da essere inteso e ammirato egualmente da lontano e da vicino, e dal maggior numero di punti di vista. E cotesta fedele copia nella creta di un originale perfettamente bello, veniva poi tradotta e trasmessa ai posteri dal fedele copiatore in marmo, dalla fedeltà inesorabile del bronzo, che riempie ogni minimissimo vuoto lasciato dalla creta. Essendo bellissimo in sè stesso, quest'uomo di bronzo o di marmo era necessariamente bello ovunque venisse posto e sotto qualunque rispetto venisse contemplato; sia che si mostrasse in iscorcio sul frontone di un tempio, o al livello dell'occhio, ombreggiato dagli aggruppati allori, o splendente al sole in mezzo alla piazza. La bellezza di esso viene apprezzata ed amata come s'apprezza e si ama la bellezza vivente di una creatura umana, poichè egli non è che la riproduzione più esatta che l'arte ci abbia mai data della bellissima realtà, posta in mezzo al suo vero ambiente e sotto la vera luce del cielo. E siccome prende nuovo aspetto la bella realtà umana secondo che si muovono il sole e le nuvole, secondo che le giriamo noi intorno, così cambia anche esso; ma così pure esso rimane sempre, nonostante tutti i cambiamenti, la personificazione della forza, della purezza, della inalterata serenità dell'adolescenza.
Di cotale perfezione, nata dal più raro incontro di circostanze felici, la scultura del '400 non seppe mai nulla.
Arte secondaria in tempi, che davano il primato alla pittura; serva, in gran parte, dell'architettura; turbata dalla vista di corpi cresciuti a caso, e spesso cresciuti male; turbata pure da ideali ascetici e da curiosità scientifiche, la scultura di Donatello e di Mino, di Jacopo della Quercia e di Benedetto da Majano, la scultura dello stesso Buonarroti fu una di quelle fioriture artistiche, che si nutrono degli elementi del terreno rifiutati dalla più fortunata e rigogliosa vegetazione, che l'aveva preceduta. La scultura del '400 riuscì da meno in tutte le cose in cui la scultura antica era riuscita; ma eseguì ciò che l'antichità aveva lasciato ineseguito. Ebbe pochissima intuizione della bella forma umana. Alternava fra la ignoranza del nudo e la insistenza pedantesca sull'anatomia, difetti spesso riuniti nella medesima opera. Paragonato all'antico, il David di Donatello, il

San Giovannino di Benedetto da Majano, l'Adamo di Jacopo della Quercia sono addirittura goffi; e lo stesso Bacco di Michelangelo è un bel villano invece che un dio.

Questa scultura ha di più una vera preferenza pei momenti meno belli della vita fisica: ama i brutti vecchi - spesse volte sfasciati dalla sensualità o rimbecilliti dall'ascetismo, - ed i ragazzi sproporzionati dalla crescenza. Coll'eccezione del San Giorgio di Donatello, il cui corpo però è nascosto sotto la pesante armatura, essa non ci presenta mai la squisita vigoria dell'adolescenza.

Questi particolari si avvertono subito; e chi è avvezzo all'arte antica, si sente subito respingere da quest'arte medioevale.

Ma osserviamo la scultura del '400 quando fa ciò che l'antichità non aveva neppur sognato: l'antichità che collocava le statue sui frontoni l'una accanto all'altra, ad equilibrarvisi come massa, ma non mai ad intrecciarvisi in veri disegni; l'antichità che fece del rilievo la ripetizione d'un lato solo della statua in tondo, l'ombra del gruppo del frontone; l'antichità che nei suoi bei tempi non conobbe nè il patetico della vecchiaia, nè la grottesca bellezza dell'infanzia, nè la graziosa goffaggine della prima adolescenza; l'antichità che non seppe distinguere la consistenza della pelle, la setosa morbidezza dei capelli, il colore dell'occhio.

Passiamo ora a considerare alcuni lavori tipici del '400.

Cominciamo dalle statue e dai busti di bambino. Ecco prima la creaturina i cui piedini escono da una specie di ghetta carnosa, le cui gambine, senz'ossi, appena sorreggono il ventre grassotto, la testolina non bene proporzionata. Notate che in questa testolina il cranio apparisce sempre relativamente morbido, della consistenza d'una mela, sotto le floscie matasse bionde. I fratellini maggiori sono tuttora assorti in vaga contemplazione del mondo e delle cose, cogli occhi largamente aperti, ma facilmente imbambolati. Quelli un po' più grandicelli, invece, hanno già scoperto che il mondo è fatto di gravità da scombussolare: i lineamenti del viso sono appena più sentiti, i capelli sono appena inanellati in vetta, ma gli occhi pare che siano usciti di sotto la tettoia della fronte, l'occhio e la fronte sono già nella vera proporzione: e poi nelle gote ci sono delle fossette venute, si direbbe, dal ridere, e che invitano ai pizzicotti. I ragazzi dai dodici ai quattordici anni, hanno sempre quelle braccia magrissime che contrastano deplorevolmente coi polpacci delle

gambine ancora impotenti a sostenere il ventre piccolo, ma grasso, e che accenna agli abbondanti pasti dell'infanzia, continuati nell'adolescenza. Ma hanno, allo stesso tempo, la monelleria (gaminerie) gagliarda del David del Verrocchio, il quale dovette, insieme alla pietra, scagliare qualche canzonatura addosso a quella goffaggine di Golia; oppure hanno, come il San Giovannino del Louvre e quello di Benedetto da Maiano, una certa grazia sentimentale, quasi una civetteria delicata di bella signorina, che fa capire come fra poco smetteranno il baloccarsi per leggere la *Vita Nuova*, o le *Rime* del Petrarca. Due San Giovanni, d'altra parte, hanno preso, cogli anni, un andamento diverso. Sono ambedue di Donatello. Quello più giovane, dalla prima, dubbiosa lanugine sul volto, è già scappato inorridito dalla *Vita Nuova* e dal *Decamerone*, prima d'averne voltato una pagina. Estenuato dal digiuno, non ha di muscolare che le gambe, diventate di ferro a furia di scorrere i deserti. Del resto, anche nei deserti ha cominciato ad essere infastidito da voci e da visioni, non si sa se d'angeli o di diavoli; e cammina furiosamente, cogli occhi fissi sullo scritto, colla mente distaccata, a quanto pare, da ogni cosa terrestre; si direbbe che facilmente potesse impazzire, questo santo ventenne. Eccolo di nuovo, ritratto nel bronzo che è a Siena, quel San Giovanni, ma oramai maturo; ha la barba e i capelli incolti, è diventato quasi un selvaggio delle foreste, ma colla gravità e la fede in sè del predicatore di professione: è uscito dal deserto, ha domato ogni tentazione; il suo fanatismo è militante, direi quasi sistematico. Passiamo ad altro.
Questo vecchio - lo Zuccone di Donatello - non può mai essere stato quel San Giovanni, ma facilmente sarà stato un suo devoto. È un vecchio che non è stato mai cospicuo per intelligenza; ed ora la testa, fatta a cupola, ha ripreso, colle floscie matasse bianche, che richiamano l'infanzia, quell'apparenza di poca sodezza che è propria del cranio infantile; la bocca poi è già tremula, cascante, forse per una prima paralisi; e gli occhi non fissano più; ma in questo deperimento fisico e intellettuale, il vecchio sembra essersi riempito di sempre maggior dolcezza morale: è un Giobbe riconciliato con Dio, perchè fatto indifferente a sè stesso, è il fiore umano sfasciato in terra, per essere poi riseminato in cielo.
Coteste sculture, per quanto destinate ad un determinato posto,

nicchia o mensola, sono sempre sculture libere, non legate all'architettura. Rivolgiamoci adesso alle sculture d'intenzione decorativa. Guardiamo prima l'Annunziata di Donatello che è a Santa Croce. La pietra bigia, vilissima, incapace di pigliare un contorno netto, è scolpita in larghe masse quasi grossolanamente, e per supplire le sottigliezze d'intaglio impossibili in quella materia, il fondo, i fregi, gli orli dei vestiti, le ali dell'angelo, sono ritoccati coll'oro: quella cosa ruvida finisce con essere squisita. Del resto, notate l'esterno contegno, l'assenza dell'estasi, della sorpresa, dell'espressione solita in quel soggetto: l'Angelo e la Madonna serbano il decoro, la serietà delle linee architettoniche, dei vicini pilastri. Passiamo a guardare la Cantoria di Donatello, rilievo bassissimo su fondo intarsiato; quei gruppi schiacciati di bambini danzanti formano, colle larghe ombre fra le braccia alzate sopra il capo, una specie di pergolato umano in bianco e nero. Questo lavoro è basato tutto sulle ombre; guardiamone uno in cui l'ombra entra appena: la Madonna coi Santi, di Mino, nel Duomo di Fiesole. Il rilievo è voltato in modo da guardare dalla cappella nel corpo della chiesa; ed in tal modo che la testa della Madonna, ricevendo la luce - come un segno di gloria - sulla purissima lucente fronte, proietta intorno a sè un nimbo d'ombra circolare. Rilievo maraviglioso, cotesto di Mino, per essere composto quasi esclusivamente di luci. Anzi, si direbbe non rilievo, ma mirabile visione di bianche rose del Paradiso, i cui acerbi bocci e le acute spine (nutriti dall'incenso e dal sangue dei martiri) sono diventati poi le sottili labbra, gli occhi lunghi e stretti, l'acerbo virgineo corpo e le dita affilate di Maria.
Questi rilievi sono relativamente semplici. Guardiamo invece le complessità del pulpito di Santa Croce, dove il gruppo è involuto nel gruppo, per svanire nei porticati e nei filari d'alberi appena profilati dello sfondo. Guardiamo le magnifiche composizioni, a razzi, si direbbe, tessuti di luce e d'ombre, ed incorniciate da immortali ghirlande, delle porte del Ghiberti.
Ma non è tutto. L'arte del Rinascimento, non si contentò d'aver messo in marmo l'uomo vero, fatto di carne e d'ossa, dal pelo biondo o scuro, dall'occhio chiaro o cupo; ma volle pure, prima di sparire dal mondo, scolpire nella pietra l'intangibile sogno. Parlo di quelle tombe le cui cime sono trono a fantasmi di guerrieri e i cui ripidi fianchi sono letto inquieto a divinità che sembrano emergere non dal

marmo, ma dalla tenebra e da quella luce, come dice il profeta, che è
simile alla tenebra.

LEONARDO DA VINCI
DI
ENRICO PANZACCHI.

Signore e Signori!
Il pittore francese Paolo della Roche nella più insigne forse delle sue opere, il famoso *Emiciclo* che è nell'Accademia di belle arti a Parigi, riprendendo e imitando liberamente il pensiero di Raffaello, nella *Scuola d'Atene*, ha inteso di rappresentare e disporre in certi gruppi gerarchici gli artisti principali del Rinascimento italiano ed europeo.
A destra del riguardante attira lo sguardo un gruppo, forse il più riuscito di tutta la composizione. Sul davanti Michelangelo siede solo sopra un frammento di basso rilievo antico e guarda triste dinanzi a sè, voltando le spalle agli altri. Dietro di lui, elegante figura giovanile, si leva Raffaello d'Urbino, e lievemente del capo sovrasta a tutti gli altri. Ma guardando bene, si capisce che il protagonista vero di questo gruppo non è nè Raffaello nè Michelangelo. È invece un bellissimo uomo sontuosamente vestito, con una ricca barba, col gesto largo e con quell'obbliquo atteggiamento dei diti della mano sinistra, proprio del pittore che discorre analiticamente dell'arte sua. E quest'uomo ha l'aria d'insegnare a tutti, e tutti hanno l'aria di ascoltarlo con rispetto. Non è il dottore ascetico e austero del medio-evo; è piuttosto, all'aspetto, uno di quei tipi di gentiluomini culti e compiti che Baldassare Castiglione metteva nei dotti e piacenti colloqui alla corte del duca e della duchessa d'Urbino. E tutti, vi ripeto, lo ascoltano. Lo ascolta attentamente frate Bartolomeo della Porta ritto vicino a lui e guardandolo col volto serio e sereno; lo ascolta più lungi Hans Holbein col profilo teutonico e la chioma arruffata; lo ascolta con gli occhi intenti Alberto Durer nel suo sfarzoso abbigliamento signorile. Anche il Domenichino più d'ogni altro premuroso si accosta a lui per non perdere parola. Con l'orecchio è attentamente inclinato verso il maestro; ma nell'inquietudine del suo eclettismo bolognese si vede che egli erra cogli occhi tra Michelangelo e Raffaello.

Quest'uomo sedente o docente, tutti hanno ben ragione di ascoltarlo perchè egli è Leonardo da Vinci, grandissimo fra i grandi, l'uomo più portentoso del Rinascimento italiano, che di portenti ebbe così grande ricchezza.

Ed io, o signore, dovrò parlarvi di quest'uomo? C'è proprio da sentirsi tremare le vene e i polsi! Tanto più, ve lo confesso, perchè anche dopo le copiose pubblicazioni e illustrazioni che si sono fatte dei manoscritti di Leonardo da Vinci in Inghilterra, in Francia, in Alemagna e in Italia; anche dopo le belle fatiche di tanti eruditi stranieri e nostrani, tra i quali non bisogna scordare Gustavo Uzielli e il vostro Milanesi, un libro sopra Leonardo da Vinci ci sarebbe da arrischiarsi a scriverlo: e non sarebbe forse per me un atto di disperata audacia. Ma parlare di lui nel breve tempo d'una conferenza, ma costringere, ma pigiare entro questo breve circolo tanti elementi così disparati, è cosa che io credo impossibile, o che, a ogni modo supera di troppo le forze di cui posso disporre. Però, o signore, io faccio appello colla più viva instanza alla benevolenza vostra, a quella benevolenza che altre volte esperimentai e di cui serbo sempre così vivo il ricordo e la gratitudine.

Ascoltatemi dunque attente e scusatemi se, per la terribilità e vastità del soggetto, invece di narrare io dovrò procedere per brevi accenni, invece di dimostrare, il più delle volte, dovrò contentarmi di affermare; insomma se invece di rendervi intera e rilevata questa colossale e complessa figura, io sarò costretto a darvene una pallidissima immagine, simile ad ombra di gigante fuggente sul muro in una giornata scarsa di sole.

I.

Egli era l'uomo dei doni. Difficilmente, percorrendo la storia della umanità, ci potremmo imbattere in un uomo che lo valga. Humboldt avrebbe detto di lui ch'egli era un figlio prediletto della natura. Se fosse vero ciò che narra la leggenda, che le fate vanno alla culla degli uomini predestinati a grandi cose, egli è certo che alla culla di questo bastardo di Ser Piero da Vinci accorsero tutte le fate e vi buttarono dentro tutti i loro doni, e nessuna rimase a casa per dispetto o per dimenticanza.

Cominciamo dai doni fisici. Bellissimo della persona, d'una bellezza temperata di grazia e di maestà; e forte come pochi del suo tempo.

Con un movimento del pollice storceva un ferro di cavallo; nella danza, nella lotta, nel nuoto vinceva i campioni più rinomati del suo tempo. Le qualità del suo ingegno darebbero luogo ad una amplissima descrizione; ma sopratutto sorprende quella interezza organica che è tutta propria di lui. Egli non ammette soluzione di continuità nello svolgimento del suo ingegno; e la sua mente vi dà l'idea di una grande tastiera d'organo ove i suoni vanno dai più profondi ai più acuti senza il più piccolo salto di tono, senza la più piccola disarmonia. Egli non si contenta mai; vuole approfondire, sviscerare, esaurire tutti gli argomenti. Nella meccanica, per esempio, egli va colla medesima cura dal girarrosto ad elica (che pare egli abbia inventato) fino al più complicato congegno di idraulica, fino ai più ingegnosi strumenti di guerra, che egli offre per la vittoria ai principi ed alle repubbliche italiane. Come artista egli è lo stesso. Per lui nell'arte non esiste parvità di materia; tutta quanta la gamma artistica egli la vuol toccare, e la tocca e la tratta colla medesima scrupolosità, colla medesima maestria elevandosi di grado in grado alle più meravigliose eccellenze. Leonardo mette ugual cura nel rendere col suo pennello la appannatura dell'acqua in una caraffa ed il volto radioso e sorridente d'una Vergine; mette egual delicatezza e minuziosità nel rappresentare le damascature e l'ordito della tovaglia gettata sulla tavola del Cenacolo come a esprimere la soavità accorata dell'apostolo Giovanni, come a significare la divinità attristata e sofferente del Redentore del mondo. In tutto è sempre eguale a sè stesso e rivela un equilibrio stupendo; il quale equilibrio voi cerchereste forse invano in alcun altro dei suoi contemporanei, così completo e così scrupolosamente mantenuto. Colossi sorgono intorno a lui; ma, se li guardate, questi colossi hanno tutti qualche cosa che turba, molto o poco, la loro stupenda economia spirituale e lascia luogo a desiderare.

Onde, più lo si osserva, più si capisce il fascino che doveva esercitare Leonardo da Vinci sopra i suoi coetanei. Alle sue grandi qualità della mente e dell'estro aggiungete certe particolarità nell'essere e nella vita, che realmente dovevano colpire e quasi impaurire. Aveva del bizzarro, del misterioso, dello strano. Se vergava una lettera la vergava da destra a sinistra, alla maniera degli Orientali. Viveva fantastico, ghiribizzoso; mille cose intraprendeva e poi tralasciava, andando continuamente in traccia di nuovi aspetti di verità, di nuove e insolite forme di bellezza. Racconta il suo biografo che si rinchiudeva volentieri in una stanza dove non lasciava entrare alcun uomo; e in quella stanza egli accumulava insetti, farfalle, ramarri, animali morti d'ogni specie, e là spendeva lunghe ore meditando, sperimentando, osservando, fantasticando a sua posta. C'era in lui qualche cosa come del negromante, del Gilberto, del Raimondo Lullo, del Faust; un Faust però, lasciatemi dire, più sereno, più equilibrato di quello tedesco; sopratutto un Faust onesto e benefico, che studiava la vita e scrutava la natura e cercava di indovinarne le leggi, ma non ad appagamento dei suoi egoismi crudeli e superbi, sì per scoprire utili veri, per cogliere i fiori più eletti della verità e della bellezza e gettarli, a consolazione e ad ornamento, sui passi degli uomini.

E a proposito di Faust, vien subito fatto di indicare un altro lato singolare e argomento di molta curiosità nella vita di Leonardo da Vinci. Questo Faust trovò egli la sua Elena o la sua Margherita nella vita mortale?... Fra i tanti punti oscuri della vita di Leonardo, questo è rimasto oscurissimo. In tanti volumi di manoscritti ch'egli ha lasciato non ricorre il nome di una donna. Quest'uomo che aveva tutto per essere amato, che, secondo la bella frase del Vasari, colla voce soave "tirava a sè gli animi delle genti", che professava così vivo il culto della bellezza, e quindi doveva essere così inclinato a sentirne il fascino, quest'uomo non ha una donna nella sua vita. Tutto ciò naturalmente è spiaciuto ai romanzieri e ai poeti, ai quali è parso che questa grande figura mancasse di qualche cosa senza un romanzo o almeno un idillio d'amore. Alcuni quindi, guardando il sorriso così vivo, così suggestivo e quasi invitante della Lisa del Giocondo, hanno voluto fantasticarci su e fabbricare un romanzetto al quale io non credo; non perché io lo reputi genericamente inverosimile, ma perchè in storia non bisogna affermare se non ciò che è sorretto da qualche maniera di argomenti. Noto anzi un particolare. Il Vasari racconta che per togliere al bellissimo volto di monna Lisa quella fissità e tristezza che hanno quasi sempre i ritratti pel disagio e la noia che invade l'originale nel posare, Leonardo faceva venire intorno alla bella donna dei sonatori e dei buffoni che la mantenevano sempre graziosa ed allegra.... Oh! se Leonardo e monna Lisa si fossero intesi d'amore, voi ben vedete, che sarebbe bastato il bello e spiritoso pittore a tenere allegra la sua modella; e non avrebbero pensato ad altra compagnia!

Di quanti hanno cercato di definire la figura di Leonardo da Vinci il più vicino al vero mi pare sia stato Gino Capponi, nel primo volume della Storia di Firenze, ove dice che "in Leonardo vennero a far capo le due correnti per le quali s'era condotta l'Italia, da un lato nelle arti e dall'altro nelle scienze.... Con ciò parmi molto fedelmente resa la grande singolarità della figura di Leonardo da Vinci e il suo posto nella storia ideale del nostro Rinascimento. Noi possiamo avere nel medesimo individuo delle attitudini artistiche e delle facoltà scientifiche; può darsi benissimo che tanto le prime quanto le seconde procedano di pari passo in un armonico sviluppo. Ma in Leonardo da Vinci abbiamo qualche cosa di più: abbiamo la compenetrazione di questo doppio ordine di qualità. Non è che lo scienziato vada per la sua via e per la sua via vada l'artista; la via dello scienziato e quella dell'artista non formano che una medesima grande strada regia, che porta verso delle altitudini sconosciute.

Sono meravigliose le scoperte, le antiveggenze di questo genio che non ristava mai dall'osservare nel volume della natura. Guglielmo Libri nella sua storia delle matematiche quando arriva a Leonardo, a questo scultore, a questo pittore, a questo sonatore di cetra, è costretto a fermarsi a lungo e dedicargli quasi un intero capitolo. E le benemerenze di Leonardo verso le matematiche non sono che una parte dei titoli che ha verso la scienza universale. Egli è dei primi, il primo forse, che scuote completamente l'*apriorismo* della scolastica e che non accetta la concezione del mondo già fatta, già costituita secondo la sentenza degli antichi. - Che importa a me, egli scrive, se non cito gli antichi e se non seguo le loro massime? Io cito la Natura e segno la Natura che è la maestra di quei maestri. - E di tali massime, che esprimono il libero procedimento del suo ingegno nell'osservare, i suoi manoscritti sono pieni. Torna sempre sopra questo concetto: ammira gli antichi, li venera, ma dice che se essi valsero in qualche cosa, se essi scoprirono invidiosi veri, fu perchè essi osservarono la Natura. Dunque egli vuol risalire a questa grande maestra, a questo universale esemplare, e da esso direttamente, non di seconda mano, attingere la verità.

II.

Per questo non è di nulla esagerato il dire che Leonardo da Vinci è il primo a cui completamente si addice il titolo di "uomo nuovo" secondo il concetto di Giordano Bruno. Egli anticipa sopra tutte le scienze e gli scienziati che vennero dopo. Nella metodologia viene prima di Bacone da Verulamio quasi di cento anni. Quello che v'ho detto circa il metodo suo d'osservazione è, in sostanza, il "nuovo organo" che di poi con tanta pompa di novità il Cancelliere inglese proclamerà al mondo. Nella idraulica anticipa il Castelli; nella geologia Pomponio Leto; nell'ottica egli precede La Porta, prevenendolo nella scoperta nientemeno che della camera oscura; nella caduta dei gravi anticipa di molti teoremi il lavoro di Galileo Galilei; nella intuizione dei tratti della fisonomia come manifestazione delle interne facoltà dell'animo, egli spiana la strada al La Porta e al Lavater. Un'altra anticipazione importantissima ci dà Leonardo. In un passo molto caratteristico egli dice: "Lascio stare i libri sacri, incoronati di suprema verità"; e procede oltre liberamente nelle indagini della natura, tralasciando ogni preoccupazione dogmatica e teologale. Anche in questo delicato argomento, lo spirito di Leonardo precedette di molti anni il Pomponazzo, il Cremonino e lo stesso Galileo Galilei, che con tanto studio e tanta arte, nella sua famosa lettera *Alla granduchessa madre*, si adoperò a dimostrare che il procedimento teologico e il procedimento scientifico devono andare avanti di pari passo senza intralciarsi l'uno coll'altro, e senza che i dogmi rivelati gravitassero con troppo frequenti intromissioni nel lavoro e nelle conclusioni dello scienziato.

Se non che, per quanto mi ha dettato lo studio amoroso dei manoscritti leonardeschi ora in molta parte editi, io penso che, mentre lo scienziato pare alle volte che dietro a sè ci nasconda l'artista, l'artista invece tiene sempre il campo. È sempre l'Arte la regina della mente di Leonardo. Basta leggere alcune delle pagine del Trattato in cui celebra le lodi della sua prediletta fra le arti, la pittura, per capire da che sovrano entusiasmo estetico fosse riscaldato e mosso l'animo suo. Per cui tante volte, mentre direste alla prima che la indagine scientifica prepari in Leonardo il lavoro dell'arte; la verità vera è invece il contrario: vale a dire che il lavoro della scienza non è altro che un prolungamento, per dir così, della ricerca artistica. E con questa gran differenza che, mentre gli altri artisti suoi contemporanei si fermavano alla parvenza della cose e quella cercavano di ritrarre secondo le regole dell'arte, Leonardo, spinto da un fervore d'animo tutto suo particolare, andava anche al di là della parvenza artistica, e voleva trovare e trovava in fatto la ragion d'essere di questa in una più alta regione speculativa.

Così quand'egli studia la prospettiva lineare ecco che egli a poco a poco si incammina e s'ingolfa nel mondo della geometria: quando studia la prospettiva aerea ecco che l'ottica gli apre i suoi grandi orizzonti, e lì spigola e raccoglie verità nuove e spesso mirabili. Medesimamente la pittura del corpo umano lo traeva ad investigare tutto il magistero della nostra struttura corporea; ed ecco che si associa a Marcantonio della Torre e dà al mondo i primi saggi completi e veramente scientifici di anatomia grafica. Lo stesso gli avviene, o signore, in tutti mai i rami dello scibile. Egli è condotto sulla via delle scienze dalla mano dell'arte. Nel libro VI del *Trattato della pittura* egli parla delle piante. Pittoricamente parlando, uno si sarebbe fermato alla apparenza di queste piante e ad indicare il modo con cui il pittore deve fedelmente ritrarle giusta i varii stati in cui ce le dimostra ai nostri occhi la natura, sia ch'esse siano sguarnite di foglie nell'inverno o abbiano il primo tenero verde nell'aprile o le foglie diffuse nella pienezza della buona stagione; sia che vengano o battute dalla pioggia o scrollate dal vento o illuminate dal sole e via discorrendo. Invece Leonardo da Vinci vi dà tutto questo per il pittore; ma il suo spirito non può fermarsi qui. Egli procede più oltre investigando e speculando: "La natura ha messo le foglie degli ultimi rami di molte piante in modo che sempre la sesta foglia sia sopra la primiera, e così segue successivamente, se la regola non fu impedita." Qui, come vedete, abbiamo qualche cosa di più che una semplice osservazione bastante per gli occhi del pittore. E non è cosa di piccolo momento, o signore, ma una vera e propria legge botanica (la *fillotassi*) che farà poi la gloria del naturalista Brown. Sempre rimanendo dentro l'ambito della pittura ed andando oltre, Leonardo scrive: "Le parti meridionali della pianta mostrano maggior vigore e gioventù che le settentrionali. Li circoli degli rami segati mostrano il numero degli suoi anni, e mostrano l'aspetto del modo con cui erano volti, poichè più grossi sono a settentrione che a mezzodì. Così il centro dell'albero per tal causa è più vicino alla scorza sua meridionale che alla sua scorza settentrionale." Nelle quali parole è pure anticipata una dimostrazione che farà, dopo un secolo, Marcello

Malpighi, meritamente salutato dall'universale come l'inventore ed il fondatore della anatomia botanica.

Questi esempi, o signore (e tanti altri che potrei citarvi), riconfermano quello che io vi accennava, cioè che, a guardare bene nella mirabile struttura dell'ingegno di Leonardo da Vinci e in tutti gli atteggiamenti della sua attività, noi vediamo ch'egli si diffonde mirabilmente nel campo dello scibile, ch'egli corre dietro a tutte le forme del vero, ma che la sua stella polare è sempre l'Arte, e che all'Arte egli vuole che convergano gli elementi della sua cultura meravigliosa. Se tale la sua propedeutica artistica, voi avete un primo dato per argomentare subito quale e quanta debba essere stata l'arte di Leonardo da Vinci.

Egli venne in tempi in cui, massime in Italia, la pittura si avvicinava alla sua più alta fioritura, anzi alla sua radiosa maturità. Antonello da Messina aveva già divulgato fra noi il processo della pittura ad olio per il quale delle più smaglianti grazie ed una maggiore evidenza acquistavano i colori; a Firenze nel tempo di Leonardo dipingevano artisti come Sandro Botticelli; nella Umbria tenevano il campo Pinturicchio e il Perugino, preparando Raffaello; a Bologna Francesco Raibolini detto il Francia di grande orafo si mutava in grande pittore; Ferrara aveva avuto il Tura e il Cossa e il Costa. Di là dal Po, Mantegna, svincolatosi dalle dotte pedanterie dello Squarcione, popolava di meraviglie Padova, Verona e Mantova e associandosi e accostandosi al Giambellino, fondeva la robusta evidenza del suo disegno con le grazie del colorito veneziano. Volgeva dunque un momento di grande ricchezza e di grande splendore per l'arte. Egli, Leonardo, doveva coronare e glorificare tutto questo movimento.

E gli si aprivano due vie. Il suolo d'Italia restituiva, come per grazioso miracolo, alcuni dei più bei documenti dell'arte antica: le menti ne rimanevano stupite e irresistibilmente attratte ad imitarli. Leonardo da Vinci, quest'alunno della natura, tutto il tesoro delle osservazioni fatte nel campo della vita portava nel campo dell'arte, e voleva un'arte essenzialmente naturale, che dalla natura prendesse tutto il suo vigore e tutte le sue grazie. È molto notevole, o signore, questo atteggiamento preso di Leonardo nella grande contesa fra il naturale e l'antico, che allora appunto stava per raggiungere il suo momento critico e decisivo. Leonardo portò tutto il peso del suo sapere, tutta la potenza delle sue attitudini artistiche, tutta la sua autorità immensa in favore del movimento naturalista, ampiamente inteso e nobilmente significato.

Osservate in fatti che egli non accetta i "moduli" che si cominciano ad insinuare nelle pratiche dell'arte, e coi quali si tendeva già a sostituire qualche tipo fisso ed inalterabile al lavoro personale e continuamente vario, al movimento fluido, infaticabile della natura, l'eterno e inesauribile esemplare. Guardate il Cangiasio, il Durer, Leon Battista Alberti escogitano misure e proporzioni determinate al corpo umano; fra Bartolomeo della Porta tira fuori dalla sua mente, o piglia dalla Germania, il *manichino*. Leonardo scarta tutto ciò. Egli guarda con diffidenza tutto quello che tende a sostituire nell'arte degli schemi già finiti e per così dire cristallizzati all'incessante mutualità che deve passare fra l'animo dell'artista e la natura. Egli primo fra i moderni, comincia già a tracciarvi la storia dell'arte in un modo che ci fa davvero stupire e che dà ragione della sua maniera di sentirne l'essenza. Ascoltiamolo: "Le arti giacquero in Italia perchè fu negletto ogni studio di imitare la natura, finchè venne Giotto fiorentino, il quale nato in monti solamente abitati da capre e simili bestie, cominciò a segnar su per li sassi gli atti di simili capre, delle quali era guidatore; e così cominciò a fare tutti gli altri animali, che nel paese trovava. In tal modo che questi dopo molto di studio avanzò, nonchè i maestri dell'età sua, tutti quelli di molti secoli passati." Ecco il giusto criterio naturalista sostituito ad ogni altro criterio! Il tipo dell'artista per Leonardo infatti è Giotto, l'uomo semplice, quasi primitivo, che non guarda, come Nicola Pisano, il sarcofago antico, ma le cose naturali e vive che stanno dintorno a lui e ingenuamente le ritrae. E prosegue a dire: "Dopo, gli uomini imitarono Giotto, e l'arti decaddero." L'imitazione sostituita allo studio diretto della natura, quindi perniciosa all'arte. "Finalmente sorse Tommaso fiorentino cognominato Masaccio, il quale mostrò con opere perfette come quelli che pigliano per autore altri che la natura, maestra de' maestri, si affaticano invano."

III.

Dal naturalismo così altamente inteso doveva sgorgare un'arte individuale, eminentemente soggettiva, un'arte che non procede da formule fatte, ma le desume da quel travaglio incessante che l'occhio e la mente dell'artista non ristanno mai dal proseguire. Perciò con gli aspetti della natura, l'anima dell'artista entra e si rispecchia nell'opera d'arte. Il Vinci esprimeva questo concetto fondamentale nel *Trattato della Pittura* in un modo che non lascia luogo al più piccolo dubbio. Per lui non solamente l'artista deve ispirarsi al proprio estro, deve conformarsi alle attitudini naturali che egli ha, ma va più oltre. Egli crede che dentro al cervello di ogni artista ci sia "un giudizio proprio", una specie di facoltà determinata, che la natura mette a disposizione di ogni singolo artista perchè egli ritragga, in una certa guisa particolare, il mondo esteriore. "Questo tal giudizio è di tanta potenza, dice Leonardo, ch'egli muove le braccia al pittore e fagli replicare sè medesimo, parendo a essa anima che quello sia il suo modo di figurare l'uomo; e chi non fa come lei faccia errore." A questa individualità poi corrisponde (e ne è come la più luminosa riprova) una specie di *unicità* nei singoli oggetti generati dall'arte. Niente si assomiglia in arte; questo è il concetto di Leonardo. Ammira le belle e armoniche forme delle statue antiche, dà anch'egli qualche precetto, qualche suggerimento per generalizzare le proporzioni del corpo umano, e andate discorrendo. Ma finisce sempre con l'insistere sulla massima che *bisogna proporzionare ogni oggetto particolare con sè medesimo*. Non è mai il modello rinnovato degli antichi il quale stabiliva che un corpo umano è alto tante teste e largo tante altre. No, Leonardo invece vi dice: studiate ogni singolo corpo umano, e rilevate e trasferite nella pittura vostra quella data proporzionalità che rappresenti il carattere di quel dato corpo, come voi lo vedete, e non di altro.

Questa la gran differenza che è tra Leonardo da Vinci e Leon Battista Alberti, ed Alberto Durer e Rubens, e tutti gli altri creatori di moduli, fino agli ultimi tedeschi, che hanno voluto rinnovare questa specie di meccanismo geometrico applicato alla pittura. "La bellezza dei visi" dice Leonardo "mai si trova essere replicata in natura, di modo che se tutte le bellezze, tutte le eccellenzie tornassero vive, esse sarebbero maggior numero di popolo che quello che al nostro secolo si trova. E siccome in esso secolo nessuno precisamente si somiglia, il medesimo interverrebbe alle dette bellezze e per questo, sommo difetto è dei pittori replicare gli medesimi moti, e gli medesimi volti e maniere di panno in una medesima istoria, e via discorrendo." Tutto, insomma, ciò che il pittore rappresenta, secondo

Leonardo, dee avere un certo carattere di istantaneità, vale a dire vuole che sia ispirato dentro di lui da un particolare stato dell'animo, fuori di lui da una particolare visione che balzi ai suoi occhi, che impressioni i suoi sensi e che per via della mano si trasferisca nella forma elaborata. "Sempre il pittore deve cercare la prontitudine nell'atto naturale fatto dagli uomini all'improvviso e nato da potente affezione dei suoi affetti; e di quelli far breve ricordo nei suoi libretti e poi, a suo proposito, adoperarli. *Finalmente la mente del pittore si deve del continuo trasmutare in tanti discorsi quante sono le figure degli oggetti notabili che dinanzi gli appariscono e di quelle fermare il passo e notarle, considerando il luogo e le circostanze, il lume e le ombre.*"

È impossibile, o signore, esprimere in termini più esatti gli intendimenti tecnici ed estetici della pittura di sostanza e di ambiente, quale oggi potrebbe vagheggiarla ed esercitarla ogni più progressivo animo d'artista!

Da queste premesse ideali passiamo alle conseguenze pratiche. La pittura di Leonardo è una meravigliosa testimonianza della singolarità del suo modo di intendere l'arte. Aggiungo qui di passaggio, che egli, pure essendo così scrupoloso e sincero osservatore della natura, non s'acconciò mai ad essere, come Piero di Cosimo e altri del suo tempo, a guisa del letto di un fiume che accoglie indifferentemente tutte le acque, siano esse torbide o chiare. No. Questo naturalista aveva l'istinto della bellezza e procedeva per elettissime selezioni, e tutti i suoi tipi danno, per così dire, ragione veduta della sua scelta. Le figure di Leonardo, per una grande significazione di carattere, appaiono tutte segnate del segnacolo d'una razza distinta. Forse era la studiosa e perseverante scelta del pittore, forse era l'animo suo che infondeva a quelle teste qualche cosa di singolare, che ci innamora e ci esalta, sia ch'egli ci rappresenti la deviazione del tipo umano nelle deformità sue; sia che ci allegri e turbi insieme con quei sorrisi ineffabili di donna che non somigliano a nessun altro sorriso, eppure sono tanto femminili; sia che ci impensierisca e ci commuova colla espressione mistica di certe teste, ove il sentimento del divino è reso come in nessuna altra pittura, prima e dopo, fu reso mai.

E qui dovendo esemplificare mi trovo di fronte a un fatto singolare e ben triste, o signore. Questo nostro Leonardo, del quale tanto

parliamo, è un artista in gran parte inedito. Peggio ancora, egli è un artista soppresso dall'opera del tempo. Quanta distruzione ha fatto il tempo sulle opere sue! Un po' per colpa di lui che il Vasari chiama *instabile e vario*, che cominciava mille cose e poi le tralasciava a metà, attratto sempre da quella sua eroica inquietudine di conoscere e fare del nuovo; un poco perchè anche gli accidenti della natura e della storia hanno cospirato a suo danno, fatto sta che di Leonardo quasi tutto è scomparso. Intanto dello scultore niente possiamo dire *de visu*. Delle tante opere in plastica di Leonardo, che pur gli diedero, lui vivente, tanta fama che per molti contemporanei suoi egli era massimamente celebre come scultore, che resta a noi? Nulla! Il gran colosso di Francesco Sforza, con cui s'era gratificato l'animo di Lodovico il Moro, fu ben finito (non però fuso in bronzo) e inaugurato a Milano nella piazza del Vecchio Castello. Ma sopraggiungevano i Francesi di Luigi XII vincitore e invadevano Milano. Entrati i balestrieri guasconi in quel castello e visto là grandeggiare in forma di apoteosi il capo della dinastia ch'erano venuti a distruggere, naturalmente furono tratti dalla voglia di balestrarlo; e lo balestrarono, ahimè! tanto bene che il colosso andò in pezzi e non n'è più rimasto che qualche vago e dubbio ricordo in alcuni segni dell'autore, e in alcune miniature del tempo.
E anche della pittura di Leonardo da Vinci poco, ben poco rimane di conservato e di indubbiamente autentico; onde ebbe a dire un critico tedesco che non avrebbe coraggio di giurare che un palmo solo di pittura leonardesca sia arrivato fino a noi veramente intatta.
Rimane fortunatamente un'opera sulla quale, quanto ad autenticità originaria, non può cadere dubbio, benchè sia ridotta anch'essa in così misero stato che fa veramente pietà. Voglio dire il Cenacolo, che Leonardo dipinse nel refettorio di Santa Maria delle Grazie. Anche così malconcio, anche in quel suo stato quasi pauroso di larva in cui ora lo vediamo, esso ferma i nostri occhi, conquide il nostro animo, ci costringe a chinare la fronte. Pensate! Esso è la riprova ancora vivente, la riprova sintetica, eloquentissima della verità ed efficacia di tutte le dottrine che intorno all'arte Leonardo era andato predicando e praticando. Pensate ancora quanti artisti si sono cimentati in questo dramma intimo e sacro, la cena ultima di Gesù Cristo coi suoi discepoli!... I più dei pittori scelsero quel momento in cui Cristo offre ai suoi discepoli e all'umanità tutto sè stesso nel pane

e nel vino. Leonardo preferì invece di cogliere un momento meno mistico ma più naturale; e talmente naturale che noi, senza mancare di riverenza ad alcuno, possiamo anche considerare quella sua rappresentazione come una scena puramente umana. Si tratta in sostanza d'un maestro che ha raccolto intorno a sè i suoi discepoli più fidi, mentre ingrossano i tempi e la persecuzione minaccia al di fuori.... Arrivato a un certo punto della cena, a un tratto egli dice: *uno di voi mi tradisce*. Questa frase, gettata là in mezzo ad animi semplici e devoti, produce come uno scoppio di dramma istantaneo. Non sono più le immobili figure dei vecchi Cenacoli, colle loro aureole intorno al capo, che assistono misticamente alla mistica consacrazione. Qui abbiamo invece uomini che si sentono feriti nel profondo dell'animo dall'angoscia di sapere che c'è in mezzo ad essi un loro compagno che tradirà l'uomo che vollero seguire a ogni costo, che amano sopra ogni cosa. Non basta: tutti sentono il turbamento e l'irritazione di potersi sapere sospettati di una tanta iniquità. Se guardate a quelle dodici figure d'apostoli, ognuna vi rende questo dramma interiore con una varietà ammirabile. Il volto di Cristo ha una specie di calma costernata. Le sue labbra sono ancora semiaperte, e si capisce che le tristi parole ne sono uscite allora allora; le mani fanno un movimento di tristezza; la calma non è turbata in quel volto divino; ma una lieve increspatura della fronte ci lascia comprendere che la parte umana in lui palpita e si addolora. Tutti gli apostoli alla prima hanno avuto certamente un movimento eccentrico; poi quasi tutte le figure si protendono in avanti verso il maestro. Che varia e potente significazione psicologica in quelle figure e in quei volti! Guardate tutte quelle mani. Ognuna (dando ragione ad un famoso capitolo del Montaigne) ha un significato, un pensiero, un fremito di vita personale. Guardate tutti quei piedi. Visti vagamente sotto la tovaglia, così irrequieti e mossi in vario senso, vi completano l'idea della agitazione espressa dalla parte superiore di quelle dodici figure. Nel mezzo, solo i piedi di Cristo si mostrano queti e composti....

Giovanni nella semplicità amorosa dell'animo suo pare che dica: - Ma questo non è possibile! Di una mostruosità tale niuno di noi può essere capace! - San Pietro allarga violentemente le braccia come porta l'indole sua. È l'uomo che poi tirerà fuori il coltello e taglierà l'orecchio a Malco. Par di sentirlo gridare: - Fuori il nome del traditore! Noi vogliamo saperlo ed esser puri d'ogni sospetto. - Il penultimo degli apostoli, a destra di chi guarda l'affresco, ha un lieve torcimento degli occhi e della bocca e, parlando piano al vicino, fa un accenno.... Si capisce che ha un vago sospetto di Giuda.... Giuda, che incarna la bruttezza del tradimento, si volta repentinamente, come per udire le parole dell'apostolo che parla dietro di lui. Si indovina l'uomo che vorrebbe dissimulare, prendendo un contegno disinvolto; ma intanto con un movimento inconscio del gomito versa la saliera. Il sale si sparge sulla tovaglia e con questo segno sinistro di mal augurio, pare che il triste dramma venga lugubremente suggellato.

IV.

Su questa grande parete, Leonardo da Vinci inaugurò la *pittura nuova* perchè infuse nell'arte la pienezza della vita, rivendicando insieme ad essa la più completa libertà. Lo sentirono i contemporanei; e il *Cenacolo* fu l'opera che diede più gloria all'artista.

Ma, parlando in genere, se egli ebbe vivendo fama grandissima, possiamo noi anche affermare che riscosse favori corrispondenti al suo merito? Non credo. Chi studia attento la vita di Leonardo, vede un intimo dissidio fra l'arte sua e lo spirito che ormai domina ne' tempi suoi. Nel grande e risolutivo andazzo che andava a prendere, l'arte italiana, la quale era salita su per tutti i gradi della preparazione e della elaborazione, ormai voleva slanciarsi. Tutti quegli artisti, già così forti nella tecnica e così pieni di fantasia, non volevano più stare alle mosse e cercavano novità. Leonardo invece si mantiene fedele all'ideale artistico della sua epoca gloriosa.

Un senso d'inquietudine trae ogni giorno più gli artisti ad un'arte frettolosa, sommaria e decorativa. Anche la Chiesa, presentendo la grande bufera che si approssima, domanda che l'arte si trasformi, che si spinga ad un fare più largo e magniloquente, come per mettere fra sè e i tempi nuovi un antemurale di bellezza spettacolosa che seduca e fermi la fantasia dei popoli. Aggiungete infine che, per la perdita della indipendenza e delle libertà locali, per l'abbassamento della moralità, per l'invasione, l'amalgama e il bastardume delle costumanze straniere, la vita italiana languiva e precipitava; e l'arte, la nostra grande arte, unica energia ormai rimasta in piedi, era costretta a colmare, ma in fretta, tutti questi vuoti, tutte queste voragini; e le vecchie forme pareva che più non bastassero. Ma Leonardo volle resistere a tutte queste correnti, e star fermo all'arte sua coscienziosa, equilibrata e casta, che era in sostanza l'arte del Botticelli e degli altri migliori di quel secolo, inalzata a una maggiore potenza. Egli volle essere, e fu in fatti, l'ultimo dei quattrocentisti e il più grande di tutti. Ma pagò cara questa gloria. Egli fu uno sconfitto, ed uscì dall'arringo come un vinto. Nella sua vita ebbe molti onori, ebbe amplissime lodi; ma però guardate: i periodi della sua vita finiscono sempre in un modo sinistro. Nel suo primo periodo Lorenzo il Magnifico, che è così largo di protezione a tutti, a Leonardo mostra, non dirò il malo animo e quasi l'odio, come colla sua alfierana fantasia ha supposto il Ranalli nella sua preziosa storia delle belle arti; ma, insomma, Lorenzo il Magnifico non tiene molto conto di Leonardo, e quando il Moro da Milano glielo chiede (se è vero che glielo chiedesse) Lorenzo lo concede volentieri, perchè tra le altre cose l'indole strana, fiera di Leonardo non era probabilmente fatta per gratificarsi l'animo di un principe che, per quanto liberale si fosse, amava però di vedere ricambiata la magnificenza del suo mecenatismo con molta sottomissione e sopra tutto con l'essere richiesto di consiglio. Voi sapete che Lorenzo amava d'andare sopra i lavori degli artisti e proverbiarli e correggerli. Diceva per esempio al giovane Michelangiolo: "Cava un dente a quel vecchio satiro", e Michelangiolo lo cavava docile. Chi sa se Leonardo avrebbe avuto così pronta arrendevolezza?... Io molto ne dubito; e penso che per questo egli non potè mai entrare appieno nelle grazie del Magnifico. Il suo secondo periodo è il più brillante. Alla corte del Moro egli è riconosciuto, carezzato, festeggiato; ma in sostanza l'utile fruttuoso pare che fosse scarso, se dobbiamo rilevarlo da un frammento di lettera in cui dice, in sostanza, al Moro: - Con tutti questi onori, con tutte queste commissioni io non cavo da vivere, non mi sono avanzato nemmeno quindici lire. - E il frammento chiude con una frase tristissima: "Io non voglio mutare la mia arte." Quanta differenza, o signore, tra questa umile e sconsolata lettera e la lettera piena d'onesta baldanza con cui Leonardo si faceva precedere nella sua andata a Milano! Allora egli diceva al duca: - Io so fare questo e questo; tutto ciò che gli altri fanno io lo faccio, e, sia chi voglia, meglio di loro.

Mettetemi alla prova! - Anche questo periodo adunque, principiato bene, si chiude con una sconfitta. Leonardo dopo va errando prima agli stipendi del Valentino, poi a Firenze col Soderini. Si cimenta con Michelangiolo ed è molto onorato, perchè in questa gara di due giganti, nessuno ha il coraggio di decidere quale sia il perdente e quale il vincitore. Ma poi, allor che si viene alla esecuzione del cartone celebratissimo, nascono subito dei guai e delle contese; e noi vediamo il Soderini che comincia a non lodarsi più di Leonardo, e Leonardo che comincia a trattar male il Soderini. Insomma, anche quando è fortunato, Leonardo non consegue mai quella specie di alto dominio che esercitarono altri artisti, certamente grandi, ma forse non più grandi di lui, come Michelangiolo, come Raffaello; artisti davanti ai quali i principi e i papi stavano trepidanti, e mandavano delle legazioni per risolvere questioni sorte fra loro, e non avevano pace finchè non li vedevano attratti di nuovo nell'orbita del loro principato.

Tantochè Leonardo da Vinci negli ultimi anni è costretto ad espatriare; e, bisogna confessarlo, trovò sorte più lieta e più benigno mecenatismo in Francia che in Italia. Questo mi pare che risulti evidentemente dalla sua vita. Come già era stato liberalmente protetto da Luigi XII, fu liberalmente ospitato ed onorato, secondo i meriti suoi, da Francesco I, questo re che non fu certo un modello di buon costume, ma che col suo spirito cavalleresco seppe tanto bene farsi perdonare i difetti; e che noi dobbiamo ricordare con gratitudine. Fatto è che per invito suo Leonardo da Vinci col suo caro alunno Francesco Melzi, col suo fedele Salai va in Francia. Oltre una pensione di 700 scudi d'oro, il Re gli alloga il castello a Cloux presso Amboise; e là può il grande italiano spendere finalmente i suoi ultimi anni di vita nella perfetta quiete dell'animo e darsi intero e libero alle occupazioni predilette del suo spirito.

In Francia Leonardo da Vinci finisce i suoi giorni e li finisce pacifico e riconciliato con tutti. Se lo avevano accusato di poca reverenza verso gli antichi, egli aveva già ordinato al Platina di fargli un epitaffio in cui dice: "Io studiai gli antichi ma non potei però raggiungere la loro divina simmetria. Feci quello che potei. O posterità, siimi indulgente! *Veniam da mihi, posteritas*." E muore riconciliato colla Chiesa, con la quale, a detta del Vasari, non fu sempre in troppo buoni termini; e nel suo testamento raccomanda l'anima sua a Dio, alla Vergine e a non so quanti altri santi del Calendario. Muore riconciliato colla famiglia verso la quale aveva avuto delle liti non piccole per causa di eredità, lasciando ai suoi fratelli 400 scudi che teneva sopra un banco fiorentino.

È cosa singolare, o signore! Finalmente nel suo testamento noi incontriamo un nome di donna. Ma che i romanzieri e i poeti non si esaltino. Non si tratta della Giulia Gallerani nè della Cecilia Crivelli, nè della Lisa del Giocondo, nè della bella Ferroniera; si tratta di una certa Maturina, a cui lascia un po' di denaro e un po' di roba in cambio dei buoni servigi ch'essa gli aveva reso. È dunque il caso d'una povera serva, per giunta forse vecchia e brutta. Ecco l'unico episodio femminile, se così si può chiamare, di quest'uomo che aveva versato nelle sue tele tutte le più squisite e poetiche suggestioni dell'amore. E a me non dispiace. In fondo quella povera vecchia avrà dato all'artista, tanto combattuto e tanto travagliato, gioie e servizi umili ma preziosi, che i potenti coi loro favori, spesso in mal punto dati e sgarbatamente tolti, non gli avevano procurato mai. Lo avrà scaldato negli inverni rigidi di Cloux, gli avrà preparato il desinare, lo avrà curato, confortato, e colle sue goffaggini e facezie di vecchia serva, qualche volta forse anche rallegrato nelle ore più tristi della infermità e del tedio. E allorchè il vecchio pittore sarà morto, non Francesco primo re di Francia e Navarra, come dice la favola, ma lei, lei, questa povera vecchia avrà chiusi quegli occhi che avevano veduto tante meraviglie.... Che importa? Essa glieli avrà chiusi con quel senso di schietta pietà che quaggiù inalza tutti ad un modo, perchè è l'unico attributo, o signore, divinamente dato alla nostra umanità.

L'ARTE VENEZIANA DEL RINASCIMENTO
DI
POMPEO MOLMENTI

Correva l'anno 1495 (perdonate, o Signori, se incomincio come usava nei vecchi romanzi storici di mezzo secolo fa), correva l'anno 1495 e Filippo de Commines, ambasciatore di Carlo VIII, entrando a Venezia, esclamava ammaliato: - la più trionfante città che io abbia mai veduta! - E, in vero, dall'aprirsi del secolo quintodecimo fino quasi alla fine del XVI, la vita di Venezia sembra un trionfo. Prorompono affetti ed entusiasmi, e tutto vive in un contrasto che pare aumenti l'energia. In questo tempo appunto, fra la metà circa del Quattrocento e lo scorcio del Cinquecento, nasce, cresce, matura, declina l'arte veneziana. È una vita breve, rapida, piena di agitazioni e di esultanze. La pittura, fra le lagune, sboccia a un tratto quasi senza lavoro di preparazione. Nel secolo XIV, allora che Giotto compiva le sue divine opere, in Assisi e in Padova, e fino quasi alla metà del secolo seguente, i tentativi di alcuni timidi pittori veneziani non possono chiamarsi col nome d'arte.

Ma, circa l'anno 1422, la Repubblica, volendo dipingere una sala del Palazzo Ducale, chiamava Vettor Pisanello di Verona, eminente artefice, e Gentile da Fabriano, la mano del quale, al dire di Michelangelo, non facile lodatore, era gentile come il nome. Durante la loro dimora fra le lagune essi segnarono un avanzamento nell'arte, ed esercitarono una azione efficace sulle opere dei primi artefici veneziani, specie del Vivarini.

Dopo aver dipinto, in Palazzo Ducale, la battaglia navale presso Pirano, tra l'armata veneta e quella del Barbarossa, Gentile da Fabriano partiva per Roma, accompagnato da un giovane pittore veneziano, Jacopo Bellini. Della vita di Jacopo poco o nulla si sa; il Vasari si limita a dire, che, ritornato in patria, egli era nella sua professione il maggiore e più reputato.

Del resto, di quasi tutti quegli artefici, che espressero il sentire profondo della giovane arte veneziana, ci è sconosciuta la vita.

Prima della gran luce di Tiziano, quei casti ingegni non viveano se non per l'arte, dimenticando ogni cosa, non d'altro desiderosi che di farsi dimenticare.

Il nome di Jacopo Bellini è menzionato più per essere stato padre di Gentile e Giovanni che per le opere sue. A torto, perchè egli veramente segna l'alba di quella pittura, che sbocciò subito dopo, tutta fiori, odori e colori. A rendere in breve tempo splendida e rigogliosa quest'arte, contribuirono l'ordinamento politico, la postura della città e l'indole degli abitanti.

L'onnipotenza dello Stato teneva unite e dirigeva le forze della nazione, e ora le spingeva a creare la libertà e ad arricchire la patria, ora, distraendole dalla politica, le rivolgeva a trasformar la città in tempio dell'arte.

E intorno a quest'arte ricorreva, come nimbo glorioso, la natura circostante, con tutto il fascino di una bellezza incomparabile. Qui pare abbia più incanti la luce del sole, più dolcezze melanconiche il tramonto. I vapori dell'aria tolgono ogni rigidezza di contorni alle cose e le immergono come in un'onda eterea; i mille strani sbattimenti delle acque, i miraggi di madreperla degli orizzonti lontani, i dorsi di sabbia che s'alzano dalla laguna e rifulgono di tinte dorate, s'intrecciano in un'armonia stupenda, dove, senza eccesso e senza volgarità, l'azzurro e l'arancio si uniscono, e il violaceo si congiunge al giallo, e lo smeraldo al giacinto, e il diaspro

par che si mischi in flessuosi amori
con l'ametista.

Chi nasce in quest'aura ed abbia il senso dell'arte è naturale debba comprendere tutte le ricchezze e le gioie del colore. Venezia è veramente la reggia del colore. E per questo appunto nell'arte veneziana incontriamo pochi nomi di statuari eminenti, e anche questi architetti e decoratori, come i Delle Masegne, il Buono, il Rizzo, i Lombardo, il Vittorio, i quali tutti seppero trarre dalle due arti ornamenti svariati e leggiadri. Gli architetti violavano ogni regola, sfuggivano la simmetria, e raggiungevano l'armonia, trasportavano, negli edifizi delle lagune, la poesia fastosa dell'Oriente, emulando con le seste il pennello. E infatti le pietre, con le loro armonie di colore, servivano di tavolozza e sulle facciate dei palazzi brillavano il porfido, il serpentino, il verde antico, la breccia, il broccatello. Ecco forse perchè qui, più che altrove, tardò a comparire, sulle tavole e sulle tele, la pittura, che avea agio di manifestarsi nell'accordo dei marmi variopinti. Anche si dipingevano i prospetti. Quando il Procuratore Contarini ordinò a Giovanni Buono la facciata della casa, chiamata d'Oro, non già per aver appartenuto alla famiglia patrizia Doro, ma per le dorature di cui era adorna, fu fatto il contratto il 30 aprile 1430. Compiuta la facciata, che, nonostante le offese del tempo, ride ancora di una immortale bellezza, fu chiamato mastro Giovanni di Francia, per ornarla *de pentura*. Come dovea allora apparire quel gioiello della veneta architettura! Maestro Giovanni s'impegnava di dorar le rose, gli stemmi, i leoni, gli archetti, il fogliame dei capitelli e i dentelli, dipingere *le tresse dazuro oltremarin fin ben dopiado per muodo che i la stia benissimo.* Le merlature doveano essere dipinte con biacca e venate a guisa di marmo; le fascie bizantine a tralci di vite, tinte di bianco su fondo nero, e tutte le pietre rosse e tutte *le dentade rosse sia onte de oio e de vernixe con color che le para rosse.*

Passando pel Canal Grande, e ammirando la Cà d'Oro e i palazzi dipinti dai migliori maestri dell'arte, poteva bene Filippo de Commynes esclamare: - C'est la plus belle rue que je croy qui soit en tout le monde. -

Dodici anni più tardi, sul Fondaco dei Tedeschi, dipingeano a fresco Tiziano e Giorgione. A Giorgione furono dati 150 ducati dell'opera sua, in cui ebbe a cooperatore, per gli ornamenti, il Morto da Feltre, il quale, secondo una leggenda, abbellita dal verso, rapì l'amante al maestro ed amico, che ne morì di dolore. Ma il Vasari attribuisce la morte di Giorgione a un male più prosaico.

Quanta forza e quanta efficacia ha sull'indole umana la qualità del luogo dove si nasce! E come le persone e le vesti dei veneziani si accordavano, in quei tempi, con la vita festante, coll'architettura fantastica, colle trasparenze opaline dell'aria, coi riflessi delle acque! Una vecchia cronaca dice che, nel 1433, a Venezia, più di seicento donne andavano fuori di casa *vestite di seta, oro, joje, che è una maestà vederle.* Le belle veneziane ci appaiono vestite di broccato d'oro, di velluto ricamato d'argento, di tela a fiorami dai più vaghi colori, col breve busto fregiato di gioielli e le spalle ignude, adorne di perle, di gemme, di diamanti, di monili, di oggetti d'oro e d'argento. Una Contarini, sposa a Jacopo Foscari, l'infelice figlio del Doge, avea nel corredo, tra molte vesti di seta, un abito di broccato d'oro con maniche piccole: un altro in campo d'oro ricinto di cremisi con maniche aperte, foderate di vaj, con la coda di un braccio e mezzo; un terzo di panno in campo d'oro e paonazzo foderato d'ermellini: un quarto con maniche cadenti a terra, dette arlotte, d'ormesino broccato, e via via. La donna veneziana non rivive nelle pagine degli storici e dei poeti, ma palpita ancora nelle tele degli artefici come a traverso una gaia fantasmagoria di colori. La ricerca e la femminile brama di tutto ciò che splende e brilla erano portate qualche volta all'eccesso. Non bastarono alla donna le vesti a tinte audaci, ma si voleano ravvivar col belletto i pallidi colori delle guancie. E perfino, perdonate all'osservatore del passato questo strano particolare, perfino si colorivano le mammelle, che le vesti oltremodo scollacciate non lasciavano ignorar allo sguardo. Un poeta popolare del Cinquecento scrive:

Fazzandose le tete rosse e bianche
E descoverte per galantaria.

E i capelli si tingevano in biondo, il colore, che, sui bei capi femminili, stacca come un'aureola dorata sul fondo dei canali oscuri, delle viuzze buie, dei bruni palazzi. Cento ricette, una più curiosa dell'altra, esistono per dare la tinta e la lucentezza dell'oro alla chioma. Vedete bizzarrie delle mode, che hanno i loro ritorni, come le civiltà di Vico! Per rasciugare i capelli tinti, le donne si esponevano al sole sopra i tetti delle case, in una specie di loggia scoperta, chiamata *altana*, e là sedevano vestite di tela leggera con in testa un cerchio di paglia finissima a foggia di tesa di cappello, detto *solana*.
Ricche e variopinte anche le vesti degli uomini. I patrizi, secondo i vari uffici e le solennità, andavan vestiti di raso, di velluto, di zendado cremesino, di broccato d'oro. Nell'inverno, gli abiti, con ricami di cordoni d'oro e d'argento, si foderavano con finissime pelli di gran prezzo. Elegantissimo il costume dei Compagni della Calza, brigate di gentiluomini uniti nell'intento di dare feste, tornei, spettacoli d'ogni maniera. Si chiamavano della Calza, perchè portavano sugli stretti calzoni un'impresa a colori. I giubberelli

attillati di velluto, di seta, ricamati d'oro e stretti da un cingolo, avevano le maniche tagliate per lo lungo e riunite da nastri, che lasciavano scappar fuori gli sbuffi della camicia. Le calze strette a striscie colorate longitudinali, le scarpe forate in punta, su le spalle un mantello di panno d'oro, di damasco o di velluto cremesino, con un cappuccio sulla cui fodera era ricamata l'impresa della Compagnia. Di sotto a un berretto nero o rosso, ornato in punta da un gioiello e pendente sull'orecchio, scappava la chioma, allacciata da una fettuccia di seta.

Nelle feste religiose e civili, nelle incoronazioni dei dogi e delle dogaresse, nei ricevimenti di re e di principi, nel commemorar vittorie, nelle nozze, perfino nei funerali, sempre e dovunque il trionfo del colore, un poema di magnificenze.

Nei palazzi, i ricevimenti, i banchetti, gl'inviti, i festini doveano sembrare mirabili fantasmagorie. La luce dei doppieri faceva scintillare le pareti ricoperte d'oro, d'arazzi, di specchi di Murano, i velluti e le sete d'ogni colore, le splendide gemme. La magnificenza patrizia scendeva dai palazzi alle vie, dove la città s'agitava felice, gioiosa di contemplarsi ed ammirarsi. Sulla piazza e sulle strade passavano le gentildonne colle vesti più magnifiche del mondo; i patrizi nelle loro splendide toghe come, osserva un viaggiatore tedesco del Quattrocento, se fossero tanti vescovi; i levantini dalle fogge variopinte e bizzarre.

Un altro viaggiatore, il milanese Casola, che, nel 1494, fu presente alla processione del *Corpus Domini*, sulla piazza di San Marco, non trova parole per descrivere i gentiluomini vestiti di aurei drappi e di velluti, la ricchezza degli addobbi, la profusione dei fiori, la quantità dei ceri, la varietà dei colori. Gl'ingressi dei Procuratori, dei Patriarchi, dei Cancellieri Grandi, ecc., parevano trionfi. E trionfi si chiamarono le incoronazioni dei Dogi e delle Dogaresse - affascinanti splendori di tinte.

Meglio conveniva la pompa al decoro dello Stato, quando si doveano ricevere re, principi, ambasciatori.

Cito così come mi vengono alla memoria le dorate visioni.

Nel 1521, il principe di San Severino era festeggiato in casa del patrizio Veniero dai Compagni della Calza. L'atrio, le stanze, il portico del palazzo tappezzati di quadri e d'arazzi: un prezioso panno d'oro era steso nel luogo dove il principe sedeva. Sovra una credenza erano esposte argenterie pel valore di 5000 ducati. Furono invitate quante fra le più belle patrizie erano allora in Venezia, tutte in abito d'oro listato in seta. Il principe, bello, grazioso e *facile ad innamorarsi*, osserva il Sanudo, ballò fino ad ora tarda. Poi le musiche e i buffoni, abbigliati nelle più strane fogge, annunciarono l'ora della cena suntuosissima.

Nel banchetto per le nozze del principe di Mantova (1581), dopo la rappresentazione di una commedia, fu aperta una bellissima sala, dove sotto un baldacchino sedettero i principi, i duchi e i cardinali. Cento gentildonne, riccamente abbigliate, erano assise intorno a una mensa, risplendente di vetri di Murano.

L'entrata di Enrico III fu celebrata da storici, da poeti e da pittori. Riccamente fantastici furono, in tale occasione, gli spettacoli: gite, baldorie, banchetti, luminarie, regate. I giovani patrizi, al servizio del monarca, erano vestiti con zimarre di seta, e di seta ranciata la guardia di onore di sessanta alabardieri, armati di azze. Il re, accompagnato dal doge, fu condotto, fra salve di artiglieria, a Venezia, sopra una galera di quattrocento rematori, seguita da grandissimo numero di galee, di brigantini, di fuste, di barche, di gondole, messe ad arazzi e panni d'oro, e velluti, e specchi ed armi. Il figlio di Caterina de' Medici fu alloggiato nel palazzo Foscari, addobbato con arazzi, panni azzurri contesti d'oro, rasi e velluti, sparsi di gigli. Poi si succedettero, come in un sogno fantastico, altre feste, tornei, processioni, trionfi, conviti, cerimonie.

E tutto intorno, cornice meravigliosa, le acque della laguna, e Venezia, mobile, varia, come donna non d'altro curante che di piacere e che non domanda se non l'omaggio reso alla bellezza. Perchè la bellezza a Venezia andava a poco a poco sostituendo l'antica energia, come la pompa andava prendendo il luogo della prosperità materiale, e il fasto chiudeva i germi della decadenza. Infatti, verso la fine del secolo XV, il movimento commerciale di Venezia s'arrestò un poco, e la scoperta dell'America e il passaggio del Capo di Buona Speranza fecero prendere altra via al traffico, in modo che al mercato di Rialto, come nota un diarista contemporaneo, il Priuli, giungevano molte galere *vode senza collo di spetie, che mai più da alcuno non era stato visto*. Ma Venezia non se ne accorgeva, e su quelle tristi minacce di prossimo decadimento, gettava spensieratamente come un manto d'oro di pompe, di feste, di arte. Di arte specialmente, degli allettamenti il supremo.

Cresce l'artefice nella esuberanza della vita veneziana, e in quel meraviglioso movimento l'ingegno si espande, si afforza, si accende. La pittura, dopo il vigoroso impulso dato da Jacopo Bellini e dai Vivarini, apre il suo libro d'oro a nomi d'artefici immortali. Fra i primi: i due figliuoli di Jacopo Bellini, Giovanni e Gentile, Vettor Carpaccio e Cima da Conegliano. Le glorie di quella federazione di mercanti, di marinai, di operai, hanno come la consecrazione nell'arte, fresca della prima vita. Non più le rigide forme artistiche venute da Bisanzio, ma il moto e il calore, l'impronta del tempo e del luogo, l'eco dei trionfi guerreschi, delle incoronazioni di dogi, dell'arsenale fragoroso d'opere. La grandezza politica e guerresca di Venezia è recente e l'arte ne raccoglie l'immagine con vivacità. Ma la vivacità e la gioia sono come velate da un intimo senso di soave dolcezza, che accresce le attrattive. È un soffio dell'arte ingenua e pura del Trecento. A noi qui importa poco saper se gli artefici trecentisti fossero più o meno religiosi o virtuosi di quelli che li seguirono, nè a noi preme indagare se le figure stecchite dei santi esprimano fervide preghiere, prelibamenti di beatitudini celesti, ma quelle opere primitive, offese da sante ignoranze, hanno i fascini, che inspira sempre l'infanzia. Hanno un'attrattiva particolare quelle ingenuità, che ci fanno rivedere i pittori dipingere *col pennello sottile acuto di setole liquide e sottili, che entravano su per un bocciuolo di penna d'oca,* come insegnava il buon Cennino Cennini di Colle di Val d'Elsa. E poi i secoli ammorbidiscono i contorni delle cose, li fanno vedere come a traverso una leggera nebbia di poesia. Il tempo fa acquistare a ciò che trova quel colore d'antichità veneranda, che i pittori chiamano pattina, e gli Attici negli scritti chiamavano πῖνον. Così il corso dei secoli ha involto in un'aura di misteriosa religiosità certe vecchie cattedrali gotiche, bianche e gaie, simili ad immensi oggetti d'orificeria, al tempo della loro gioventù, e che ora parlano colla melanconia delle memorie, coi marmi tinti sapientemente dal tempo, colla austera maestà delle rovine. Per tal modo, l'arte del Quattrocento, non essendosi potuta impadronire di tutti i mezzi tecnici, conserva ancora la soave imperizia del trecento. La timidezza in arte è sinonimo di sincerità. E quegli artefici sono timidi e sinceri: qualche volta poveri di bellezza esteriore, ma ricchi di sentimento. Nella purezza immacolata delle vergini, nella serenità cogitabonda dei santi, nella gioia calma degli angeli, in ogni espressione sempre vaga e melanconica, essi, gl'ingenui quattrocentisti, si proponevano, forse inconsapevolmente, dei problemi, che affaticano gli uomini del nostro tempo e non ancora hanno trovato una soluzione. Ecco perchè noi sentiamo fiorirci nell'animo come un vivo desiderio di quell'arte tenue e semplice, ecco perchè noi, meglio che i nostri padri, comprendiamo quei solitari ricercatori, che furono travolti nello strepito allegro dell'arte che li seguì.

E certamente ai due Bellini, al Carpaccio, al Cima dovè sembrare un libertinaggio pittorico la nuova maniera di Tiziano. Così Venezia, dinanzi alle bellezze femminili di Tiziano e di Paolo, dimenticò la maniera di Gian Bellino e degli altri pittori di quel tempo, maniera che il Vasari chiama secca, cruda, stentata. Ma la critica moderna, più imparziale e più larga, studia con amore quella maniera *secca* e *cruda* dei primitivi maestri veneziani, i quali risentirono l'influsso della scuola toscana e l'azione del casto genio nordico. Quel non so che esuberante e festivo dell'indole veneziana, fu come tenuto in freno dalla purezza dei Toscani e dalla temperanza dei maestri del settentrione.

A poco a poco questa sincerità e questa ingenuità dell'arte vanno dileguandosi. Le idee, il gusto si trasformano, i costumi si addolciscono sempre più.

Nell'arte il fiore s'è svolto in frutto. Non più impedimenti tecnici - *la mano ubbidisce a tutto ciò che vuole l'intelletto*, per dirla con Michelangelo. Alla morbidezza, alla grazia, all'eleganza succedono l'allegrezza, la giocondità, l'esultanza. Dagli altari le vergini dolci cominciano a sorridere mondanamente, e sulle labbra, un dì socchiuse alla preghiera, freme come il desiderio di un bacio. Sulle tele, nei marmi il culto della forma; alla pittura sobria, delicata, succedono le luminose malìe della tavolozza, il fulgore impareggiabile delle tinte, lo splendore che accarezza e ammalia l'occhio, ma non penetra fino all'animo.

Sono arti grandi tutte e due, ma una ti parla al senso, l'altra all'animo, l'una t'innamora della forma, l'altra ti investiga lo spirito.

Giorgio Barbarella, detto il Giorgione, stacca, per dirla con un critico straniero, la pittura dell'ancoraggio del Medio Evo per slanciarla sulle onde del Rinascimento, di quel Rinascimento che la critica dell'avvenire, sgombra dai pregiudizi di cattedra e di accademia, mostrerà quanto di originalità abbia tolto all'arte e alla letteratura italiana. Egli esce dall'antica timidezza e lascia spaziare il genio a sua voglia, moderando però gli arbitrii della fantasia con severe cognizioni. Ei modella, tra mille blandimenti, i corpi femminili, cui infonde una specie di tôno aureo diffuso, e le carni del color dell'ambra, staccano, fra armoniose trasparenze, sul fondo del paesaggio dipinto con un senso della natura, tutto moderno. I declivi corrono ricchi di messi alla pianura, velata da vapori lievi; nulla d'arido nel suolo, nulla di triste nel cielo. Egli tramuta in realtà l'ideale della madre di Dio, ma sulla fronte delle sue madonne, mondanamente formose, sfuma ancora l'ombra di una santa dolcezza. Giorgione segna il punto di transazione fra la leggenda cristiana e i miti dell'antichità. Prima di Giorgione prevale il sentimento cristiano, congiunto allo studio della natura, dopo di lui predomina l'imitazione dell'antico. I quattrocentisti s'erano assimilato lo spirito classico, pur rimanendo cristiani nel fondo dell'anima; i cinquecentisti non mirarono se non a dar forme nuove ai miti pagani: il passato ringiovanisce in nuovi spiriti.

Tiziano, Paolo Veronese e il Tintoretto, compiono il veneto rinascimento. Tiziano è grande come un genio, splendido come un re. Non mai la pittura fu come in lui forte e ricca. Ma bandite le sottigliezze del pensiero e del sentimento, le intime emozioni, in lui non vibra se non l'appassionato amore della bellezza. Tutto ciò che si move nel cuore, tutto ciò che si agita nella mente, come un problema doloroso, non lo arresta, pago di rappresentare la vita del senso, dominatrice di quella dell'anima.

Egli ha la tranquillità della forza; spirito che non si ascolta e non s'interroga, e accetta la vita com'è, senza indagarne i misteri. I suoi ritratti meravigliosi riproducono in modo inarrivabile l'indole del modello, non già perchè l'artefice studiasse il pensiero che passava sulla fronte o lampeggiava nell'occhio, ma perchè il pittore riproduceva, con una abilità non raggiunta più mai, ogni accidente del reale, senza cercare più in là.

I biografi del Tiziano narrano che l'imperatore Carlo V, in uno dei suoi giorni di suprema tristezza, volle consultare Tiziano per la composizione di un dipinto, nel quale fossero rappresentate e la lotta religiosa di quel tempo e il suo stesso desiderio di riposo. Alla sua

richiesta, il maestro rispose, proponendo di rappresentare la radiante
corte del cielo, presieduta dalle tre persone della Trinità, con tutto il
seguito di patriarchi, profeti, evangelisti, e la Vergine Maria in atto
d'intercedere presso il figlio, inginocchiata fra le nubi ed attorniata
da angeli, per i peccati della reale famiglia. Ma il quadro non fu mai
eseguito, e il pittore tradì la sua libera natura solo con la parola.
E, nel regno della passione e del sentimento, neppure il Veronese
esercita alcun impero. Egli è il lirico della pompa lussuriosa,
l'interprete della bellezza irriflessiva, il glorificatore del colore e
della luce, il mago di un'arte che esprimeva la ricchezza, la gloria, la
potenza: la ricchezza con tutte le sue magnificenze e tutte le sue
pompe, la potenza con tutte le sue energie e i suoi ardimenti, la
gloria con tutte le sue effervescenze e i suoi entusiasmi. Sulle sue
tele i colori ardono, divampano, guizzano, sfavillano, abbagliando il
riguardante,

sì come il sol che si cela egli stesso
per troppa luce....

Solo a traverso la fantasia del Tintoretto passa qualche concetto
profondamente triste, ma anch'egli è poi attratto dalle fulve bellezze
veneziane, anche per lui il pensiero, il sentimento, la commozione si
trasformano in una grazia plastica, in una eleganza materiale. E
dietro a Paolo, a Tiziano, al Tintoretto, altri artefici giocondi: i
Palma, Lorenzo Lotto, Bonifazio, Paris Bordone, lo Schiavone, il
Pordenone, il Bassano e molti ancora, che creano una folla di figure
ridenti, fra le gaiezze del Cinquecento.
Nella donna essi non comprendevano che la venustà corporea. Un
intenso profumo di sanità e di piacere spira dalle rosee carni
femminili. Nè meno affascinanti le bellissime donne imprigionate le
membra opulenti dai vestiti d'oro e di broccato.
Paolo Veronese ha dipinto nel Palazzo Ducale il trionfo di Venezia,
coronata dalla Gloria, celebrata dalla Fama, circondata dalla Virtù,
da Cerere e da Giunone, ammirata da donne ignude e discinte.
Ebbene, o Signori, quando io guardo quella fiorente bellezza, che
rappresenta Venezia, il pensiero corre pei sentieri fioriti di quel
secolo, e rievoca (non vi paia irriverente il raffronto) rievoca la
immagine di Veronica Franco, l'Aspasia veneziana, adulata dai

potenti, riverita dagli uomini più illustri, amata da Enrico III, che portò con sè in Francia il ritratto della bella cortigiana, dipinto dal Tintoretto. E in vero la cortigiana diventa di questo tempo la musa dell'arte, ed ha i suoi storici, i suoi poeti, i suoi novellatori, i suoi pittori. Di tai donne a Venezia ce n'è un infinito numero, scrive il Bandello, e le chiamano *con onesto vocabolo* cortigiane. - Cesare Vecellio ce le descrive coi capelli arricciati, e la veste aperta sul seno, con monili d'oro e d'argento, catene d'oro, seriche vesti, cappe di velo di seta, pianelle bianche e calze ricamate. *Sono molto simili alle nobili venetiane appresso coloro che non hanno la pratica della loro conditione*, osserva Cesare Vecellio. Nelle loro case, splendenti di serici parati, di cuoi dorati, di arazzi, convenivano gli artisti. E, fra le congreghe liete, s'alzava molte volte acuta e squillante la risata maligna di Pietro Aretino.

Era una serenità imperturbabile, la vita non aveva per quegli uomini giocondi inquietudini e amarezze, tutto per essi era limpido e calmo. Le passioni umane, le ire, la curiosità non turbavano quelle fronti serene. Parecchi fra gli artefici, Tiziano e Paolo, ad esempio, pieni di speranze e di fantasie, venivano dal luogo natio alle lagune, ricambiando l'ospitalità cortese di Venezia, allietando la città dei più bei fiori dell'arte. Aveano amicizie di re, protezioni d'imperatori, ma non servirono mai ad altro che agli occhi delle belle donne. In amore non erano dell'avviso di Michelangelo, che cioè l'amore fosse *un concetto di bellezza immaginata*, ma cercavano il dolce oblìo d'ogni cura nella bellezza delle veneziane, che vivono nelle loro tele d'una vita immortale.

I problemi del mondo psichico non li tormentavano, non cercavano l'espressione intensa, ma l'atteggiamento elegante. Lasciavano libero il volo alla fantasia e si piacevano delle più strane licenze. Paolo poneva a canto il Redentore figure nude e licenziose, alla Santa Cena faceva intervenire uomini d'arme tedeschi, servitori che gettavano sangue dal naso, apostoli che si stuzzicavano i denti colla forchetta. Ciò parve irriverente al Sant'Uffizio, che diede una buona ramanzina al Veronese, il quale sorridendo rispose che egli dipingeva figure e non caratteri, che i pittori possono pigliarsi *quella licentia che si pigliano i poeti e i matti*, e che faceva i suoi quadri *senza prendere tante cose in consideration*.

Fare i quadri senza prendere tante cose in consideration - ecco tutte le loro teoriche ed ecco tutta la loro forza. La lotta artistica non deve essere di parole, non di teorie, ma di opere e di esempio, se vuole il trionfo. Comparate la fecondità di quegli artefici alla stentata opera moderna, quei quadri immensi, compiuti con inarrivabile prestezza di concetto e di eseguimento, senza sforzo (la *Gloria del paradiso* del Tintoretto è una tela alta metri 7,50, larga 24,60), coi nostri quadretti di pochi palmi fatti, rifatti, torturati nell'ansia della ricerca. Noi nulla soddisfa oggi, essi di tutto si appagavano allora - noi raffinati e anemici, essi pieni di vigoria e di salute - noi dissolvitori, essi creatori - noi critici, essi artisti.

Ma in tutta l'arte veneziana del Rinascimento, dai primi maestri agli ultimi lieti cinquecentisti, eccezion fatta per qualche isolata espressione religiosa, come in Giovanni Bellini, o per qualche meraviglioso ritratto di Tiziano e di Paolo, una cosa sopra le altre ci arresta, ed è l'evidenza con cui è ritratta la folla. Persino nei pittori amabilmente timidi del primo periodo dell'arte v'è un senso della decorazione, un gusto dei colori, che è come il riflesso della vita festosa. Il protagonista dei loro quadri non è mai un uomo, ma il popolo, nessuna figura attira particolarmente la nostra attenzione e l'occhio vaga soddisfatto sulla folla composta, tranquilla nei suoi movimenti, ma gaia e variopinta. Così nei quadri del Carpaccio e di Gentile Bellini, protagonista è Venezia con le sue feste pubbliche, che chiede all'Oriente l'opulenza e i colori, lieta di strepiti guerreschi e di fervore operoso. Poi viene la folla romorosa e festante dei pittori successivi, nelle opere dei quali si sente ancora oggi come un'eco dell'allegria veneta, delle luminarie, delle fiere, delle giostre, delle serenate, delle regate.

A differenza degli artefici toscani, che s'arrestano particolarmente al singolo individuo, all'espressione del volto, i Veneti ritraggono con amabile e vivace superficialità la vita reale agitata e romorosa. Tale l'arte, tale la vita. Che cosa è l'uomo a Firenze? Figure energiche austere dominano la folla. Farinata, Dante, Giano della Bella, Michele di Lando. A Venezia invece l'uomo è assorbito dallo Stato. Lo Stato non permette all'iniziativa individuale di esercitarsi in tentativi isolati, lasciando a ciascuno la responsabilità della propria sorte, e quindi ogni uomo coordina la sua azione a quella degli altri. Le virtù militari e civili non fanno che accrescere la gloria dello Stato, il quale veglia geloso perchè l'uomo non acquisti troppa autorevolezza, perchè la libertà non s'infoschi intorno a un trono. Qui non avrebbero potuto fiorire le ambizioni medicee. Questa cura di tutto eguagliare, perchè nessuna autorità potesse innalzarsi, perchè nessuna potenza individuale potesse sorgere minacciosa di fronte alla repubblica, la vedete in ogni atto dello Stato veneto.

Tale la vita, tale l'arte. Gli artefici toscani, o sulla tela o nel marmo, ritraevano, ben distinti, gli uomini celebri del loro tempo, gli amici più cari, gli avversari più odiati. E con tanta diligenza ne studiavano le sembianze, da esserci tramandati perfino i nomi di taluni personaggi riprodotti sulle tele o nei marmi. Donatello dovea scolpire sul campanile del Duomo una statua di Geremia o di Salomone, e vi pose invece il ritratto di Francesco Soderini. Negli affreschi della cappella Brancacci possiamo notare Masolino, Masaccio, Filippino, Botticelli e Pollaiuolo. E Luca Signorelli ritrae nei freschi del Duomo d'Orvieto sè stesso e molti amici suoi: Nicolò, Paulo e Vitellozzo Vitelli, Giovan Paolo ed Orazio Baglioni. I pittori veneti invece badavano unicamente a ciò che stava bene nel quadro, e nel quadro ritraevano coloro che avevano pittoresco il tipo e non altri. Se qualcuno volea la sua effigie tramandata ai posteri in qualche tavola di artefice insigne, bisognava ne desse commissione, come la famiglia Pesaro nella pala di Tiziano ai Frari, e i Pisani nel quadro del Veronese, rappresentante la famiglia di Dario ai piedi di Alessandro. Nelle scene dipinte dai Veneziani, l'uomo si confonde fra l'agitazione elegante della folla. Questo principio di predominio della casta sull'individuo, che formò la grandezza civile e artistica di Venezia, fu poi anche causa della sua decadenza, giacchè l'iniziativa privata, la libera spontaneità individuale e la personale responsabilità non vennero in aiuto dello Stato decadente.

E infatti, dal chiudersi del Cinquecento in poi, ruinano le sorti di Venezia, la quale scema ogni anno di tesoro e di dominio. Anche la sua arte splendida infiacchisce per ripigliare nuova forza nell'ultimo secolo della repubblica, quasi a confortare l'agonia della singolare città. L'arte del Seicento offerse il passaggio dallo splendido naturalismo del Cinquecento all'elegante raffinatezza del Settecento. Ma già alla fine del secolo sedicesimo, nelle botteghe dei pittori, l'arte decade precipitosamente.

Il corteo mesto e rado, che, fra la desolazione della città atterrita dalla peste, segue, nel 1576, la bara di Tiziano, sembra il funerale della grande arte veneziana. L'ultimo de' suoi forti campioni, che vide spegnersi a poco a poco la gloria pittorica di Venezia fu Jacopo Tintoretto, dilungato dal mondo, ridotto a perpetui ragionari con le sue idee.

Morì nel 1597. Sette anni prima gli era morta la figlia Marietta, bella, buona, giovane, celebre ormai nella pittura e nella musica. Il misero padre si vide gittato dalla corrente della sventura sulla riva, come un avanzo di naufragio. Anche i suoi maestri, i suoi compagni, i suoi amici - Tiziano, Paolo - tutti se ne erano andati alla pace, che non ha turbamenti. La sua vita s'era ridotta a un trepido silenzio; conforto unico - l'arte. E negli ultimi istanti della sua vita, certo, alla dolce immagine della sua Marietta si sarà unita la luminosa visione dell'arte, nel desiderio supremo che a quest'arte e alla patria non fossero per mancare degli altri ingegni da riempire di fantasie, degli altri cuori da movere alla passione.

FINE.

SOMMARIO

www.ingramcontent.com/pod-product-compliance
Lightning Source LLC
Chambersburg PA
CBHW010427120726
47992CB00010B/3353